北京市住房和城乡建设委员会　编著

2023
北京市房地产年鉴
BEIJING REAL ESTATE YEARBOOK

中国出版集团　现代出版社

图书在版编目（CIP）数据

北京市房地产年鉴. 2023 / 北京市住房和城乡建设委员会编著. -- 北京 : 现代出版社, 2023.10
ISBN 978-7-5231-0612-9

Ⅰ. ①北… Ⅱ. ①北… Ⅲ. ①房地产业—北京—2023—年鉴 Ⅳ. ①F299.271-54

中国国家版本馆CIP数据核字(2023)第211114号

著　　者　北京市住房和城乡建设委员会
责任编辑　杨学庆

出 版 人　乔先彪
出版发行　现代出版社
地　　址　北京市安定门外安华里504号
邮政编码　100011
电　　话　(010) 64267325
传　　真　(010) 64245264
网　　址　www.1980xd.com
印　　刷　北京雅图新世纪印刷科技有限公司
开　　本　787mm × 1092mm　1/16
印　　张　19
字　　数　500千字
版　　次　2023年11月第1版　2023年11月第1次印刷
书　　号　ISBN 978-7-5231-0612-9
定　　价　298.00元

《北京市房地产年鉴2023》编委会

主编单位： 北京市住房和城乡建设委员会

参编单位： 北京市规划和自然资源委员会

北京市统计局

北京市财政局

国家税务总局北京市税务局

中国人民银行营业管理部

北京住房公积金管理中心

国家统计局北京调查总队

北京市城建研究中心（北京市房屋管理事务中心）

主　　任： 谈绪祥

副 主 任： 徐贱云　王　飞　张　维　李素芳　韩　杰　张有乾

杨伟中　张国伟　胡修府　王　争

《北京市房地产年鉴2023》编辑部

主　　编：王　争

副 主 编：石晓东　张铁军　刘圣国　叶　放　姚　力　蒋　然　卞　晶　董雅秀

编撰人员：（按姓氏笔画排列）

于　雷　于佩平　马　雯　马兴永　王　沛　王　恺
王石勇　王志宇　王顺昌　王海霞　王琰琰　付　平
田紫琪　石春兰　巩红卫　乔建军　朱　永　刘　宇
刘　佳　刘　竟　刘　琳　刘军申　刘忠昌　刘思慧
孙春伟　孙荣华　孙雪梅　宋　弦　杜　敬　苏　伟
苏　虹　李　亮　李　梁　李　鹏　李佳晓　李政清
李海成　李雪雁　李晶晶　李攀峰　杨　威　杨晓丽
杨家骥　杨鹏浩　何　玲　张　丹　张宝超　张虹波
陈　俞　陈剑雄　范亚超　林　爱　林　鹏　林少华
周　玮　周　岩　周亚卓　庞瑞敬　郑　颖　郑少武
洪丽丽　哈媛媛　赵　霆　赵淑霞　胡永昌　胡杰荣
胡晓琦　胡晚潇　胡清福　姜　丹　姜　华　姚长飞
贺雪飞　秦　剑　秦碧莹　凌韧娟　高安富　麻文荣
龚　妍　龚振华　黄　晨　曹圣涵　曹浩彬　董　良
韩　旭　韩晓华　温　慧　舒东昌　鲍　标　窦连增
潘贤虎　薛　宁　魏　方　魏　楠

目 录

第一章

特稿

市住房城乡建设系统
2022 年工作总结与 2023 年工作思路

一、2022年工作总结

2022 年，是党和国家历史上极为重要的一年，是首都发展史上极不寻常的一年，也是全市住建系统锚定方向、迎难而上、攻坚突破的一年。全市住建系统始终以习近平新时代中国特色社会主义思想为指导，认真学习宣传贯彻党的二十大精神，全面贯彻市第十三次党代会精神，积极落实中央“疫情要防住、经济要稳住、发展要安全”要求，稳中求进、主动作为，有力推进年度工作任务落实，圆满完成冬奥、全国“两会”、党的二十大等重大活动服务保障任务，各项工作稳中加固、稳中有进、稳中提质、稳中向好，为推动首都新发展作出了贡献。

（一）统筹疫情防控、复工复产和经济发展取得明显成效

2022 年，首都疫情形势严峻复杂。全市住建系统始终把疫情防控作为重大政治任务，与复工复产和经济指标任务整体统筹推进，着力抗疫情、稳经济、保民生。**一是常态化疫情防控扎实有力**。按照全市统一部署，制定落实施工现场疫情防控和复工复产工作指引 3.0、4.0 版及建材供应、用工保障、工程造价和工期调整、“安管人员”考核等方面 20 余份政策文件，抓好闭环管理、“三区”建设、集中采买、“电子哨兵”、核酸筛查、疫苗接种等防控措施落实，制定“散装散建”从业人员精准防控规定，全面加强施工现场及售楼场所、物业企业、租赁中介等检查指导，压紧压实“四方责任”，结合实际因时因势优化完善防控工作。完成保障房转化应急备用和临建隔离房源及完成轻症方舱医院建设任务，市领导给予高度肯定。**二是复工复产各项保障及时高效**。强化施工现场实名制管理，开展防疫筛查及劳动力监测，加强劳务用工调配，确保整体用工平稳；统筹解决建筑材料运输难题，建立重点建材供应企业“白名单”，会同有关部门及时开具《应急物资进出京调拨（转运）证明》《重点物资运输车辆通行证》。全市 3659 项在建工程“应复尽复”，180 项市级续建重点工程按时复工、有序推进，中央在京工程服务保障及时到位。**三是经济指标任务有力落实**。完成国家和本市稳经济政策措施住建领域任务。建立全年“3+N”指标任务推进机制，完善项目、问题、政策“三清单”，统筹推进房地产开发投资、新建商品房销售面积、建筑业总产值 3 项主要经济指标及重点工程、住房保障、城市更新等领域重点任务。全年房地产开发投资同比增长 1.0%，新建商品房销售 1040 万平方米，建筑业总产值完成 13866 亿元。市重点工程完成年度投资计划 106%。保障房建设筹集、老旧小区改造等年度任务全面落实。各项经济指标任务完成情况基本符合预期，**有力支撑全市经济回稳向好**。

（二）群众居住安全底线持续加固

按照党中央国务院和市委市政府决策部署，扎实开展自建房安全专项整治工作，大力消除房屋安全隐患，切实保障人民群众生命财产安全和社会大局稳定。成立市级专项整治工作领导小组，在市住建委设立工作专班，制定实施方案、自建房结构安全隐患排查技术导则、房屋安全鉴定行业专项整治实施方案等文件，开发“三合一”综合整治 APP 管理平台，组建百名市级专家团队提供技术服务。以保安全保稳定为中心任务，开展“三合一”综合整治“百日行动”，制定专项实施计划，建立四级联动机制，“百日行动”攻坚任务及“回头看”工作如期完成。累计排查各类自建房 85.9 万栋，其中经营性自建房 32.9 万栋，存在安全隐患的自建房均已落实管控措施，专项整治取得阶段性成效。

组织城镇房屋安全检查，对疑似危房落实相关责任及解危措施。开展普通地下室安全检查 3975 处。更新升级抗震农宅节能信息系统，持续开展农村低收入群体危房改造和农村房屋安全隐患排查整治。制发《关于加强城镇住宅管道堵塞维修工作的指导意见（试行）》，推进解决 10 个重点小区、50 个重点点位管道堵塞问题。完成《北京市房屋建筑使用安全管理条例》立法调研。推进“一房一码”系统建设，制定《北京市房屋信息系统建设工作方案》上报市政府。

（三）房地产市场保持平稳运行

坚持“房住不炒”定位，聚焦“三稳”目标，加强房地产市场调控，保持调控政策连续性稳定性，促进市场平稳健康发展。坚持“房地联动、一地一策”供应机制，优化布局、结构，推动成交集中供地四批；大幅提高审批效率，2021 年及 2022 年前三批 106 个供地项目开工 92 个、已批预售 85 个。加强市场监管，完善调控专班机制，加强联合执法检查，强化预售资金监管和信用管理，从严查处商品房销售中的违法违规问题，持续整治规范市场秩序。

实施一系列“微改革”支持住房消费，升级购房资格审核系统并上线“绿码”服务，在 2022 年第二批 3 宗试点地块中实施全龄友好支持政策，合理调整预售许可最低规模，试行存量房交易“连环单”业务并行办理。围绕落实“三保”任务，有效管控开发项目经营风险和已售商品房逾期交付风险，风险项目实行“一项目一策”，恒大、泰禾等项目风险有效管控，受“断贷”舆情影响项目如期交房，已逾期或存在舆情风险的项目风险可控。

《北京市住房租赁条例》发布实施，从法治层面为住房租赁市场规范健康发展提供保障。加强市场监管和执法检查，摸排集中式租赁住房，规范互联网平台经营。连续第四年开展毕业季租房服务进校园活动，签约量、受众范围和优惠服务力度持续扩大。租赁备案 490 余万笔，有效支撑社会治理有关工作，租赁交易 230 万套（次），市场租金水平总体稳定。

（四）保障性住房更加公平惠及广大群众

完善住房保障体系，扩大保障性住房供给，大力发展保租房，着力解决困难群众和新市民、青年人等群体住房困难。发布《北京市“十四五”时期住房保障规划》。市政府办公厅印发《北京市关于加快发展保障性租赁住房的实施方案》，住建部门单独或会同相关部门印发保租房建设导则、项目认定、税收优惠、水电气热执行居民价格等配套支持政策，初步构建“1+N”保租房配套政策体系。会同市级 6 部门印发《关于进一步加强全市保障性住房红线外配套市政基础设施建设管理的意见》。集中供地成交 3 宗配建保租房地块。启动新毕业大学生保租房专项对接工作，1700 余套间房源作为青年公寓试点并陆续全面入住。成功申报发行全国首个公租房公募 REITs，作为首批全国住房租赁基金试点城市推动成立子基金。面向多未成年子女家庭、中心城区退役军人及优抚对象家庭开展公租房专项配租，试点将大面积公租房按居室面向青年 1 人户配租，推进公租房地标修订。印发共有产权房现房买卖、预售合同示范文本，规范出租管理和代持机构管理，共有产权房租赁服务平台上线运行。

建设筹集保租房 15.15 万套（间），其他保障房 6.3 万套（间），竣工各类保障房 9.28 万套（间），分别完成全年任务 101%、157% 和 116%。提供公租房 1.6 万套。发放租房补贴 6.32 万户。新增共有产权房房源 9434 套。交用 669 套市级高层级战略科技人才公寓、1006 套国际人才公寓房源；面向人才配租约 1.68 万户次，签约共有产权房 0.33 万套。

（五）城市更新行动稳妥有序实施

颁布《北京市城市更新条例》，为首都城市更新提供坚实法律基础和制度保障。2022 年城市更新工作要点明确的 27 项政策机制创新任务、738 项拟实施项目、102 项示范项目顺利推进。发挥专班工作机制效能，协调各区政府、相关部门推进各类项目实施。发布老旧小区改造改革方案，住建部对我市 32 项改革措施梳理形成可复制政策机制清单（第六批）印发各地借鉴。制定实施《老楼加装电梯问题解决方案》，提出 16 条措施推进老楼加装电梯工作。成功举办首届城市更新论坛及项目推介会。做好住建部城市更新试点城市工作，经验做法刊发全国交流学习。探索设立城市更新基金。

圆满完成城市更新各项年度任务。核心区平房申请式退租、修缮分别完成 2209 户、1301 户；危旧楼改建、简易楼腾退启动 20.86 万平方米；市属老旧小区改造新确认 592 个、新开工 330 个、完工 205 个小区，老旧小区改造引入社会资本试点项目达到 41 个，中央和国家机关老旧小区改造共完工 110 个、在施 98 个，老楼加装电梯新开工 1326 部、完工 467 部；棚户区改造完成 2657 户，16 个棚改“拔钉子”项目全部完成；老旧楼宇、老旧厂房及低效产业园区改造项目顺利推进。

（六）物业管理条例深入实施

业委会（物管会）组建率、物业服务覆盖率、党的组织覆盖率提前超额完成三年行动计划任务目标。针对诉求前 100 小区按季度滚动开展物业管理突出问题专项治理；针对群众反映的物业管理类高频诉求和“深层次”难题，建立“治理类小区”治理机制，稳步推进“治理类小区”的治理工作。成立市物业服务行业党委，12 个区成立区级行业党委，开展“最美物业人”评选。持续推广“北京业主”APP，8000 余个物业区域全部“落点落图”。积极推进“物业服务不规范”问题解决，100 个重点治理点位已全部完成治理。

（七）工程安全质量监管不断加强

“四位一体”统筹推进施工生产、安全治理、疫情防控、重大活动保障，全系统安全生产形势总体平稳。牵头建立限额以下工程管理平台，完善管理体系。在国务院安全生产和消防工作考核中被评为优秀，顺利通过市委市政府安全生产督查考核。在住建部 2022 年全国房屋市政工程安全生产治理行动督导检查中排名第一。工程建设领域党建引领工作作为典型在全市做经验介绍。

建立住宅工程质量信息公示制度并开展试点工作，加强老旧小区改造工程建设组织管理，加强临时性集中隔离应急工程质量管理；“未诉先办”组织开展住宅工程质量保修责任落实情况检查。推动主体责任落实，开展安全质量状况测评，测评结果转化为日常责任落实表现信用和招投标挂钩。突出建设单位首要责任落实，持续加大对建设单位违法违规行为的查处力度。

突出科技创新引领，细化完善创建智慧工地6大板块72项做法并实施信用激励，1826项工程参与创建，经验被住建部作为建筑业转型升级典型推广。持续加强建筑信息模型应用示范工作，完成科技成果鉴定86项。34个项目获鲁班奖等国家奖励，连续三年在省级政府质量工作考核中结果为A级，成功举办2022年全国住建系统“质量月”观摩活动。

（八）建筑业发展质效持续提升

印发实施《北京市“十四五”时期建筑业发展规划》《北京市“十四五”时期住房和城乡建设科技发展规划》。高水平筹办服贸会工程咨询与建筑服务专题展，受到住建部和市领导高度评价，服贸会建筑专题连续三年被评为“先进”。

深化消防验收改革，推动消防验收从事前审批向事中事后监管转变获市领导肯定，城市更新消防验收工作做法被住建部向全国推广。印发《北京市建设工程扬尘治理综合监管实施方案》，实施“6+4”施工扬尘一体化改革，受到国务院和市委市政府表扬。建设工程（含搅拌站）视频监控系统总体安装率100%。181项工程被评为“绿牌”工地。持续推进竣工联合验收改革，构建“制度＋平台＋风险分级治理＋企业评估＋菜单服务＋承诺担责＋信用管理＋工作公示”的联合验收体系，实现高效管理目标。下放6项省级资质许可权限。创新实施远程在线开标，推动招标人主体责任落实。

规范建筑市场劳务管理，持续开展劳务分包合同履约监管及劳务费结算支付隐患排查化解，在国务院对各省级政府保障农民工工资支付督查考核中，我市被评为优秀等次，排名取得新的进步。印发《建筑工程施工现场技能工人配备导则》，建设职业化产业工人队伍。

构建以大安全和高品质为核心的新型信用评价管理体系，突出闭合管理、科技创新、体系建设、共享共治、责任落实、惠企利商六大特色，将“监督检查、企业自查、智慧工地建设”等现场表现实时纳入建筑市场信用评价，初步实现市场和现场、信用和治理、激励和执法、把握全局和突出重点、建和管、共建共享和共治“六联动”。

全面推进严格规范公正文明执法，规范全市非现场视频监督检查工作，现场行政执法检查与非现场视频巡查相结合，组织开展工程安全质量和建筑市场执法检查，促进行业平稳健康发展。

（九）优化营商环境改革不断深化

扎实推进国家创新试点和优化营商环境5.0改革任务，按时完成住建部门26项牵头任务，5份典型经验材料报送住建部。组织全系统清理自查工程建设项目审批、各类资质审批方面“体外循环”和“隐形壁垒”，未发现相关问题。开展12期“处长政策解读日”活动，2000余家（次）企业、4000余人（次）参与，取得良好效果，经验做法被住建部在全系统推广并报中办国办。推进政务服务事项“证照分离”、告知承诺制审批等改革工作，推动行政许可事项清单管理，推进数字政务建设。积极支持“两区”建设，完成2项主责任务和多项配合任务，并在经开区试点开展施工许可告知承诺审批，完成通州、亦庄等7个区的安全生产许可证电子证照独立核发，副中心管委会施工许可、竣工备案等电子证照独立核发。安置房管理系统建成上线，国有土地房屋征收评估鉴定“一网通办”，更加贴心服务企业和群众。

（十）建筑绿色低碳发展迈出新步伐

落实“双碳”目标任务，持续加大建筑绿色低碳发展力度。出台《北京市民用建筑节能降碳工作方案暨“十四五”时期民用建筑绿色发展规划》《关于进一步发展装配式建筑的实施意见》《北京市绿色建筑标识管理办法》《北京市建筑绿色发展奖励资金管理办法》等文件，《北京市建筑绿色发展条例》通过立项论证，建筑绿色发展政策体系不断完善。新建成绿色建筑面积约3000万平方米。新开工装配式建筑面积2264万平方米。推进公共建筑节能绿色化改造，公共建筑电耗限额管理约2亿平方米。持续推广超低能耗建筑。完成绿色社区创建计划目标。加强绿色建材推广应用，混凝土原材料绿色运输量、建筑垃圾再生品生产使用量、新型墙材应用量同比均明显增长。

（十一）“疏整促”工作任务高效落实

开展商品住宅小区配套公共服务设施建设和移交治理工作，完成20处治理点位任务。印发《2022年“疏解整治促提升”专项行动围挡规范治理工作方案》《北京市建设工程围挡标准化管理图集》，完成2506处围挡治理任务。28个逾期未安置项目基本完成，17个重点征拆收尾项目全部完成。直管公房违规转租转借、群租房治理、普通地下室散租住人保持“动态清零”。核心区“日租房”管理、城乡结合部重点村出租房管理不断加强。

（十二）各项基础性工作扎实推进

一是深入推进全面从严治党。深入学习习近平新时代中国特色社会主义思想和对北京一系列重要讲话精神，落实“看北京首先要从政治上看”的要求，深刻认识“两个确立”的决定性意义，坚决做到“两个维护”，始终在思想上政治上行动上同以习近平同志为核心的党中央保持高度一致，确保了首都住建事业的正确方向。二是着力解决群众急难愁盼。市住建委自办市民热线诉求工单2171件次，全系统行业诉求工单64.7万件，平均排名稳中有升。物业服务不规范、城镇住宅楼内下水管道堵塞、老楼加装电梯等3项“每月一题”治理成效明显。完成全市绩效任务30项、市政府工作报告任务33项、民生实事3项、全市“两会”建议提案235件。三是科学统筹发展和安全。着力保持房地产业、建筑业两大支柱产业平稳健康发展，助力稳住全市经济大盘。积极防范化解住建领域安全风险，完善应急体系和应急能力建设，推进平安北京建设，深入开展常态化扫黑除恶斗争，抓好韧性城市建设任务，城市更安全更宜居。四是大力推进改革创新。出台一批行之有效的改革举措，规建管领域重点改革任务有力推进，34项小切口微改革措施赢得群众称赞，住建事业发展的活力不断增强。五是加强法治政府建设。提高依法行政能力，健全行业法规体系，颁布住房租赁条例、城市更新条例，完成全系统行政处罚、行政检查任务。同时，发挥标准规范支撑作用，发布40项北京市地方标准、3项京津冀区域协同地方标准。坚持规划引领，6项“十四五”专项规划落地实施。深入开展调查研究，市级专项课题及其他课题研究有力推进。全系统信息化建设迈上新台阶。

二、2023年工作思路

2023年是全面贯彻落实党的二十大精神的开局之年，是实施“十四五”规划承上启下的重要一年，做好住建领域各项工作责任重大、意义重大。**总的思路是：**以习近平新时代中国特色社会主义思想为指导，全面学习、全面把握、全面落实党的二十大精神，坚决贯彻落实党中央国务院和市委市政府决策部署，坚持稳中求进工作总基调，完整、准确、全面贯彻新发展理念，以新时代首都发展为统领，着力在实现住有所居、改善人居环境、推动绿色发展、提升建筑品质、促进城市高质量发展等工作上用心用情用力，奋力开创首都住房城乡建设发展新局面，不断满足人民群众对美好生活的向往，为率先基本实现社会主义现代化贡献力量。

（一）深入学习贯彻落实党的二十大精神

坚持把学习好、领会好党的二十大精神作为一项重要的政治任务，自觉把思想和认识统一到党的二十大精神上来，统一到党的二十大确定的目标任务上来，始终不忘初心、牢记使命，踔厉奋发、勇毅前行。**一是准确理解“五个牢牢把握”**。深刻领悟“两个确立”的决定性意义，始终把坚定捍卫“两个确立”、坚决做到“两个维护”，作为最重要的政治纪律和政治规矩，不断提高全系统党员干部政治“三力”，更加自觉地维护以习近平同志为核心的党中央权威和集中统一领导。**二是迅速掀起学习宣传贯彻党的二十大精神热潮**。各级领导班子带头，抓好传达学习、主题宣传、专题培训、贯彻落实等各项工作；基层党组织要采取“三会一课”、主题党日活动、青年理论学习小组等形式，开展内容丰富的宣传教育活动。**三是切实把党的二十大精神转化为干事创业的行动自觉**。坚持学用结合，学以致用，对标对表党的二十大报告涉及住建系统工作以及市第十三次党代会报告任务分解方案，理清工作思路，深入谋划各项工作，清单化管理、项目化推进，狠抓末端落实，确保上级的批示指示件件落地，取得实效。同时，落实新时代党的建设总要求，大抓基层锻造坚强党组织，增强基层党组织主体意识，分层分类开展党务干部教育培训和普通党员轮训，巩固拓展党建与业务工作深度融合专题研究成果。牢记“两个永远在路上”要求，持之以恒正风肃纪。严防“四风”反弹，密切关注苗头性、倾向性、潜在性问题。贯彻落实全市警示教育大会精神，分层分类组织系列警示教育，构建严密科学立体的警示体系。坚持正确用人导向，抓好干部队伍建设。

（二）精准施策抓好房地产市场调控

坚持“房住不炒”定位，健全房地产市场平稳健康发展机制，推动房地产业向新发展模式平稳过渡，加快建立多主体供给、多渠道保障、租购并举的住房制度。保持调控战略定力，完善“一区一策”精准调控措施，支持刚性和改善性住房需求，解决好新市民、青年人等住房问题，适应生育、养老、就业和人才政策，推进中心城区人口疏解和职住平衡，促进市场良性循环和平稳运行。优化“房地联动、一地一策”机制，用好竞现房销售、竞高品质建设等政策工具，各区压实调控主体责任，完成“三稳”目标。加大惠企政策力度，加强开发项目“促开工、稳投资”工作。坚持底线思维，完善风险防控联动机制，强化预售资金监管，全力推进各类风险项目的化解处置，保交楼保稳定保民生，维护社会和行业安全稳定。抓好《北京市住房租赁条例》宣贯实施，做好长租、短租、房屋租赁中介、互联网平台等行业管理，加强市场监测监管，促进租赁市场秩序持续稳定向好。

（三）扎实推进保障性住房建设

健全完善“租购补”并举的住房保障体系，抓好“十四五”住房保障规划落实，着力解决好困难群众、新市民和青年人住房困难。多措并举增加保租房、公租房供给，全年建设筹集保租房 8 万套（间），竣工各类保障性住房 9 万套（间）。支持各区重点加快推动保租房 REITs 试点发行，做好集体土地租赁住房和上市地块配建保租房工作。加大房源分配和市场租房补贴力度，推进拆套分租试点，为公租房备案家庭提供保障。推动增加共有产权房土地供应，研究实施共有产权房回购和上市交易政策。助力北京科创中心和人才高地建设，研究实施更加积极的人才住房保障政策。继续筹集青年公寓和公服人员宿舍项目。

（四）高效统筹推进城市更新工作

抓好《北京市城市更新条例》宣贯实施，会同各委办局出台相关配套文件，抓好年度任务落实。推动老旧小区改造工作改革方案落地。全年完成核心区平房申请式退租（换租）2000户、修缮1200户；老旧小区综合整治新开工300个、完工100个，支持配合中央和国家机关老旧小区改造项目；老楼加装电梯力争新开工1000部、完工600部；启动危旧楼改建和简易楼腾退20万平方米，持续推进老旧楼宇改造、传统商圈改造、低效产业园区和老旧厂房更新等工作任务。

（五）持续深入落实物业管理条例

进一步健全党建引领基层治理机制，构建社区、业委会（物管会）、业主、物业服务人多元共治共同体，健全完善社区党委领导、多方参与的常态化协商议事机制；切实发挥好市区物业服务行业党委作用，党建引领扶持行业发展。稳妥推进具备条件的物业管理区域成立业主大会、选举产生业委会；持续发挥业委会（物管会）作用，指导社区党委支持引导业委会（物管会）规范运行、主动议事，不断增强业主法律意识和责任意识。坚持问题导向，继续组织各区、各街道（乡镇）深入开展物业管理突出问题专项治理和“治理类小区”治理，推动基层不断健全机构和专业人员配置，不断提升主动解决物业管理问题的能力；扎实推进2023年“每月一题”之“规范物业收费问题”解决。

（六）多措并举提高房屋安全管理水平

持续推进自建房安全专项整治工作，部署启动其他自建房全面排查，年底前基本完成全部经营性自建房的隐患整治。以城镇房屋安全检查和房屋防汛工作为抓手，扎实推进城镇房屋使用安全的监督管理工作，确保普通地下室长期保持违规住人动态清零。打造一批完整社区样板，着力补齐社区服务设施短板。继续做好《北京市房屋建筑安全使用管理条例》立项论证。推进“一房一码”系统建设。抓好村镇建筑工程建设的相关工作指导和技术服务。支持推进美丽乡村建设，抓好农村低收入群体危房改造和抗震节能农宅建设。

（七）全面加强建设工程安全和质量管理

抓好安全生产，突出危大工程、“带户作业”、季节性施工、8小时外施工、危险环境作业、地下管线保护、移动机械管理等监管工作。牵头建好限额以下工程管理平台，做好考核评估，强化属地责任，推动主体责任落实。在全市推广扬尘“6+4”治理，推进绿色工地、韧性工地、健康工地、文明工地建设。搭建全市统一的工程安全质量状况测评平台，通过企业主动开展安全质量状况测评，推动企业主体责任落实，筑牢建设、施工、监理“铁三角”安全质量治理体系。继续推进监管、监督、执法深度融合，深化穿透式执法，实现现场执法和非现场执法的有机统一。

积极推进建设主体土地招拍挂高品质建设承诺和施工建设的无缝衔接，完善主体责任终身铭牌制，落实建设单位首要责任。优化高品质施工招评标指标，加强技术工人培养，增强可追溯管理，坚持照图施工，推进消防监管和质量安全监管融合，实现消防验收和竣工验收一体化。深化智慧工地创建，激励企业科技创新，提升质量治理效能，用6大领域、72项智慧工地建设创新示范做法带动全市建设工程科技创新工作。继续开展建筑信息模型（BIM）应用示范工作的管理。推进“智慧住建”建设，推动通州区建设全国智能建造试点城市和昌平区建设数字家庭试点工作。完成在编地方标准和京津冀协同标准报批发布任务。完善质量安全治理体系，提升质量安全治理效能。

（八）加快推动建筑产业转型升级

从“智慧工地、绿色工地、健康工地、文明工地、韧性工地”等“五个工地”创建工作切入，推动建筑行业转型升级。以保障性住房为抓手，在标准化基础上，通过小空间（如厨房、卫生间）立体化，依托产业数字化、数字产业化，实现建筑业工厂化生产、现场智能化组装的建筑业转型升级发展。通过服贸会、“服务包”充分发挥首都建筑业总部经济优势，鼓励企业走出去，引领行业发展。加强工程全生命周期治理，实施精准治理、促进整体提升，努力实现“掌控全局、管住过程、构建竞争、差别监管、两场联动、闭合管理、远离底线、追求一流”的治理目标。

落实2023年重点工程计划，做好重大项目储备，强化分层次协调、专题调度、联席会议等机制功能，落实主体责任和属地责任，推进重点难点问题解决，完成全年投资计划，发挥投资牵引带动作用。做好中央在京重点项目服务保障。

（九）积极推动建筑绿色发展

落实“双碳”战略部署，抓好《北京市民用建筑节能降碳工作方案暨“十四五”时期民用建筑绿色发展规划》实施。全力推进《北京市建筑绿色发展条例》起草审议。编制发布建筑绿色发展三年行动方案（2023–2025），完成超低能耗建筑、公共建筑节能绿色化改造任务，大力发展绿色建筑，推动装配式建筑占新建建筑面积比例力争达到45%。抓好绿色建材产业链建设、绿色建材推广应用、建筑垃圾资源化综合利用等工作。

（十）努力完成全年经济指标任务

坚决落实党中央“三要”要求，按照市委市政府部署要求，完善经济指标任务推进机制，建立项目、问题和政策“三清单”，统筹推进房地产、建筑业主要经济指标及重点工程、住房保障、城市更新等重点领域投资任务，为推动全市经济运行在合理区间作贡献。有序组织复工复产，强化“人材物”保障。坚持稳中求进、稳中有为，“争、快、实、好、稳”，“早抓抓早、紧抓抓紧”，争取实现一季度“开门红”，为全年经济指标任务完成打下良好基础。

（十一）深化“放管服”改革优化营商环境

聚焦打造首都住建领域一流营商环境，持续深化工程建设项目审批制度改革，做好优化营商6.0改革任务出台和落地工作；持续加强数字政务建设，优化网上办事服务体验；常态化开展“处长政策解读日”活动，打造品牌政策宣传栏目，做好“政策到达”工作。积极服务“两区”建设，加大政策创新力度，在重点工程服务保障、绿色金融发展、引进人才住房保障等领域重点发力，推动更多改革举措在“两区”范围内先行先试。

（十二）积极做好“疏整促”“接诉即办”等专项任务

围绕加强首都“四个功能”建设，提升“四个服务”水平，助推“五子”联动服务和融入新发展格局，完成好新年度推动总规及控规实施、京津冀协同发展等任务。

抓好11项“疏整促”专项任务落实，推进9个重点征收项目收尾和15个逾期未安置项目清理，有序落实14处小区配建设施移交、1200处围挡治理、3个“动态清零”等任务，配合其他单位做好建筑垃圾资源化处置与利用、城乡结合部重点村房屋出租管理、治理及街乡镇整治提升等工作。

深入贯彻落实新颁布实施的信访工作条例，继续深化落实接诉即办条例，以接诉即办工作为主抓手，发挥快接快办优势，及时解决群众反映的急难愁盼问题，提升自办和行业工单综合成绩。突出抓好两项主责和五项配合“每月一题”工作，进一步规范物业收费和老楼加装电梯问题。聚焦诉求集中的高频次、共性问题，开展专题研究和重点领域治理，聚焦新业态新领域问题，实施前瞻治理、未诉先办，加强服务指导和监督管理。

（十三）全面加强各项基础保障工作

落实法治政府建设任务，持续提升依法行政水平，全面推行政务公开，把全部工作纳入法治轨道。加强行政执法规范化建设，助力激发市场主体活力，加大关系群众切身利益的重点领域执法力度。强化应急值守，做好年内重大活动服务保障，不断提升应急处置能力。扎实推进平安北京建设、扫黑除恶常态化、韧性城市建设等工作。继续推出一批小切口微改革举措，围绕重点任务和群众关切深入开展调查研究，提升科学决策和工作落实质量。进一步提升信息化建设、新闻宣传、综合保障等工作水平。

第二章

国民经济和社会发展

第一节　北京市2022年国民经济和社会发展统计公报[1]

（节选）

2022年，面对风高浪急的国际环境、国内经济发展“三重压力”以及疫情散发频发等超预期因素影响，在以习近平同志为核心的党中央坚强领导下，全市坚持以习近平新时代中国特色社会主义思想为指导，认真学习宣传贯彻党的二十大精神，深入贯彻落实习近平总书记对北京一系列重要讲话精神，坚持稳中求进工作总基调，以新时代首都发展为统领，持续高效统筹疫情防控和经济社会发展，坚持“五子”联动服务和融入新发展格局，着力稳住宏观经济大盘，切实推动社会民生改善，首都高质量发展取得新成效。

一、综合

经济增长：初步核算，全年实现地区生产总值41610.9亿元，按不变价格计算，比上年增长0.7%。其中，第一产业[2]增加值111.5亿元，下降1.6%；第二产业增加值6605.1亿元，下降11.4%；第三产业增加值34894.3亿元，增长3.4%。三次产业构成为0.3 ∶ 15.9 ∶ 83.8。按常住人口计算，全市人均地区生产总值为19.0万元。

表2-1　2022年地区生产总值

指标	绝对数（亿元）	比上年增长（%）	比重（%）
地区生产总值	41610.9	0.7	100.0
按产业分			
第一产业	111.5	−1.6	0.3
第二产业	6605.1	−11.4	15.9
第三产业	34894.3	3.4	83.8
按行业分			
农、林、牧、渔业	113.1	−1.8	0.3
工业	5036.4	−14.6	12.1
建筑业	1614.2	0.1	3.9
批发和零售业	3110.3	−1.1	7.5
交通运输、仓储和邮政业	879.2	−4.6	2.1
住宿和餐饮业	372.6	−13.7	0.9

（续表2-1）

指标	绝对数（亿元）	比上年增长（%）	比重（%）
信息传输、软件和信息技术服务业	7456.2	9.8	17.9
金融业	8196.7	6.4	19.7
房地产业	2594.5	−1.2	6.2
租赁和商务服务业	2581.4	−1.3	6.2
科学研究和技术服务业	3465.0	1.8	8.3
水利、环境和公共设施管理业	304.5	1.5	0.7
居民服务、修理和其他服务业	200.7	−2.4	0.5
教育	1927.4	−2.9	4.6
卫生和社会工作	1260.1	13.7	3.0
文化、体育和娱乐业	784.3	−2.2	2.0
公共管理、社会保障和社会组织	1714.1	3.5	4.1

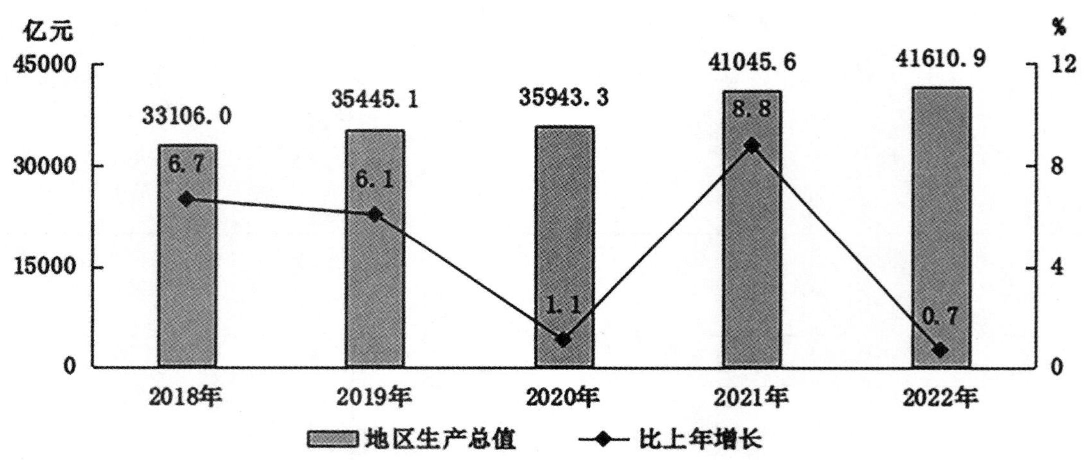

图 2-1　2018—2022 年地区生产总值及增长速度

人口与就业：年末全市常住人口[3]2184.3 万人，比上年末减少 4.3 万人。其中，城镇人口 1912.8 万人，占常住人口的比重为 87.6%；常住外来人口 825.1 万人，占常住人口的比重为 37.8%。常住人口出生率为 5.67‰，死亡率为 5.72‰，自然增长率为 -0.05‰。全年城镇新增就业 26 万人。全年城镇调查失业率均值为 4.7%，运行在年度调控目标内。

价格：全年居民消费价格总水平比上年上涨 1.8%。工业生产者出厂价格上涨 2.3%，工业生产者购进价格上涨 6.2%。农产品生产者价格上涨 2.7%。12 月份，新建商品住宅销售价格环比指数为 100.2、同比指数为 105.8；二手住宅销售价格环比指数为 99.6、同比指数为 103.9。

表 2–2　2022 年年末常住人口及构成

指标	年末人数（万人）	比重（%）
常住人口	2184.3	100.0
按城乡分：城镇	1912.8	87.6
乡村	271.5	12.4
按性别分：男性	1114.2	51.0
女性	1070.1	49.0
按年龄组分：0—14岁	264.0	12.1
15—59岁	1455.2	66.6
60岁及以上	465.1	21.3
其中：65岁及以上	330.1	15.1

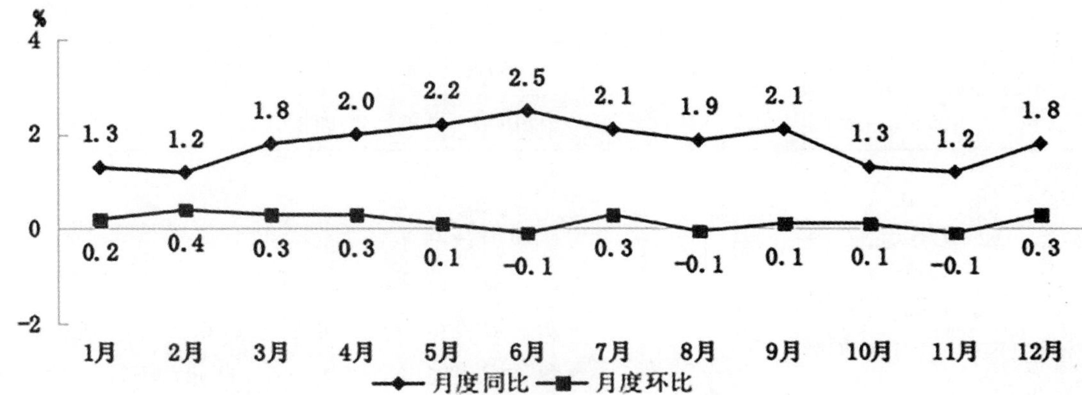

图 2–2　2022 年居民消费价格月度涨跌幅度

表 2–3　2022 年居民消费价格涨跌幅度

指标	比上年涨跌幅（%）
居民消费价格	1.8
食品烟酒	3.1
其中：食品	3.9
其中：粮食	1.2
猪肉	−6.9
鲜菜	1.2
鸡蛋	6.4

（续表2-3）

指标	比上年涨跌幅（%）
衣着	0.6
居住	0.6
生活用品及服务	1.6
交通通信	5.0
教育文化娱乐	0.6
医疗保健	0.7
其他用品及服务	1.6

表 2-4　2022 年新建商品住宅和二手住宅销售价格环比指数

指数（上月=100）	1月	2月	3月	4月	5月	6月	7月	8月	9月	10月	11月	12月
新建商品住宅	101.0	100.6	100.4	100.7	100.4	100.8	100.5	100.4	100.2	100.4	100.1	100.2
二手住宅	100.5	100.7	101.2	100.6	99.9	100.5	100.2	100.2	100.4	100.1	99.8	99.6

二、工业和建筑业

工业：全年实现工业增加值 5036.4 亿元，按不变价格计算，比上年下降 14.6%。其中，规模以上工业[4]增加值下降 16.7%，剔除新冠疫苗生产因素增长 2.5%。在规模以上工业中，电力、热力生产和供应业增长 9.8%，计算机、通信和其他电子设备制造业增长 3.6%，汽车制造业下降 2.6%，医药制造业下降 58.3%（剔除新冠疫苗生产因素后增长 6.4%）。规模以上工业实现销售产值 22366.3 亿元，下降 5.7%。其中，内销产值 20560.5 亿元，下降 1.8%；出口交货值 1805.8 亿元，下降 35.0%。

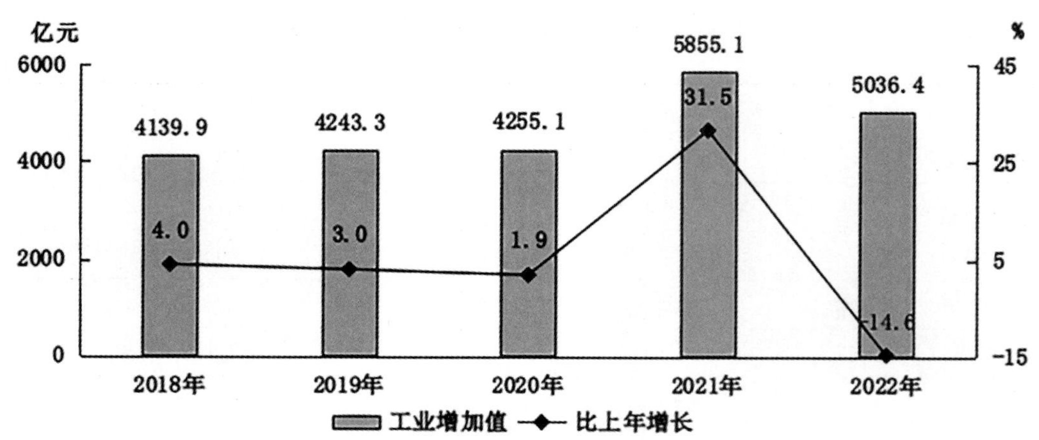

图 2-3　2018—2022 年工业增加值及增长速度

表 2–5　2022 年规模以上工业重点监测行业增加值

单位：%

行业	比上年增长	比重
规模以上工业增加值	−16.7	100.0
其中：石油、煤炭及其他燃料加工业	−13.3	2.4
化学原料和化学制品制造业	3.4	3.5
医药制造业	−58.3	14.3
非金属矿物制品业	−13.1	1.6
通用设备制造业	7.1	4.1
专用设备制造业	10.2	5.5
汽车制造业	−2.6	13.2
铁路、船舶、航空航天和其他运输设备制造业	3.7	1.9
电气机械和器材制造业	−1.9	3.5
计算机、通信和其他电子设备制造业	3.6	11.5
仪器仪表制造业	2.5	2.2
电力、热力生产和供应业	9.8	20.2

注：剔除新冠疫苗生产因素，全市规模以上工业增加值比上年增长2.5%。

表 2–6　2022 年规模以上工业企业主要产品产量

产品名称	单位	产量	比上年增长（%）
鲜、冷藏肉	万吨	46.2	−15.4
乳制品	万吨	48.9	−9.7
饮料酒	万千升	129.1	6.0
化学药品原药	万吨	1.6	−2.2
中成药	万吨	4.4	15.4
金属切削机床	台	6137	−15.6
其中：数控金属切削机床	台	5072	−17.9
医疗仪器设备及器械	台	91898	−7.3
工业机器人	套	2047	10.8
汽车	万辆	87.1	−6.6
其中：基本型乘用车（轿车）	万辆	46.5	−11.0

（续表2-6）

产品名称	单位	产量	比上年增长（%）
运动型多用途乘用车（SUV）	万辆	35.1	13.6
其中：新能源汽车	辆	29951	186.4
电子计算机整机	万台	861.4	32.6
其中：微型计算机设备	万台	858.6	32.6
显示器	万台	233.6	−54.9
移动通信手持机（手机）	万台	9429.5	−18.9
集成电路	亿块	217.9	−5.6
光电子器件	亿只	7.0	9.1
电子元件	亿只	24.7	−76.7
液晶显示模组	万套	14680.2	22.0
工业自动调节仪表与控制系统	台（套）	731508	−9.2
分析仪器及装置	台（套）	1568466	6.9

建筑业：全年具有资质等级的总承包和专业承包建筑业企业完成建筑业总产值13866.1亿元，比上年下降0.9%。其中，在本市完成3790.7亿元，增长4.8%；在外省完成10075.4亿元，下降2.8%。本年新签订合同额20381.2亿元，增长1.9%。

三、财政金融

财政收支：全年完成一般公共预算收入5714.4亿元，扣除留抵退税因素后同口径增长2.6%。其中，增值税1315.0亿元，扣除留抵退税因素后同口径下降2.7%；企业所得税1449.3亿元，增长3.9%；个人所得税784.6亿元，增长5.6%。全市一般公共预算支出7469.2亿元，增长3.7%。全面落实国家减税降费政策，全年累计新增减税降费及退税缓税缓费超2000亿元。

存贷款：年末全市金融机构（含外资）本外币存款余额218628.8亿元，比年初增加18899.2亿元。全市金融机构（含外资）本外币贷款余额97819.9亿元，比年初增加8786.9亿元。

表2-7　2022年年末金融机构（含外资）本外币存贷款余额

单位：亿元

指标	年末数	比年初增减额
各项存款余额	218628.8	18899.2
其中：人民币存款	212446.7	20354.4
其中：境内存款	216495.2	20110.4

（续表2-7）

指标	年末数	比年初增减额
其中：住户存款	58621.4	9877.0
非金融企业存款	70888.4	2100.7
各项贷款余额	97819.9	8786.9
其中：人民币贷款	95496.9	9419.4
其中：境内贷款	96187.0	8960.8
其中：住户消费贷款	18701.7	1177.1
其中：短期贷款	28437.2	2246.7
中长期贷款	61986.8	5950.0
票据融资	4647.2	361.3

证券：全年证券交易额184.6万亿元，比上年增长2.5%。其中，股票交易额40.2万亿元，下降6.4%；基金交易额7.0万亿元，增长50.7%；债券交易额137.3万亿元，增长10.5%。年末北京证券交易所（以下简称北交所）拥有上市公司162家，比上年增加80家；拥有总股本213.5亿股，增长70.1%；北交所上市公司全年发行股票18.0亿股（其中公开发行17.5亿股），增长1.2倍；融资金额达到167.0亿元（其中公开发行163.8亿元），增长1.2倍。

保险：全年实现原保险保费收入2758.5亿元，比上年增长9.2%。其中，财产险保费收入479.1亿元，人身险保费收入2279.4亿元。全年各类保险赔付支出776.0亿元，下降7.5%。其中，财产险赔付280.1亿元，人身险赔付495.9亿元。

四、固定资产投资和房地产开发

固定资产投资：全年固定资产投资（不含农户）比上年增长3.6%。其中，基础设施投资增长5.2%，民间投资下降6.1%。分产业看，第一产业投资增长11.6%；第二产业投资增长20.5%，其中，制造业增长18.4%；第三产业投资增长1.7%，其中，科学研究和技术服务业增长60.7%，金融业增长41.3%，信息传输、软件和信息技术服务业增长36.0%，租赁和商务服务业增长31.0%，教育增长13.0%，卫生和社会工作增长10.9%。

房地产开发：全年房地产开发投资比上年增长1.0%。其中，住宅投资增长5.8%，办公楼投资下降22.5%，商业营业用房投资增长15.7%。全市房屋施工面积13333.1万平方米，比上年下降5.1%。其中，本年新开工面积1774.4万平方米，下降6.4%。全年房屋竣工面积1938.5万平方米，下降2.3%。

表 2-8　2022 年房地产开发和销售主要指标

指标	绝对数（万平方米）	比上年增长（%）
房屋施工面积	13333.1	−5.1
其中：住宅	6713.6	−2.6
其中：本年新开工面积	1774.4	−6.4
其中：住宅	978.4	−4.6
房屋竣工面积	1938.5	−2.3
其中：住宅	1096.2	11.7
商品房销售面积	1040.0	−6.1
其中：住宅	741.9	−15.4
年末商品房待售面积	2617.0	9.2
其中：住宅	854.4	2.8

五、市场消费

全年市场总消费额比上年下降 4.9%。其中，服务性消费额下降 2.9%；实现社会消费品零售总额 13794.2 亿元，下降 7.2%。限额以上批发和零售业[5]中，与基本生活消费相关的粮油食品类和饮料类商品零售额分别增长 6.0% 和 2.4%，与升级类消费相关的金银珠宝类和文化办公用品类商品零售额分别增长 10.6% 和 0.6%，在新能源汽车置换补贴等政策带动下，新能源汽车类商品零售额增长 17.1%。

表 2-9　2022 年社会消费品零售总额

指标	社会消费品零售总额（亿元）	比上年增长（%）
总计	13794.2	−7.2
按商品用途分		
吃类商品	2832.4	−4.4
穿类商品	657.0	−18.6
用类商品	9723.6	−7.4
烧类商品	581.2	−2.3
按消费形态分		
餐饮收入	961.6	−15.2
商品零售	12832.6	−6.6

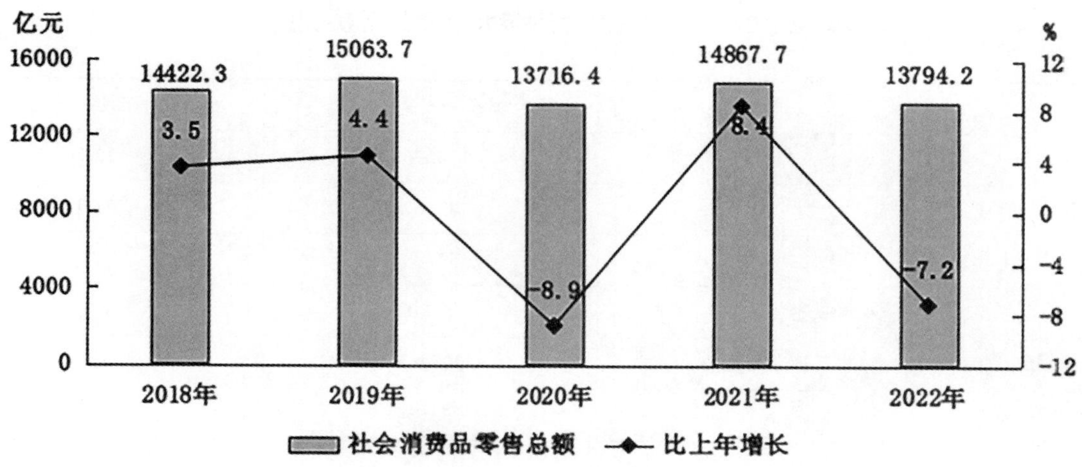

图 2-4 2018—2022 年社会消费品零售总额及增长速度

六、对外经济

全年北京地区进出口总值 36445.5 亿元，比上年增长 19.7%。其中，进口 30555.5 亿元，增长 25.7%；出口 5890.0 亿元，下降 3.8%。

全年实际利用外商直接投资 174.1 亿美元，按可比口径[6]计算，比上年增长 12.7%。其中，科学研究和技术服务业 69.8 亿美元，占 40.1%，增长 18.0%；信息传输、软件和信息技术服务业 39.4 亿美元，占 22.7%，增长 1.0%；租赁和商务服务业 36.9 亿美元，占 21.2%，增长 1.1 倍。

全年对外直接投资额 69.3 亿美元，比上年增长 5.3%。对外承包工程完成营业额 53.2 亿美元，增长 44.5%。对外劳务合作派出各类劳务人员 3.6 万人，劳务人员实际收入总额 5.0 亿美元。

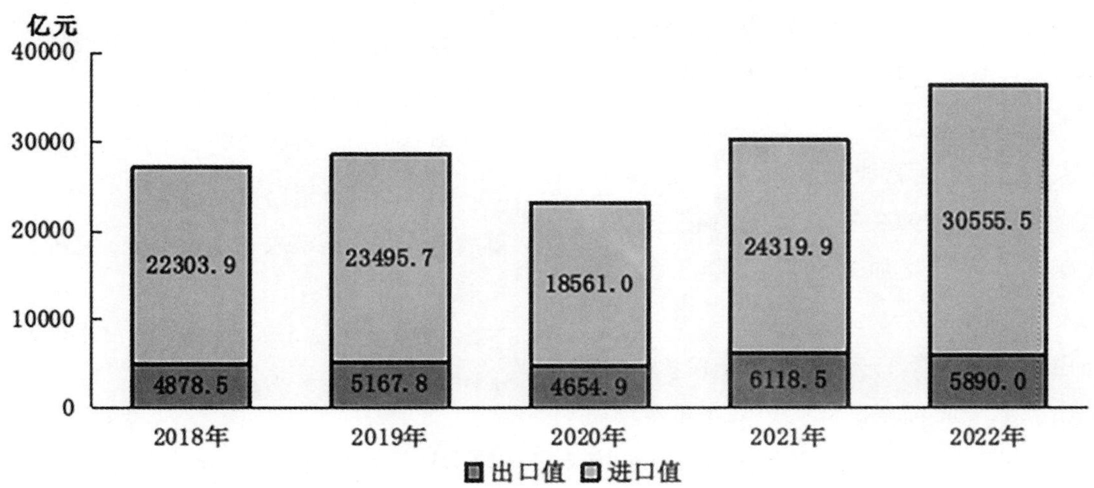

图 2-5 2018—2022 年进口和出口总值

表 2-10 2022 年部分行业实际利用外商直接投资

行业	金额（万美元）	比上年增长（%）
总计	1740768	12.7
其中：制造业	43662	57.9
批发和零售业	57485	−7.1
交通运输、仓储和邮政业	5580	98.6
信息传输、软件和信息技术服务业	394366	1.0
金融业	133554	−49.6
房地产业	17795	−74.6
租赁和商务服务业	369097	107.7
科学研究和技术服务业	698192	18.0

七、城市建设和安全生产

道路建设：年末全市公路里程 22362.8 公里，比上年末增加 42.9 公里。其中，高速公路里程 1196.3 公里，增加 19.8 公里。年末城市道路里程 6208.8 公里，比上年末增加 41.3 公里。

公共交通：年末公共汽电车运营线路 1291 条，比上年末增加 74 条；运营线路长度 30173.9 公里，增加 1594.2 公里；运营车辆 23465 辆，增加 386 辆；全年客运总量 17.3 亿人次，下降 24.9%。

年末轨道交通运营线路 27 条，与上年末持平；运营线路长度 797.3 公里，增加 14.3 公里；运营车辆 7274 辆，增加 164 辆；全年客运总量 22.6 亿人次，下降 26.8%。

公用事业：全年自来水销售量 12.83 亿立方米，比上年增长 5.7%。其中，工业和建筑业 1.11 亿立方米，增长 1.3%；服务业 4.32 亿立方米，下降 1.4%；居民家庭 7.13 亿立方米，增长 11.2%。

全年北京地区用电量 1280.8 亿千瓦时，比上年增长 3.9%。其中，生产用电 959.9 亿千瓦时，增长 1.4%；城乡居民生活用电 320.9 亿千瓦时，增长 12.1%。

全年天然气供应总量[7] 199.1 亿立方米，比上年增长 4.4%；液化石油气供应总量 45.9 万吨，增长 7.0%。年末共有燃气家庭用户 963.0 万户，增长 1.3%；其中天然气家庭用户 750.1 万户，增长 1.7%。年末燃气管线长度 31596 公里，增长 1.1%。

全年 10 万平方米以上的集中供热面积 7.06 亿平方米，比上年增长 3.3%。

安全生产：全年共发生工矿商贸生产安全事故、生产经营性道路交通事故、生产经营性火灾事故、铁路交通事故、农业机械、特种设备、民用航空器事故 381 起，死亡 401 人，分别比上年下降 12.8% 和 14.9%。百亿元地区生产总值安全生产事故死亡人数为 0.9637 人。

八、人民生活和社会保障

人民生活：全年全市居民人均可支配收入为 77415 元，比上年增长 3.2%，扣除价格因素，实际增长 1.4%。其中，城镇居民人均可支配收入为 84023 元，增长 3.1%；农村居民人均可支配收入为 34754 元，增长 4.4%。从四项收入构成看，全市居民人均工资性收入 47758 元，增长 4.6%；人均经营净收入 903 元，下降 3.9%；人均财产净收入 12418 元，下降 0.3%；人均转移净收入 16336 元，增长 2.6%。

全年全市居民人均消费支出为 42683 元，比上年下降 2.2%。其中，城镇居民人均消费支出为 45617 元，下降 2.5%；农村居民人均消费支出为 23745 元，增长 0.7%。全市居民恩格尔系数为 21.6%，其中，城镇居民为 21.1%，农村居民为 27.4%。

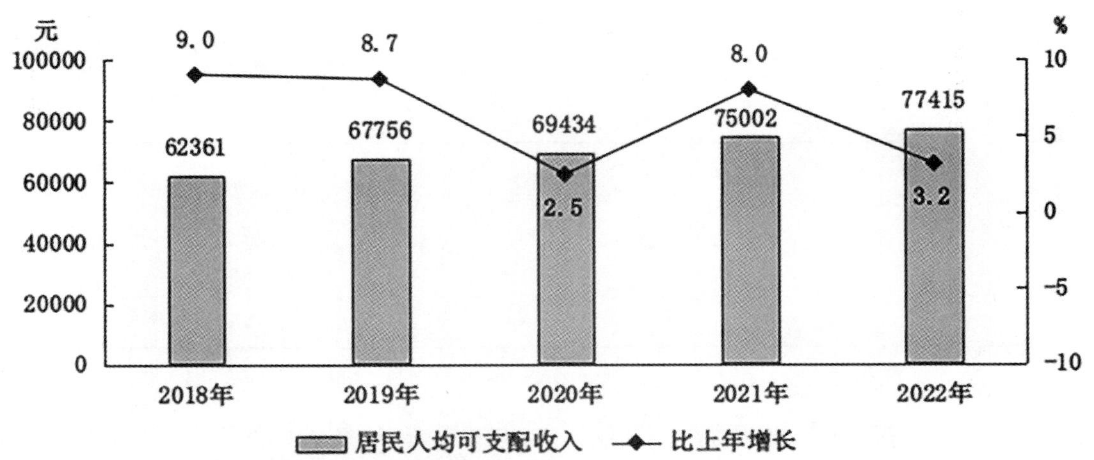

图 2-6 2018—2022 年全市居民人均可支配收入及增长速度

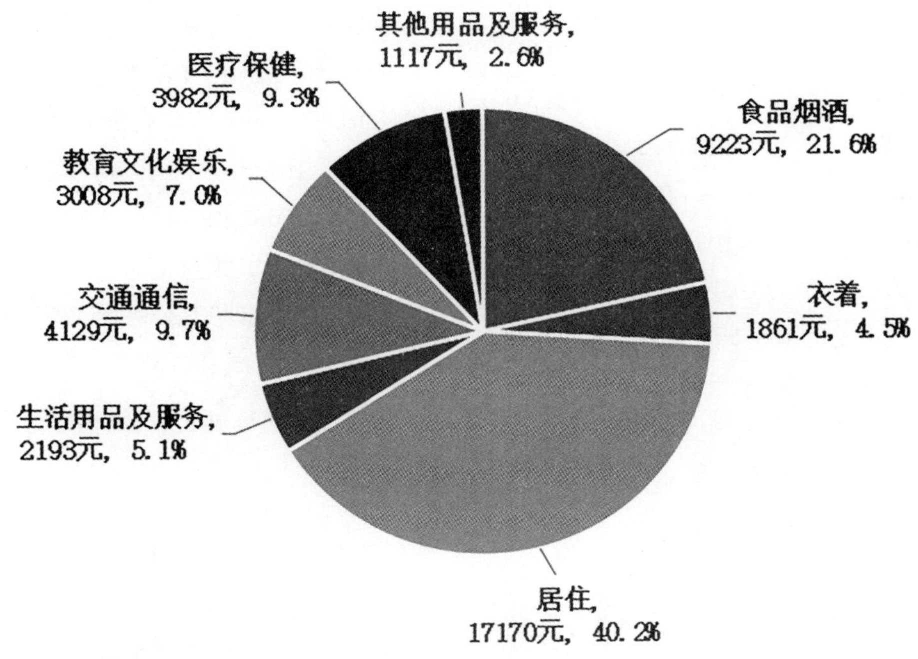

图 2-7 2022 年全市居民人均消费支出及构成

社会保障：年末参加企业职工基本养老、城镇职工基本医疗、失业、工伤和生育保险的人数分别为1764.2万人、1496.2万人、1391.4万人、1337.8万人和1086.6万人，分别比上年末增长2.3%、0.7%、2.4%、2.3%和0.4%。

年末参加城乡居民养老保障的人数为187.6万人，参加城乡居民基本医疗保险的人数为404.4万人。

年末享受城市居民最低生活保障的人数为7.0万人，享受农村居民最低生活保障的人数为3.7万人。

年末共有各类提供住宿的民政服务机构612家，床位11.78万张，在院人数4.4万人。

表 2–11　2022 年社会保障相关待遇标准

单位：元 / 月

指标	2022年
失业保险金最低标准	2034
城乡居民最低生活保障标准	1320
职工最低工资标准	2320

九、教育、科技、文化旅游、卫生和体育

教育：全年研究生教育招生14.6万人，在学研究生43.5万人，毕业生11.4万人。普通高等学校招收本专科学生16.6万人，在校生60.3万人，毕业生15.4万人。全市成人本专科招生3.0万人，在校生7.8万人，毕业生3.9万人。

全年普通高中招生7.5万人，在校生19.9万人，毕业生5.0万人。普通初中招生12.1万人，在校生35.6万人，毕业生10.4万人。普通小学招生19.0万人，在校生108.4万人，毕业生13.3万人。幼儿园入园幼儿17.9万人，在园幼儿57.4万人。各类中等职业教育（不含技工学校）招生2.0万人，在校生5.5万人，毕业生1.3万人。特殊教育招生1110人，在校生7722人，毕业生1666人。

全年共有民办高校15所，在校生5.4万人。民办中等教育学校124所，在校学生2.6万人。民办小学41所，在校学生3.8万人。民办幼儿园1037所，在园幼儿24.5万人。

科技：全年专利授权量20.3万件，比上年增长2.0%。其中，发明专利授权量8.8万件，增长11.3%。年末拥有有效发明专利47.8万件，增长18.0%。PCT国际专利申请量11463件，增长10.7%。每万人口高价值发明专利拥有量为112.0件，比上年增加17.8件。全年共认定登记技术合同95061项，增长1.6%；技术合同成交额7947.5亿元，增长13.4%。

文化：年末共有公共图书馆21个，总流通769.5万人次；国家档案馆18家，馆藏纸质档案1049.5万卷件；备案博物馆210家，其中免费开放100家；群众艺术馆、文化馆18个。北京地区登记在册的报刊总量3514种，出版社240家，出版物发行单位10419家。全年引进出版物版权7446件，版权（著作权）登记105.4万件。年末有线电视实际用户610.1万户，其中高清电视实际用户344.2万户，超高清（4K）实际用户

193.7万户。全年制作电视剧36部1260集，电视动画片20部4351分钟，纪录片150部，网络剧58部，网络电影98部，网络微短剧43部，网络动画片28部。全年生产电影135部，共有30条院线292家影院，共放映电影262.9万场，观众2575.4万人次，票房收入14.2亿元。

旅游：全年接待旅游总人数1.8亿人次，比上年下降28.5%；实现旅游总收入2520.3亿元，下降39.5%。其中，接待国内游客1.8亿人次，下降28.6%，国内旅游总收入2490.9亿元，下降39.8%；接待入境游客24.1万人次，下降1.6%，国际旅游外汇收入4.4亿美元，增长2.3%。

卫生：年末共有医疗卫生机构[8]12211个，比上年末增加484个。其中，医院741个。医疗机构共有床位13.4万张，增加0.4万张。其中，医院床位12.6万张。卫生技术人员32.2万人。其中，执业（助理）医师12.5万人，注册护士14.3万人。医疗机构总诊疗人次为23102.4万人次。

体育：全年北京运动员共获得国际性比赛奖牌53枚，其中金牌36枚、银牌10枚；获得全国性比赛奖牌197枚，其中金牌62枚、银牌66枚。在北京第24届冬奥会上，全市共有34名运动员、3名教练员入选中国体育代表团，参加5个大项，7个分项17个小项比赛，获得2枚金牌、1枚银牌。全年北京残疾人运动员共获得国际性比赛奖牌9枚。在北京第13届冬残奥会上，全市共有12名运动员、3名教练员入选中国体育代表团，参加除残奥冰球外的5个大项比赛，获得5枚金牌、2枚银牌、2枚铜牌。

十、资源和城市环境

土地供应：全年全市建设用地供应总量3251公顷。其中，特交水建设用[9]地供应1007公顷，公共管理和公共服务用地供应717公顷，住宅用地供应1169公顷，产业用地供应358公顷。

水资源：全年水资源总量25.67亿立方米。年末大中型水库蓄水总量38.14亿立方米，比上年末减少4.96亿立方米。年末平原区地下水埋深[9]为15.64米，比上年末回升0.75米。全年生产生活用水总量24.56亿立方米，下降1.7%。其中，生活用水（包括服务业和居民家庭用水）16.20亿立方米，下降0.2%；工业用水2.29亿立方米，下降2.4%；农业用水2.61亿立方米，下降7.4%。

城市环境：全年污水处理率为97.0%，其中城六区污水处理率达到99.7%，分别比上年提高1.2个和0.2个百分点。全市清运处置生活垃圾740.57万吨，日均2.03万吨。其中，其他垃圾565.56万吨，日均1.55万吨；厨余垃圾175.01万吨，日均0.48万吨。全市共有生活垃圾集中处理设施32座，实际处理能力25111吨/日。细颗粒物（$PM_{2.5}$）、可吸入颗粒物（PM_{10}）、二氧化氮（NO_2）年均浓度分别为30微克/立方米、54微克/立方米和23微克/立方米，分别下降9.1%、1.8%和11.5%。二氧化硫（SO_2）年均浓度值为3微克/立方米，与上年持平。

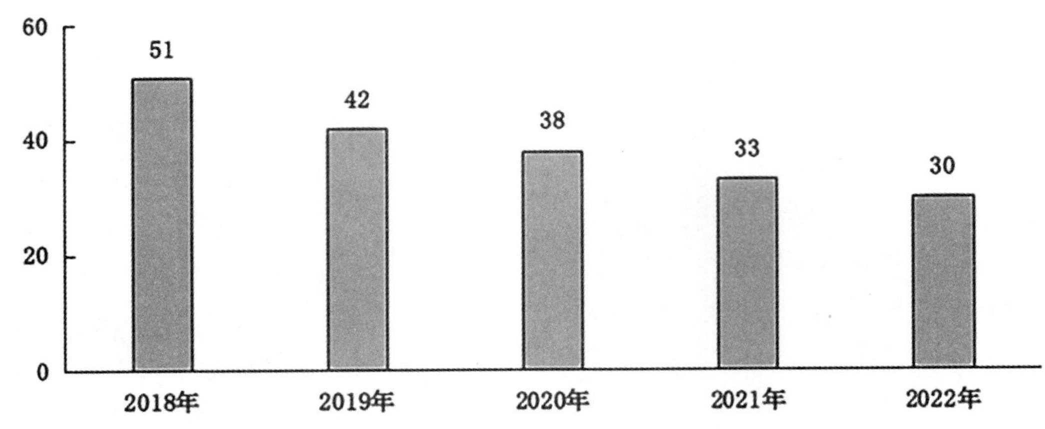

图 2-8　2018—2022 年细颗粒物（$PM_{2.5}$）年均浓度

全年新增造林绿化 10200 公顷。森林覆盖率达到 44.8%，比上年提高 0.2 个百分点。城市绿化覆盖率为 49.3%，提高 0.01 个百分点。全市人均公园绿地面积为 16.89 平方米，增加 0.27 平方米。

十一、高质量发展成效

动能转换：全年数字经济实现增加值 17330.2 亿元，按现价计算，比上年增长 4.4%，占全市地区生产总值的比重达到 41.6%，比上年提高 1.2 个百分点；其中数字经济核心产业增加值 9958.3 亿元，增长 7.5%，占地区生产总值的比重为 23.9%，提高 1.3 个百分点。云计算、人工智能等加快布局，全年新基建项目固定资产投资增长 25.5%。限额以上批发零售业、住宿餐饮业[11]实现网上零售额 5485.6 亿元，增长 0.4%。重点领域加快开放，全年北京地区对“一带一路”沿线国家进出口 1.59 万亿元，增长 28.2%，占地区进出口总值的 43.7%。服务业扩大开放重点领域实际利用外资 158.6 亿美元，增长 20.6%，其中科技、互联网信息、商务和旅游服务领域比重超 9 成。1-11 月，全市大中型重点企业研究开发费用同比增长 10.0%；中关村示范区规模以上高新技术企业技术收入占总收入的比重为 21.7%，同比提高 2.1 个百分点。

结构优化：全年服务业增加值占全市地区生产总值的比重保持在八成以上，其中，信息传输、软件和信息技术服务业，金融业，科学研究和技术服务业增加值分别增长 9.8%、6.4% 和 1.8%，占地区生产总值比重合计为 45.9%，比上年提高 2.5 个百分点。部分高技术产品生产保持较快增长，新能源汽车、风力发电机组、气动元件产量分别增长 1.9 倍、45.6% 和 36.5%。全市高技术产业投资增长 35.3%，占全市固定资产投资的比重为 15.7%，比上年提高 3.7 个百分点。其中，高技术制造业投资在集成电路制造、医药制造项目带动下增长 28.3%，高技术服务业投资在互联网相关服务领域带动下增长 41.3%。

提效降耗：全市规模以上工业企业综合能耗为 1409.0 万吨标准煤，比上年下降 2.5%。万元地区生产总值水耗为 9.61 立方米，按不变价格计算，下降 2.71%。生物质能、水能、太阳能、风能等可再生能源发电量增长 1.2%，占总发电量的比重为 10.9%，比上年提高 0.2 个百分点。

民生保障：全年一般公共预算支出中，教育、社会保障和就业、卫生健康支出分别为1171.1亿元、1067.8亿元和775.8亿元，合计占一般公共预算支出的40.4%，比上年提高1.0个百分点。全市基础设施投资投向交通运输和公共设施管理的比重分别为42.3%和21.1%。全年住宅用地供应中，多渠道实现租赁住房用地供应304公顷，超额完成年度计划。

公报注释：

[1] 2022年数据均为初步统计数。部分数据合计数或相对数由于计量单位取舍不同而产生的计算误差，均未作机械调整。

[2] 三次产业划分依据国家统计局2018年修订的执行《三次产业划分规定》（国统字〔2012〕108号），行业划分执行《国民经济行业分类》（GB/T4754-2017）。

[3] 2022年常住人口有关数据为全国统一组织开展的2022年人口变动情况抽样调查推算数，调查标准时点为2022年11月1日零时。

[4] 规模以上工业企业是指年主营业务收入2000万元及以上的全部工业法人企业。

[5] 限额以上批发和零售业单位是指年主营业务收入2000万元及以上的批发业、500万元及以上的零售业单位（包括法人单位、产业活动单位和个体经营户）。

[6] 自2022年5月起，根据商务部新修订的《外商投资统计调查制度》，实际利用外商直接投资为包含银行、证券、保险领域的全口径数据，增速为不含上述领域的同口径增速。

[7] 天然气供应总量包含燕山石化的供应量。

[8] 卫生机构和卫生技术人员等相关数据均含驻京部队、武警医院数据，床位数不含。

[9] 平原地区地下水埋深是指平原地区地下水水面至地面的距离。

[10] 限额以上住宿和餐饮业单位是指年主营业务收入200万元及以上的住宿业、200万元及以上的餐饮业单位（包括法人单位、产业活动单位和个体经营户）。

资料来源：

本公报中机动车数据来自北京市公安局公安交通管理局；移动电话基站数据来自北京市通信管理局；财政数据来自北京市财政局；存贷款数据来自中国人民银行营业管理部；证券交易额数据来源于上海证券交易所和深圳证券交易所上市的注册地为北京的数据；北京证券交易所数据来源于北京证券交易所官网；保险数据来自中国银行保险监督管理委员会北京监管局；进出口数据来自中华人民共和国北京海关；实际利用外资、境外投资、对外承包工程、对外劳务合作数据来自北京市商务局；道路建设、公共交通数据来自北京市交通委员会；自来水销售、水资源、污水处理数据来自北京市水务局；发电量、用电量数据来自国网北京市电力公司；液化石油气及天然气供应量、燃气家庭用户、燃气管线、集中供热面积、垃圾处理数据来自北京市城市管理委员会；安全生产数据来自北京市应急管理局；医疗保险及生育保险数据来自北京市医疗保障局，其余社会保障数据及城镇新增就业数据来自北京市人力资源和社会保障局；低保、提供住宿机构数据来自中共北京市委社会工作委员会北京市民政局；教育数据来自北京市教育委员会；专利数据来自北京市知识产权局；技术市场数据来自北京技术市场管理办公室；公共图书馆、文化馆、旅游数据来自北京市文化和旅游局、国家图书馆；档案馆数据来自北京市档案局；博物馆数据来自北京市文物局；出版数据来自北京市新闻出版局；电视数据来自北京市广播电视局；电影数据来自北京市电影局；卫生数据来自北京市卫生健康委员会；运动员数据来自北京市体育局；残疾人运动员数据来自北京市残疾人联合会；建设用地供应数据来自北京市规划和自然资源委员会；空气质量数据来自北京市生态环境局；造林、绿化数据来自北京市园林绿化局；其他数据来自北京市统计局、国家统计局北京调查总队。

第二节　房地产开发投资与建设

2022 年，北京市坚持“房住不炒”定位，保持房地产调控定力，积极落实“一区一策”意见，房地产市场整体平稳运行，开发投资稳定增长，市场销售逐步恢复。

一、房地产开发投资情况

（一）房地产开发投资构成及变动情况

2022 年，全市房地产开发规模总体保持稳定，全年房地产开发投资同比增长 1%。从投资构成看，建安投资下降 0.8%，占开发投资的比重为 32.2%；土地购置费增长 8.5%，占比为 58.8%，呈逐年上升趋势。从工程用途看，住宅投资增长 5.8%，办公楼投资下降 22.5%，商业营业用房投资增长 15.7%（见图 2–7）。

（二）房地产开发资金来源情况

2022 年，全市房地产开发项目本年实际到位资金 5631.7 亿元，同比下降 13.7%。其中，国内贷款为 1045.8 亿元，增长 13.2%；自筹资金为 1137.3 亿元，下降 33.7%；定金及预收款为 2768.7 亿元，下降 11.1%；个人按揭贷款为 390.9 亿元，下降 21.1%（见表 2–12）。

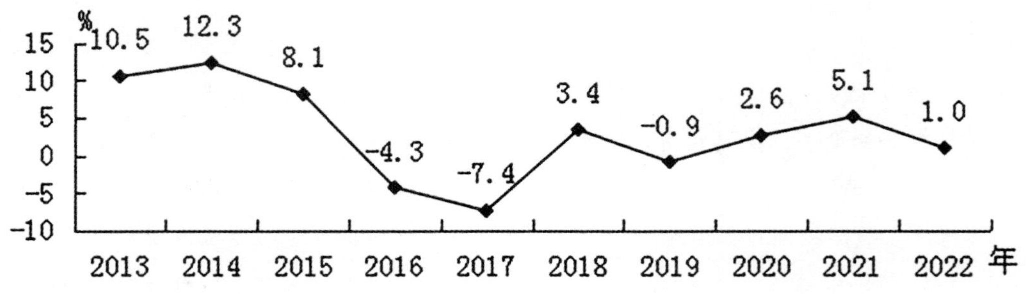

图 2–9　2013 年以来我市房地产开发投资增速图

表 2-12　2020—2022 年房地产开发项目资金来源情况

单位：亿元

	2020年	2021年	2022年
上年末结余资金	4090.1	4375.8	5027.0
本年实际到位资金	5820.9	6524.2	5631.7
其中：国内贷款	1423.1	923.6	1045.8
利用外资	2.4	2.6	0.5
自筹资金	1406.5	1715.6	1137.3
定金及预付款	2450.9	3114.8	2768.7
个人按揭贷款	336.5	495.3	390.9
其他资金来源	201.5	272.4	288.5

二、房地产开发建设情况

（一）房屋建设总体情况

截至 2022 年 12 月末，全市房地产开发房屋施工面积为 13333.1 万平方米，比上年末下降 5.1%。其中，本年新开工面积为 1774.4 万平方米，下降 6.4%（见表 2-13）。

截至 12 月末，住宅施工面积为 6713.6 万平方米，同比下降 2.6%。其中，住宅新开工面积为 978.4 万平方米，下降 4.6%。

（二）房地产开发房屋施工情况（按区域分）

分区域看，房屋施工面积朝阳区最多，为 1965.6 万平方米，大兴区位于第二，为 1626 万平方米，分别占全市房地产开发房屋施工面积 14.7% 和 12.2%（见表 2-14）。

表 2-13　2021—2022 年房地产开发房屋施工及新开工面积情况

单位：万平方米，%

	2021年	2022年	同比增长
房屋施工面积	14055.3	13333.1	−5.1
其中：本年新开工面积	1895.9	1774.4	−6.4

表 2-14　2022 年按区域分房地产开发房屋施工面积情况

单位：万平方米

区域	房屋施工面积	区域	房屋施工面积
东城区	248.9	顺义区	1320.6
西城区	198.8	昌平区	1128.6
朝阳区	1965.6	大兴区（除开发区）	1626.0

（续表2-14）

区域	房屋施工面积	区域	房屋施工面积
丰台区	1316.8	怀柔区	449.7
石景山区	532.6	平谷区	216.4
海淀区	951.7	密云区	282.0
门头沟区	278.1	延庆区	231.8
房山区	876.5	开发区	178.1
通州区	1531.1		
合计	13333.1		

（三）房地产开发房屋新开工情况（按用途分）

2022年，全市房地产开发房屋新开工面积为1774.4万平方米，同比下降6.4%。其中，住宅新开工面积为978.4万平方米，下降4.6%；办公楼为64.5万平方米，下降13.6%；商业营业用房为71.8万平方米，下降33.3%（见图2–9）。

（四）房地产开发房屋竣工情况概述

2022年，全市房地产开发房屋竣工面积为1938.5万平方米，同比下降2.3%。其中，住宅竣工面积为1096.2万平方米，增长11.7%（见表2–15）。

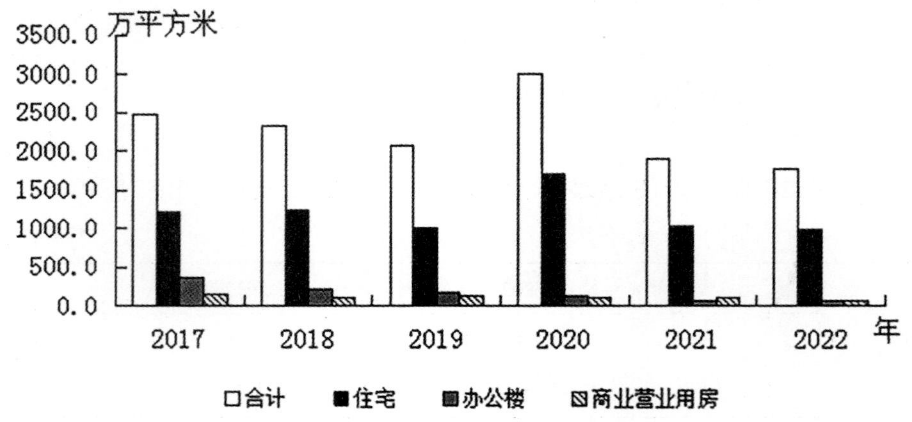

图2–10 2017—2022年按用途分房地产开发房屋新开工面积情况

表2–15 2021—2022年房地产开发房屋竣工面积情况

单位：万平方米，%

	2021年	2022年	同比增长
本年房屋竣工面积	1983.9	1938.5	−2.3
其中：住宅	981.1	1096.2	11.7

（五）房地产开发房屋竣工情况（按区域分）

分区域看，房屋竣工面积通州区最多，为373.5 万平方米，顺义区位于第二，为 335.8 万平方米，分别占全市房地产开发房屋竣工面积19.3% 和 17.3%（见图 2–10）。

（六）历年房地产开发房屋竣工情况（按用途分）

2022 年，全市房地产开发房屋竣工面积为1938.5 万平方米，同比下降 2.3%。其中，住宅竣工面积为 1096.2 万平方米，增长 11.7%；办公楼为 177.8 万平方米，增长 24.4%；商业营业用房为 106.7 万平方米，下降 44.3%（见表 2–16）。

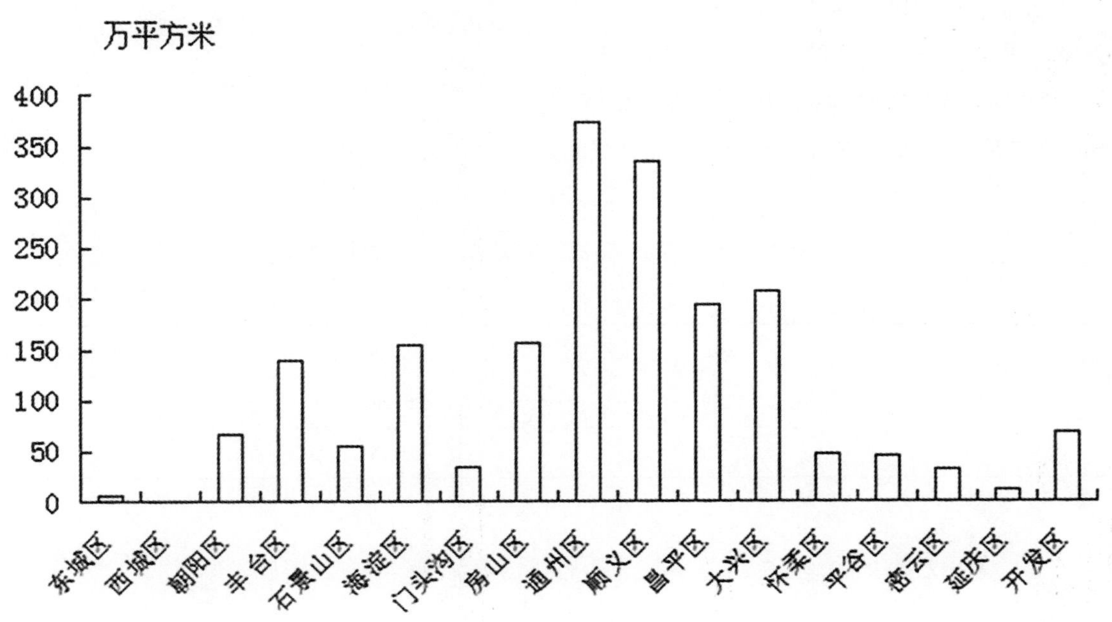

图 2–11　2022 年按区域分房地产开发房屋竣工面积情况

表 2–16　2017—2022 年按用途分房地产开发房屋竣工面积情况

单位：万平方米

	合计	住宅	办公楼	商业营业用房
2017年	1466.7	604.0	321.2	166.9
2018年	1557.9	731.2	249.9	162.8
2019年	1343.3	583.2	290.3	98.6
2020年	1545.7	728.5	242.2	95.1
2021年	1983.9	981.1	142.9	191.6
2022年	1938.5	1096.2	177.8	106.7

三、商品房待售情况

截至 2022 年 12 月末，全市商品房待售面积为 2617 万平方米，比 2021 年末增加 220.7 万平方米。其中，住宅待售面积为 854.4 万平方米，比 2021 年末增加 23.6 万平方米（见表 2–17）。

（一）2022 年商品房待售情况（分区域分时间）

分区域看，朝阳区待售面积最多，为 462.3 万平方米，占全市待售面积的比重为 17.7%；其次是顺义区，待售面积为 349.2 万平方米，占比 13.3%；第三是大兴区，待售面积为 280.6 万平方米，占比 10.7%（见图 2–11）。

2022 年末，全市商品房待售面积按时间分，待售 1 年以内的待售面积为 382.7 万平方米，1 年至 3 年的待售面积为 1048 万平方米；3 年以上的待售面积为 1186.4 万平方米（见表 2–18）。

（二）历年商品房待售情况（分用途）

2022 年商品房待售面积为 2617 万平方米，同比增长 9.2%。其中，住宅待售面积为 854.4 万平方米，增长 2.8%；办公楼为 567.9 万平方米，增长 2.2%；商业营业用房为 423.1 万平方米，增长 5.2%（见表 2–19）。

表 2–17　2021—2022 年商品房待售面积情况

单位：万平方米，%

	2021年	2022年	同比增长
待售面积	2396.3	2617.0	9.2
其中：住宅	830.8	854.4	2.8

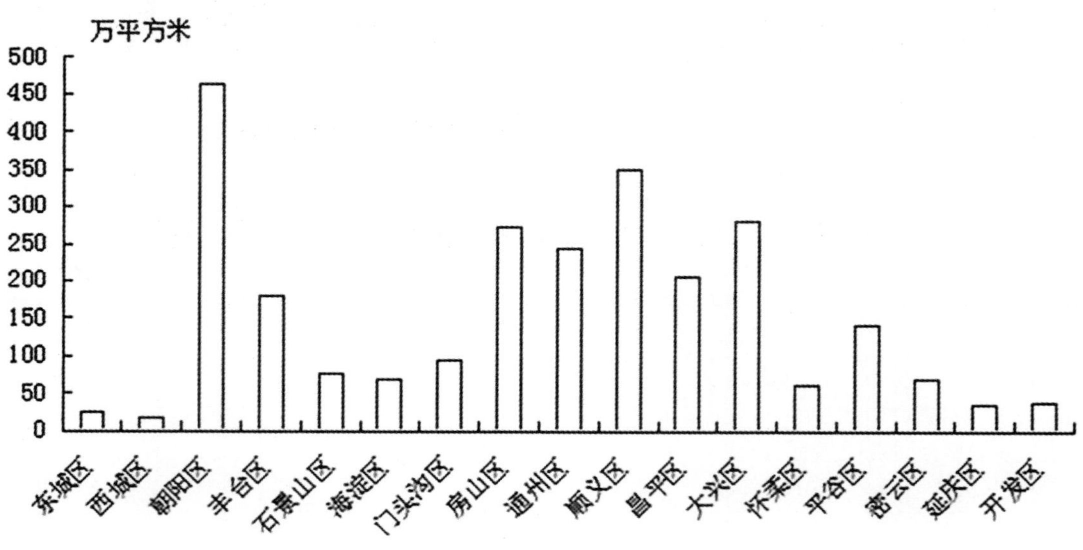

图 2–12　2022 年按区域分商品房待售面积情况

表 2-18 2017—2022 年按时间分商品房待售面积情况

单位：万平方米

	合计	待售1年以内	待售1-3年	待售3年以上
2017年	2092.1	355.7	1190.4	546.0
2018年	2153.3	311.1	968.2	874.0
2019年	2489.5	514.7	1011.0	963.8
2020年	2454.2	440.7	1049.3	964.2
2021年	2396.3	455.8	897.7	1042.8
2022年	2617.0	382.7	1048.0	1186.4

表 2-19 2017—2022 年按用途分商品房待售面积情况

单位：万平方米

待售面积	合计	住宅	办公楼	商业营业用房
2017年	2092.1	811.2	336.1	429.6
2018年	2153.3	833.7	390.6	373.4
2019年	2489.5	893.1	569.0	369.9
2020年	2454.2	881.9	530.5	383.5
2021年	2396.3	830.8	555.5	402.0
2022年	2617.0	854.4	567.9	423.1

第三节 人民生活

一、居民生活基本情况

2022 年，北京高效统筹疫情防控与经济社会发展，扎实做好“六稳”“六保”工作，持续加大困难企业帮扶力度，促进农村劳动力就业参保，就业形势保持稳定，基本民生得到有力保障，居民收入平稳增长，消费恢复进程仍待加快。2022 年全市居民人均可支配收入 77415 元，比上年增长 3.2%，其中，城镇居民人均可支配收入 84023 元，比上年增长 3.1%。全市居民人均消费支出 42683 元，比上年下降 2.2%，其中，城镇居民人均消费支出 45617 元，比上年下降 2.5%。

（一）居民收入平稳增长

2022年全市居民人均可支配收入保持稳步增长。从收入增速看，北京比上海高出1.2个百分点。从收入绝对量看，北京比全国高40531元，比上海低2195元，在全国31省市中排名第2。

1.四项收入“两升两降”

构成居民人均可支配收入的四项收入“两升两降”：工资性收入、转移净收入实现正增长，经营净收入、财产净收入有所下降。其中，**工资性收入领衔增长。**2022年全市居民人均工资性收入47758元，比上年增长4.6%，领衔四项收入，拉动居民可支配收入上涨2.8个百分点，对可支配收入增长的贡献率超八成。2022年我市出台多项综合举措纾困帮扶，面向企业和高校毕业生发放扩岗补助、求职创业补贴，为就业困难人员提供就业援助，鼓励企业开展职业技能培训。转移净收入保持增长，2022年全市居民人均转移净收入16336元，同比增长2.6%。2022年我市继续上调基本养老金、城乡居民养老保障待遇标准，养老离退休金水平上涨，社会补助、抚恤金增加，带动居民社会救济和补助水平提高。经营净收入、财产净收入有所下降，2022年全市居民人均经营净收入903元，比上年下降3.9%，居民人均财产净收入12418元，比上年下降0.3%。

2.城乡居民收入比缩小

2022年全市农村居民人均可支配收入增速快于城镇居民，城乡居民收入比为2.42，比上年下降0.03，连续十一年下降，城乡居民收入差距继续缩小。2022年我市惠农增收政策多点发力，农村居民增收取得积极成效：一是分类推进农村劳动力就业，利用资金补贴安置就业困难人员，10多个重点行业部门联合开发就业岗位，拓宽农村劳动力就业渠道，鼓励平原生态林管护等项目招收本地农村劳动力就业；二是壮大农村集体经济，涉农区深化集体经济薄弱村帮扶，探索农村资源与社会资本对接，加快集体土地流转，农村居民转让承包土地经营权租金净收入快速增长。

（二）居民消费仍需恢复

2022年全市居民人均消费支出42683元，比上年下降2.2%，绝对额在全国31省（区、市）中排第2位，仅次于上海，增速落后全国4.0个百分点，降幅比上海小3.6个百分点。

1.食品烟酒支出占比提高

2022年全市居民人均食品烟酒支出9223元，比上年略有下降，家庭恩格尔系数21.6%（人均食品烟酒消费支出占人均消费支出比重），比上年提高0.3个百分点。受食品价格波动与疫情期间居家用餐需求增加影响，居民主要食品消费支出实现正增长，比上年增长2.1%，其中，人均谷物消费支出增长8.0%，人均蔬菜和食用菌消费支出增长5.3%，人均水产品消费支出增长9.9%，人均蛋类消费支出增长16.2%，人均干鲜瓜果类消费支出增长6.4%。餐饮业作为典型接触性服务行业受疫情冲击，消费强度明显减弱，居民人均其他在外饮食消费支出下降11.6%，下拉人均食品烟酒消费支出2.9个百分点。

2.居住类支出实现增长

2022年全市居民人均居住消费支出17170元，比上年增长1.9%，占人均消费支出比重为40.2%，比上年提高1.6个百分点，居八大类消费首位。一方面，2022年以来，疫情影响下，居民居家办公时间较长，外出活动频率减少，居住消费中水、电、燃气等刚性消费需求旺盛，全市居民人均用水消费支出比上年增长1.4%，人均用电消费支出增长0.5%；另一方面，随着居民生活质量日益改善，对居住品质与居住环境舒适度提出更高要求，修缮、改造住房条件的消费需求不断增加，全市居民人均住房维修消费支出比上年增长19.3%，农村居民住房装潢支出增长近一倍。

3.其他用品及服务保持两位数增长

2022年全市居民其他用品及服务支出1117元，比上年增长16.1%，在八大类消费中增速最快，占总消费支出的比重较上年提高0.4个百分点。主要原因一是2022年以来，我市启动“2022年消费季”，发放了近3000万元京郊住宿消费券，拉动居民旅馆住宿费消费支出增长，全市居民其他服务支出比上年增长1.1%；二是因国际金价快速上涨，黄金饰品等居民其他用品支出持续增长，2022年全市居民其他用品支出增长34.1%，比上年提高14.7个百分点。

二、居民家庭居住情况

2022年全市居民家庭居住空间样式多为二居室单元房，现住房房屋来源以购买商品房和房改住房为主，耐用消费品需求呈改善型、品质化特征，居民生活状况继续改善，居住条件稳步提升。

（一）居住空间样式以二居室单元房为主

2022年，全市居民居住空间样式以单元房为主，占比为76.1%，与上年持平。其中，以二居室单元房为代表的小户型、经济型住房占比最高（47.1%），一居室单元房占比略有下降，三居室单元房占比略有提高，分别变动0.1个百分点，总体上，居民居住空间样式较为稳定。2022年，全市居民家庭现住房为自有住房的比例为85.7%，较上年提高0.1个百分点，房屋来源以购买商品房和房改住房为主，两类来源合计占比为48.6%。

（二）居民居住条件持续改善

随着居民生活水平的提高，房屋居住面积有所增加，住房内外设施日趋完善，住房条件明显向好。2022年，全市居民人均住房建筑面积35.8平方米，比上年增加0.2平方米。其中，城乡居民人均住房建筑面积分别为33.6和50.2平方米，比上年增加0.2和0.6平方米。伴随收入的增加和观念的更新，居民对居住的需求从单纯的居住面积增长逐步转向对居住质量的追求。2022年，北京居民使用卫生厕所的户数达到99.6%，比上年提高0.2个百分点；使用净化处理自来水的户数占比为93.2%，比上年提高0.5个百分点；通过住宅内管道取水的户占比为96.8%，比上年提高0.2个百分点。

（三）耐用消费品需求呈改善型、品质化趋势

居民家庭耐用消费品拥有情况是居民生活状况的重要衡量指标，能够反映居民生活理念的转变以及对生活品质的更多追求。目前，居民对耐用消费品的种类需求日益多元，呈现改善性、品质化趋势。2022年，全市居民中每百户家庭拥有洗衣机、电冰箱（柜）、彩色电视机、热水器等厨卫设备的数量均在100台以上，空调、移动电话的百户拥有量均达到200台以上，满足基本生活需求的耐用消费品逐渐走进家庭生活，成为日常必备品。随着居民生活观念的转变，居民家庭耐用消费品也越来越趋向于升级改善型，2022年，全市居民家庭每百户洗碗机拥有量为5台，比2021年有所增加，空气净化器、地面清洁电器拥有量分别为39台、34台。

第三章

国土空间规划和自然资源管理

第一节　综述

2022年，市规划自然资源委统筹疫情防控和经济社会发展，大力推动新时代首都发展，顺利完成年度目标任务。

首都规划实施更加深入有效。全力做好政治中心服务保障，全面完成核心区控规三年行动计划，稳步降低“四个密度”，抓好重点区域空间管控和综合整治，保障中央政务安全。玉泉山地区山水形胜格局框架逐步拉开，南中轴地区落实国家级文化设施功能定位取得新成效。历史文化名城保护全面推进，重点文物腾退利用取得重大突破，中轴线申遗驶入快车道。优化国际交往功能体系和空间布局，有序推进第四使馆区、国家会议中心二期规划建设，雁柏山庄投入运营。加快科技创新中心建设，积极服务怀柔、昌平国家实验室和中关村论坛规划建设。首规委召开全体会议和主任办公会议，对首都规划实施作出重要部署；向党中央报告2021年度城市总体规划、核心区控规、副中心控规实施体检等重大事项。发挥首规委办公平台作用，全力推进解决西长安街街道群众急难愁盼问题。

规划引领和要素保障能力进一步增强。印发实施国土空间近期规划，明确城市总体规划实施第二阶段重点任务，“十四五”重点任务街区约九成启动控规编制。供应建设用地3251公顷，其中82%的工业研发用地分布在“两区”“三城一区”等重点功能区。完成4个批次商品住宅用地集中供应，土地出让收入2223.51亿元。全流程调度市、区重点项目1057项，协调解决各区诉求250项，解决率达94%。办理“一书两证”3286件。落实国家创新试点及5.0版改革任务，推动所有工程建设领域社会投资项目在线办理，电子证照实现率提升至90%以上。推出告知承诺制、用地清单制、多测合一、验登合一等新政策，深化施工图审查制度改革，简化、快办重大投资项目审批手续。编制实施城市更新专项规划，划定178个近期重点更新街区，完善用地功能混合、建筑规模管控等支持政策，出台存量国有建设用地盘活利用指导意见，参与制定城市更新条例，成功举办首届北京城市更新论坛。各圈层发展态势稳定向好，中心城区非首都功能加快疏解，城市副中心重大项目深入推进，平原新城综合承载力逐步提升，生态涵养区加快转型发展，绿隔地区减量增绿提质有序推进。编制实施轨道交通线网规划，“一区一册”“一站一策”推进轨道交通一体化建设，推动站城融合发展。

自然资源管理迈上新台阶。划定并启用“三区三线”，印发生态安全格局专项规划、国土空间生态修复规划、拆违腾退用地生态修复规划。完成约200公顷矿山生态修复和综合利用。实现城乡建设用地净减量约8平方千米。开展战略留白专项体检，组织各区制定战略留白用地清理方案，主动推进战略性大尺度留白向精细化常态化管理转变。严守耕地保护底线，全市耕地保有量大幅回升，超额完成166万亩（11.07万公顷）耕地保护目标。严格落实耕地占补平衡和进出平衡，耕地集中连片度有所提升。通州区率先编制耕地保护专项规划。深化“三调”成果应用，推动不动产单元代码应用，实现“一码管地”。开展自然资源确权登记试点，有序推进宅基地、集体建设用地权籍调查和确权登记。推进自然资源资产所有权委托代理机制试点，制定先租后让、作价出资（入股）政策。探索建立新型基础测绘体系，搭建“实景三维北京”。

持续深化超大城市治理。“接诉即办”成绩大幅提升，承办群众诉求工单29.5万件，委本级自办件考核成绩12个月均为100分。持续化解历史遗留“办证难”问题，为12.3万套房屋打通办证路径，超额完成10万套年度目标。扎实做好信访维稳，58件多责任主体重复访积案全部化解。全年供应住宅用地1168公顷，近八成供地向重点功能区及轨道交通站点周边积聚。供应租赁类住房用地304公顷。选取商品住宅试点开展“全龄友好社区”建设。制定小微公共空间一体化城市设计导则，推进“共筑京彩——大师做小品”专项行动。发布桥下空间利用设计导则，促进城市“灰空间”焕发活力。增强城市韧性，完成丰台南苑、通州西集等应急项目选址和规划方案设计，规划建设应急用房3.58万间。开展市政生命线规划实施评估，推动市政管线消隐改造。扎实做好地质灾害防治，地灾区域预报预警精度显著提高，全年发生地质灾害12起，未出现人员伤亡。推进国土空间规划“一张图”实施监督信息系统建设，推行全流程电子报件和智能审图，发布《工程建设项目多测合一技术规程》等21项标准。

规划自然资源领域问题整改向纵深推进。依法行政能力持续提升，全委行政复议和行政应诉案件同比减少25%，败诉案件同比减少52%。牵头开展规划自然资源领域“防制度空转”抽查检查，启动非住宅类农村乱占耕地建房整治。推进公共公益类违法用地违法建设专项整治，超额完成年度目标任务。深入推进“基本无违法建设区”创建，全市8个区及经开区率先实现创建目标。全市按照“场清地净”标准，拆除违法建设2875万平方米，完成年度任务的115%；腾退土地3041公顷，完成年度任务的109%。自然资源督察深入开展，2021年度国家督察指出问题整改到位率约85%，历年督察挂账问题限期类整改率约95%。

第二节　国土空间规划

一、国土空间近期规划获批

2022年1月29日，《北京市国土空间近期规划（2021年—2025年）》获市政府批复。该规划统筹谋划城市总体规划实施，提出城市总体规划实施第二阶段（2021年—2025年）目标指标和重点任务，明确“牢牢守住首都城市战略定位，加强“四个中心”功能建设与服务保障；持续推进规模结构调整与提质增效，深入推进城市更新；坚定不移疏解非首都功能，持续优化城市空间布局；统筹全域全要素系统治理，为高质量发展做好空间保障和引导；贯彻碳达峰、碳中和重大决策部署，积极培育绿色发展新动能；持之以恒抓好历史文化名城保护工作，提升城市风貌品质；围绕以人民为中心，深入推进超大城市治理体系和治理能力现代化；加强首都安全保障，多措并举提高城市韧性；加强城乡统筹，全面推进城乡发展一体化；建设现代化首都都市圈，推动京津冀世界级城市群主干构架基本形成。”10个方面重点规划内容。

二、核心区规划管理工作机制意见印发

2022年1月29日，《关于首都功能核心区规划管理工作机制的有关意见》印发。该意见提出，完善组织架构，增强核心区规划管理人员配置和组织力量，建立相关单位协同工作机制，形成规划管理协同体系。合理划分工作职责，明确核心区规划编制、规划审批、规划监督、自然资源管理等全周期职责分工，完善规划管理工作体系。完善分级会议、技术论证、专家咨询论证、责任规划师、公众参与和舆论宣传等制度，强化规划管理支撑体系。

三、“十四五”时期政务功能优化提升实施规划印发

2022年3月23日，《北京市“十四五”时期政务功能优化提升实施规划》印发。该规划总结“十三五”时期工作成果，提出“十四五”时期总体要求，细化“十四五”时期6个方面主要任务，提出市级政务功能优化提升实施任务清单，构建由空间保障、配套保障、环境保障、安全保障组成的服务保障体系。

四、城市副中心站综合交通枢纽地区规划综合实施方案审议通过

2022年4月6日，《北京城市副中心站综合交通枢纽地区规划综合实施方案》经城市副中心党工委管委会审议通过。该方案按照高质量打造新一代国际化商务区和站城融合发展示范区要求，强化站城一体、产城融合，合理布局城市功能，围绕“三轴三带、一心多点”（“三轴”指生态文化轴、空间景观轴、轨道换乘轴，“三带”指运河水岸带、六环公园带、城市景观带，“一心”为创新金融商务中心，“多点”为城市副中心站、运河码头、水岸公园、家园中心）空间结构，划分12个落实规划管控指标的细分单元，细化匹配工程进度与供地时序计划，探索一体化设计、实施、管理模式，促进区域产业生态系统健康发展。

五、二绿地区减量提质规划编制与审议

2022年4月11日，副市长隋振江主持召开专题会议，研究二绿地区规划实施路径，对二绿地区减量提质规划编制做出指示。7月11日，市城乡结合部建设办、市规划自然资源委共同召开专家评审会，评审通过二绿地区减量提质规划成果。12月28日，副市长隋振江主持召开市委城市工作办专题会议，审议二绿地区减量提质规划成果，原则同意规划成果，要求修改完善后报请市委、市政府审议。该规划以提高生态安全水平、支撑保障韧性城市建设、推进绿色发展和促进城乡融合为主要任务，着力构建城市绿环，制定市、区、镇、村联动的任务台账。

六、城市副中心建筑规模管控实施管理细则（试行）印发

2022年4月15日，《北京城市副中心建筑规模管控实施管理细则（试行）》由城市副中心管委会印发。该细则包括总则、管控原则、调配规则及审批程序、实施保障4部分内容，共16条，指导城市副中心规划综合实施方案（规划条件）

编制报审过程中建筑规模指标调配。

七、一绿地区规划建设管理实施办法印发

2022年4月25日，市政府印发《北京市关于进一步加强第一道绿化隔离地区规划建设管理的实施办法》。该办法将王四营乡试点提出的“区域统筹、过程管理、精准施策”原则、算好“历史账、规划账、时间账、效果账”做法推广到一绿地区，规范一绿地区城市化路径。《北京市人民政府印发〈关于加快本市绿化隔离地区建设的意见〉的通知》和《北京市人民政府办公厅印发市绿化隔离地区建设领导小组〈关于加快本市绿化隔离地区建设暂行办法〉的通知》同时废止。

八、“三区三线”划定成果启用

2022年5月，全市落实全国“三区三线”划定工作电视电话会议和《自然资源部关于在全国开展“三区三线”划定工作的函》要求，成立由9个市级部门、14个区政府及经开区管委会组成的划定工作专班，开展市、区两级划定工作。8月29日、9月7日，市政府常务会议、市委常委会会议分别审议通过全市“三区三线”划定成果，原则同意报自然资源部。经自然资源部批准，10月14日，全市“三区三线”划定成果启用，作为全市报批建设项目用地依据。“三区”指农业、生态、城镇空间，“三线”指耕地和永久基本农田、生态保护红线、城镇开发边界3条控制线。

九、适老社区规划设计导则通过专家审查

2022年6月16日，《北京市适老社区规划设计导则》通过专家审查。该导则由市规划院针对新建普通居住社区研究制定。以“适度、不过度”为指导原则，充分考虑成本与效益，开展必要与推荐内容差异化引导，满足老年人基本需求，并为失能、残疾等老年人的特定需求预留条件。重点聚焦社区和建筑2个空间层面，形成9大类、37小类、161项条款，并采用“条文+图片+案例+说明”形式，提出规划设计要求。导则审查通过后，市规划自然资源委在年度第二批次商品住宅供地中，选取3宗用地开展“全龄友好社区”试点，在土地出让条件中明确“以适老化为主”建设要求。

十、轨道交通第三期建设规划审议审查

2022年6月20日，市政府召开常务会议，审议通过《北京市轨道交通第三期建设规划（2022年—2027年）》。7月6日，市委常委会召开会议，审议通过轨道交通第三期建设规划。该规划经市委、市政府审议通过后，上报国家发展改革委审批。

十一、轨道交通线网规划获批

2022年7月5日，《北京市轨道交通线网规划（2020年—2035年）》获市政府批复。该规划优化区域交通体系，坚持公共交通优先的城市交通发展战略，坚持交通与城市融合发展，推进站城一体化规划建设。强化轨道交通与城市空间规划衔接，坚持远近结合和通盘考虑，构建“四网融合”［干线铁路网、城际铁路网、市域（郊）铁路网、城市轨道交通网］的轨道交通体系。围绕服务“四个中心”功能建设、促进城市高质量发展、坚持以人民为中心3个方面，着力构建综合、绿色、安全、智能的立体化城市交通系统。

十二、密云水库上游地区空间保护规划审议通过

2022年9月19日，《北京市密云水库上游

地区空间保护规划（2021 年—2035 年）》经市委生态文明建设委员会全体会议审议通过。该规划由市规划院采取“部市协作 - 部门联动 - 专家指导 - 属地支撑”方式组织编制。规划聚焦解决密云水库流域入境总氮浓度超标、水库常态化高水位运行、镇村绿色发展路径需完善等问题，坚持生态保水，立足流域空间和关键自然要素，优化全域水源涵养国土空间格局。坚持绿色发展，统筹资源保护与资源禀赋，支撑形成与水源保护要求相适应的绿色生产生活格局。坚持协同治理，完善跨区域协同治理政策机制，保障规划实施。探索以水源保护为核心的国土空间治理对策与理论实践路径，着力构建与生态资源环境相适应的国土空间发展格局。

十三、核心区建筑高度管控专项规划和工作方案印发

2022 年 10 月 14 日，《核心区建筑高度管控专项规划（2021 年—2035 年）》《核心区建筑高度管控工作方案》印发。该专项规划和工作方案贯彻落实总体国家安全观，坚持把政治中心安全保障放在突出位置，聚焦整治重要地区建筑高度安全环境，着力保护历史文化名城整体环境，健全长效管控机制，推进建筑高度整治管控。

十四、轨道交通场站与周边用地一体化规划建设实施细则（试行）印发

2022 年 11 月 26 日，《北京市轨道交通场站与周边用地一体化规划建设实施细则（试行）》由市政府办公厅印发。该实施细则是落实《关于加强轨道交通场站与周边用地一体化规划建设的意见》的具体措施，从一体化规划设计、一体化用地管理、一体化实施衔接 3 个方面，明确轨道交通一体化主体责任、程序和工作内容。

十五、《北京市桥下空间利用设计导则》获批

2022 年 11 月，《北京市桥下空间利用设计导则》获市领导批准。该导则适用于全市域范围内城市道路、轨道交通、公路桥梁等桥下空间，以“织补城市功能、重塑城市空间肌理、提升空间品质和利用效率”为目标，明确“保障安全、改善民生、因地制宜、便捷通达、多元特色、绿色生态、共享共建、管理有序”设计原则，按照“空间类型判断、功能需求评估、具体方案设计、改造成效跟踪”4 个不同阶段提出全周期设计指引，将桥下空间可利用功能分为 8 种类型，并对安全保障、设置要求、综合设计、空间使用、设施管理等提出要求，全方位指导桥下空间提升利用，促进城市“灰空间”转变为“公共活力空间”。

十六、房屋建筑类项目施工暂设规划监督管理办法（试行）印发

2022 年 12 月 16 日，《北京市规划和自然资源委员会国有建设用地上房屋建筑类项目施工暂设规划监督管理办法（试行）》印发。该办法适用于全市国有建设用地上，主体工程已取得建设工程规划许可证的房屋建筑类项目，因主体工程施工需要取得临时建设工程规划许可证的施工暂设的规划监督，进一步规范临时建筑批后监管，明确批后规划监督要求，完善政策机制，促进临时建筑规模管控、用途管控、周期管控。市政房屋建设类项目和集体土地上房屋建设类项目施工暂设的规划监督参照执行。

十七、中轴线保护管理规划审议通过

2022 年 12 月 27 日，《北京中轴线保护管理规划（2022 年—2035 年）》经市政府常务会议审议通过。该规划以北京中轴线遗产价值保护

传承为目标，针对各遗产构成要素及其周边环境的现状特征与存在问题，对标世界遗产保护要求，落实《北京历史文化名城保护条例》《北京中轴线文化遗产保护条例》，提出中轴线保护、展示、利用、监测等管理要求与策略。明确中轴线整体保护原则，强调以遗产保护推动老城整体保护、居住环境品质提升、地区社会经济发展等多重目标实现。明确相关机构与单位职责，推动中轴线保护管理要求有效传导与落地实施。自2018年开始编制，至2022年9月编制完成。

十八、市域（郊）铁路功能布局规划发布

2022年12月29日，《北京市域（郊）铁路功能布局规划（2020年—2035年）》发布。该规划由中国国家铁路集团有限公司、市政府联合批复，分析城市发展需求与铁路发展需要，统筹规划和发展，指导铁路资源利用及近期项目建设。强调功能统筹，根据各铁路廊道与城市空间紧密程度重组功能，“四网融合”构建一张网，推进既有系统间资源共享。强化空间统筹，围绕重要站点打造轨道微中心，促进轨道交通与城市协调发展，推动轨道交通廊道集约化发展。注重服务统筹，推动通勤骨干线路建设，强化高峰时段公交化服务。提升运营服务水平，完善技术标准，实现安检互认。研究范围为京津冀地区，规范范围为北京市及跨界城市组团，规划线路12条，分为14个规划项目，总计约874千米。其中，通勤线路9条（段），总长约627千米；旅游线路5条线（段），总长约247千米。

十九、轨道交通16号线南段开通运营

2022年12月31日，轨道交通16号线南段开通运营，与北段、中段贯通。截至年底，全市轨道交通运营里程达797.3千米。

二十、核心区地下空间控规通过专家评审

2022年12月，《首都功能核心区地下空间控制性详细规划》通过专家评审。该规划落实核心区控规三年行动计划，以服务首都建设、服务民生改善、服务高质量发展为主要目标，探索城市高度建成地区地下空间精细化规划管控与引导方法。划定地下空间生态底线和安全控制线，构建以人防工程为主导的地下综合防灾体系、高水平的地下基础设施系统、围绕轨道交通和重点功能区的地下公共服务体系。明确地下空间在促进历史风貌保护和补齐民生短板等方面的发展策略，建立兼顾增量管控与存量引导的地下空间规划管控方法，形成针对不同建筑类型的建设管控规则。

二十一、国家植物园综合规划编制完成

2022年12月，市规划院编制完成《国家植物园综合规划》。该规划围绕建设“中国特色、世界一流、万物和谐”总体目标，强化与各级规划及相关专项规划衔接，探索建立国家植物园综合发展评价体系。构建“体系研究＋空间规划＋实施引导”工作架构，重点研究国家植物园历史与现状、功能与范围、整体空间布局与重点区域规划条件、建筑规模与高度管控等方面内容，对地区交通问题和市政设施实施难点提出可行性规划对策和实施方案。形成“资源整合、城园相融、生态优先、综合施策、健康韧性”5大版块规划策略。

二十二、国际交往中心功能建设年度实施评价

2022年12月，市规划院、外交学院共同完

成北京推进国际交往中心功能建设年度实施评价，重点对评价指标体系核心指标实施情况开展年度评价与动态跟踪评估。围绕“一核、两轴、多板块”（“一核”为首都功能核心区，“两轴”为中轴线及其延长线、长安街及其延长线，“多板块”为多维度、全方位展现北京国际化大都市形象魅力的亮点板块）空间格局，聚焦“十四五”时期重大项目，以国际交往资源要素数据平台建设为基础，开展定性分析与空间指数评估。总结国际交往中心功能建设实施成效与问题，提出功能布局优化与空间承载保障规划实施指引。

二十三、中心城区及新城地区已获批街区控规实施评估

2022 年 12 月，市规划院、中规院（北京）规划设计有限公司、北京清华同衡规划设计研究院有限公司共同完成北京市中心城区及新城地区已获批街区控规实施评估（2022 年度）。该评估将城市总体规划实施监督下沉至街区，建立控规实施评估体系方法，以“方法 + 实践”“全市综合分析 + 控规逐个评估”方式，形成“一个体系框架、一套技术方法、一组实践范式”核心成果，提出控规实施主要问题、策略建议、引导建议。该评估是中心城区及新城地区首次开展的街区层面的控规实施评估。

二十四、核心区控规三年行动计划顺利实施

截至 2022 年底，《首都功能核心区控制性详细规划三年行动计划（2020 年—2022 年）》顺利实施，80 项任务全部完成。通过三年行动计划的实施，首都规划权属党中央的政治站位得到提高，央地协同格局发生根本性转变，政务功能布局优化调整力度空前，中央党政机关持续向主体区内集中，央属文物腾退工作取得重大突破，难点问题取得突破性进展。

二十五、2021 年度城市副中心控规实施体检完成

2022 年内，城市副中心管委会规划自然资源局完成 2021 年度城市副中心控规实施体检。体检立足城市副中心 155 平方千米，拓展至通州区 906 平方千米，辐射到廊坊北三县地区，采取部门自检、第三方体检和责任规划师体检相结合的方式，运用统计数据、问卷调查和多元大数据分析相印证的方法，重点从功能定位、城市规模、空间布局、城市品质、绿色发展、城乡统筹、区域协同、机制创新 8 个方面总结实施成效，提出规划实施需关注的 6 个方面问题和近期工作建议。7 月，体检报告报送城市副中心党工委管委会。9 月 5 日，经市委城工委主任专题会研究通过。9 月 6 日、7 日、9 日，分别通过市政府常务会、市委常委会、首规委全会审议，上报党中央。

二十六、2021 年度核心区控规实施体检完成

2022 年内，首规委办完成 2021 年度核心区控规实施体检。体检发现，核心区控规各项指标完成较好，39 项指标中，7 项指标提前实现核心区控规确定的 2035 年目标，28 项指标随控规实施得到优化提升，4 项指标保持不变，但在中央政务功能布局优化、核心区“双控”“四降”（人口、建设规模双控；降低人口、建筑、商业、旅游密度）、中轴线申遗、城市更新财政政策机制、群众急难愁盼问题、城市应急基础设施保障 6 个方面还存在问题。9 月 9 日，《首都功能核心区控制性详细规划实施体检报告（2021 年度）》经首规委第 44 次全会审议通过，并于会后上报党中央。

二十七、80个街区控规获批

2022年内，市规划自然资源委批复房山区、昌平区、大兴区等区80个街区控规，涉及沙河高教园、良乡大学城、北京中关村生命科学园、密云生态商务区、大兴新城西片区、平谷站轨道微中心等重点功能区、重点地区街区控规，共约189平方千米。

二十八、120个乡镇国土空间规划编制报审

2022年内，市规划自然资源委坚持全要素全过程规划管控和实施引导，完善"1+5+N"（一个工作方案+一个编制导则、一个指导意见、一个编审流程、一个审查要点、一个数据平台+生态指引、土地综合整治规划指引等）工作体系，修订工作技术规范，明确乡镇国土空间规划报审要求，推进全市乡镇国土空间规划编制与报审。截至年底，全市需编制乡镇国土空间规划的120个乡镇（含通州区9个），全部完成编制。其中，平谷区马坊镇、峪口镇和昌平区小汤山镇国土空间规划及集中建设区控规获批复，正在履行市级审查的64个、区级审查的53个。

二十九、潮白河生态绿带规划编制完成

2022年内，《潮白河生态绿带规划》编制完成。规划范围为通州区与廊坊北三县交界地区约211.1平方千米生态绿带（其中通州区一侧约100.1平方千米）。规划落实统一规划、统一政策、统一标准、统一管控"四统一"要求，整合两地生态绿带规划成果，形成"一本规划、一张蓝图"。落实京津冀协同发展领导小组要求，吸纳和整合潮白河国家森林公园规划有关内容，形成潮白河生态绿带规划，同步制定规划实施工作方案。探索建立贴边管控和跨界协商机制，按照"就高不就低"原则，聚焦重点领域，统一两地规划管控底线与标准。

三十、六环高线公园详细设计国际方案征集

2022年内，城市副中心党工委管委会、市规划自然资源委、市园林绿化局、通州区政府、北京城市副中心投资建设集团有限公司共同完成北京城市副中心创新发展轴核心地带暨六环高线公园详细设计国际方案征集。高线公园以"一轴六区段"（一轴指创新发展轴；六区段自北向南为"创意生活、故城记忆、时代枢纽、运河乐章、生态客厅、古今画卷"六个主题区段）为总体空间结构。此次征集，在开展总体设计同时，同步对六个主题区段进行详细设计。来自7个国家和地区的14家设计团队参加征集。经专家组评选，选出1个总体设计优胜方案和6个主题区段详细设计优胜方案。城市副中心管委会规划自然资源局成立专班工作营，吸纳各方案精华，对征集成果进行方案整合。

三十一、推进西长安街街道群众急难愁盼问题解决

2022年内，央地相关单位落实习近平总书记对《西长安街居民期待解决的急难愁盼问题》作出的重要批示，成立工作专班，制定工作实施方案，将整治老旧平房院落内违建难、央产老旧小区管理改造难、老楼加装电梯难、适龄儿童入园难4个方面问题，分解为8方面工作、19项任务。截至年底，各项任务取得阶段性成效。

三十二、施工图审查6739个

2022年内，市规划自然资源委完成房屋建筑类、市政基础设施类、轨道交通类项目施工

图审查6739个，其中房屋建筑工程5347.39万平方米。发现并纠正违反工程建设强制性条文1670条。

三十三、规划验收与核验备案1178件

2022年内，全市办理房屋建筑项目规划验收940件、总建筑规模约3964.7万平方米，办理市政管线项目规划核验备案238件、总长度约35.9万延米。其中，完成中央歌剧院剧场、北京丰台站改建、东单体育中心整体改造、轨道交通10号线二期工程五路停车场、北京大学医学部图书馆改扩建、清华大学北体育馆等重点工程规划验收。

第三节　土地资源

一、全市商品住宅用地集中供应约245公顷

2022年1月7日，市规划自然资源委发布2022年度第一批次商品住宅用地出让公告，于2月成交17宗。4月，市规划自然资源委发布第二批次商品住宅用地出让公告，于5—6月成交14宗。8月，市规划自然资源委发布第三批次商品住宅用地出让公告，于9月成交18宗。10月，市规划自然资源委发布第四批次商品住宅用地出让公告，于11月成交6宗。12月30日，市规划自然资源委发布第五批次商品住宅用地出让公告，拟于2023年2月集中成交。截至年底，全市发布5批次商品住宅用地出让公告，完成4批次集中成交，成交商品住宅用地55宗、建设用地面积约245公顷，规划建筑规模约485万平方米，总成交价款约1615亿元。

二、全民所有自然资源资产所有权委托代理机制试点

2022年3月1日，市政府印发《北京市全民所有自然资源资产所有权委托代理机制试点实施总体方案》。该方案明确，在市级和西城区、海淀区、门头沟区3区同步开展试点，以全民所有土地资源为重点，同时根据全市资源禀赋和管理诉求，将试点对象延伸至矿产、森林、草原、湿地、水5类自然资源，力争到2023年基本建立“统一行使、分类实施、分级代理、权责对等”的所有权委托代理机制。市规划自然资源委持续推进委托代理机制试点，市政府和试点区政府代理履行全民所有自然资源资产所有者职责的自然资源清单，均报自然资源部备案。建立北京市全民所有自然资源资产所有权委托代理机制试点联席会议制度，并于6月28日召开第一次联席会议。按季度跟踪各责任部门试点工作进展，及时协调解决工作难题。完成试点中期评估，并将中期评估报告报自然资源部。

三、自然资源统一确权登记工作启动

2022年3月11日，市规划自然资源委召开自然资源统一确权登记工作部署会，启动全市自

然资源统一确权登记，开展北运河（通州）、共青滨河森林公园（顺义）、海子水库（平谷）、探明储量的黑色金属矿产资源（密云）试点。截至年底，基本划清北运河、共青滨河森林公园、海子水库3个试点区域的全民所有和集体所有之间的边界，全民所有、不同层级政府行使所有权之间的边界，不同集体所有者之间的边界，不同类型自然资源之间的边界“4条边界”，形成一个库（自然资源确权登记地籍数据库）、一套图（自然资源预划登记单元图）和一套表（自然资源地籍调查初表）等成果，划定登记单元5400.11公顷，其中自然资源总面积4178.2公顷；完成探明储量的黑色金属矿产资源地籍调查。市不动产登记中心制订完成《北京市自然资源确权登记单元类型及优先级划定规则》《北京市自然资源地籍调查技术细则》《北京市自然资源确权登记地籍数据库标准》《北京市自然资源确权登记地籍数据库核查规则》《北京市自然资源确权登记预划登记单元地籍调查成果汇交要求》5项技术规则的征求意见稿。自然资源统一确权登记以不动产登记为基础，利用国土调查成果，通过收集资料、编制工作底图、预划登记单元、发布通告、地籍调查、数据库建设、审核公告登簿、登记资料管理8个环节，实现全市自然保护地、水流、湿地、森林及探明储量的矿产资源等全部自然资源登记全覆盖。

四、出让国有建设用地使用权基准地价更新成果发布

2022年3月14日，市政府印发《关于更新出让国有建设用地使用权基准地价的通知》，发布北京市出让国有建设用地使用权基准地价更新成果（2021年）。此版基准地价以2021年1月1日为基准期日，按住宅、商业、办公、工业、公共服务5种用途，将全市土地分别划分为12个级别，并在级别内划分区片，确定地价水平。其中，商业用途划分307个区片，办公用途划分305个区片，住宅用途划分302个区片，工业用途划分321个区片，公共服务用地305个区片。

五、用地分类指南（试行）印发

2022年4月6日，《北京市国土空间调查、规划、用途管制用地分类指南（试行）》由市规划自然资源委印发。该指南充分考虑北京地方特色和实践要求，体现生态优先和绿色发展理念，坚持“城乡统筹、地上地下空间统筹、刚性弹性统筹”原则，划分国土空间用地类型，明确各类型用地含义，形成覆盖全层级、全要素、全流程的用地分类体系。

六、拆违腾退用地生态修复

2022年5月26日，市规划自然资源委印发《北京市拆违腾退用地生态修复规划（2021年—2025年）》。8月2日，印发《北京市拆违腾退用地生态修复实施方案》。年内，以拆违腾退用地生态修复规划成果数据为基础，聚焦拆违腾退用地生态修复任务，建立遥感影像、变更调查、分区规划等多源大数据时空分析模型，形成54平方千米拆违腾退用地生态修复任务的空间信息底板及矢量台账，实现以图管地。研究起草拆违腾退用地生态修复销账标准。

七、“十四五”时期土地资源保护利用规划印发

2022年6月16日，《北京市“十四五”时期土地资源保护利用规划》由市政府印发。该规划在总量上跳出单一要素管控，强化建设用地、耕地、林地、未利用地等各类资源规模统筹，以耕地保护空间引领国土空间格局重组，统筹构建

山水林田湖草生态安全格局。在质量上强化底线思维，贯彻双碳目标、要素市场化等战略部署，提高自然资源利用效率。在制度上逐步健全全市土地资源管理法规和标准体系，形成“总量－空间－质量”三位一体的规划管理与指标体系框架。

八、存量国有建设用地盘活利用指导意见（试行）印发

2022年9月22日，《关于存量国有建设用地盘活利用的指导意见（试行）》由市政府办公厅印发。该意见提出存量国有建设用地盘活利用的基本原则、适用范围、实施路径，明确建筑规模指标、用地功能兼容、建筑功能转换、土地利用方式及年限、异地置换、过渡期政策、土地出让价款缴纳、用地功能保障等方面的支持政策，鼓励建筑规模指标进行转移和集中使用，鼓励产业用地混合利用。

九、全市土地市场成交土地502.69公顷

截至2022年底，全市土地交易市场成交土地103宗、土地面积502.69公顷，规划建筑面积866.05万平方米，成交价款1779.21亿元，其中政府土地收益431.2亿元。2001年至2022年，全市共有2610宗、21381.1公顷土地入市成交，成交价款为25003.41亿元，其中政府土地收益为11071.35亿元。

十、全市国有建设用地供应3116.19公顷

截至2022年底，全市国有建设用地供应1396宗、面积3116.19公顷。其中，出让方式（含现状补办协议出让）供应土地988宗、面积728.04公顷，划拨方式（含以征代划）供应土地396宗、面积2338.50公顷，租赁方式供应土地12宗、面积49.65公顷。

十一、不动产登记与查询量

截至2022年底，全市完成不动产登簿95.77万件，其中一个工作日内办结的占88.44%。核发不动产登记证73.40万本（份），其中《不动产权证书》48.97万本、《不动产登记证明》24.43万份。核发不动产登记电子证照73.40万份。通过网络办理业务47.67万次，占全部业务量的49.77%，同比增长4.54%，其中全程网办38.51万次，占全部业务量的40.21%，同比增长1.22%。综合窗口263个，办理业务23.3万件。办理不动产登记地籍调查业务4444件。查询登记信息316.49万人次，其中网上查询266.31万人次、窗口查询41.01万人次、自助机查询9.17万人次。

十二、年度建设用地计划与供应

2022年全市建设用地计划供应3710公顷。其中，交通运输用地1450公顷、水域及水利设施用地30公顷、特殊用地30公顷、公共管理与公共服务用地650公顷、产业用地490公顷（研发用地150公顷、工业用地110公顷、物流用地60公顷、商服用地170公顷）、住宅用地1060公顷（产权类住宅用地760公顷、租赁类住宅用地300公顷）。2022年全市实际供应建设用地3251公顷。其中，交通运输用地1005公顷、特殊用地3公顷、公共管理与公共服务用地717公顷、产业用地358公顷（研发用地69公顷、工业用地193公顷、仓储用地53公顷、商服用地43公顷）、住宅用地1168公顷。住宅用地中，产权类住宅用地864公顷（商品住宅用地入库305公顷、供应245公顷，安置房用地314公顷），租赁类住房用地304公顷。

十三、2021年度国土变更调查

2022年内，市规划自然资源委在三调统一时点调查成果基础上，按照“全市统一组织、各区具体实施、相关部门共同参与”组织方式和“全覆盖、全类型、可追溯”调查原则，组织16个区开展2021年度国土变更调查。3月，向自然资源部上报调查初步成果。12月，全市调查成果通过国家内外业核查确认。启动2022年度全市国土变更调查。

十四、城市国土空间监测

2022年内，地理国情监测调整为城市国土空间监测。市规划自然资源委以2021年度国土变更调查成果为监测对象，对14个一级类进行空间信息细化补充，对涉及城市安全韧性、交通便捷、水域等相关要素进行更新，对原地理国情监测地表覆盖内容的部分内容进行保留监测，对重点调查污染源按照资料进行更新监测，对温室大棚内部属性进行监测。通过资料收集整理、遥感影像收集与正射处理、空间信息细化与补充、相关要素更新、质量控制等方式，形成城市国土空间、地表覆盖、单体建筑（两轮次）、路网、水网、正射影像等数据成果，形成1个主报告、N个系列专题报告、16个分区报告（含经开区，东城区、西城区整合为核心区出具1个报告）的“1+N+16”统计分析报告成果体系。6月，“1+N+16”统计分析报告成果报送市政府，主管副市长作出批示。

十五、不动产登记历史遗留问题推进解决

2022年内，市规划自然资源委聚焦因历史遗留问题导致的不动产登记难题，构建“源头减量、主动治理”工作机制，按照“能办、缓办、不能办”进行项目分类。聚焦代建联建项目主体认定、实测成果备案、历史遗留项目门楼牌编制等问题，印发《关于代建联建历史遗留政策性住房项目不动产登记主体确认的意见》《关于推进接诉即办“办证难”诉求源头减量、主动治理工作方案》，联合市公安局印发《关于解决历史遗留项目门楼牌编制有关工作的通知》。梳理违法用地、违法建设、违法销售项目，向相关部门移送问题线索。会同市发展改革委、市政务服务局，召开27个治理类街乡镇房产证办理难对接会，解读相关政策，解答疑难问题。市不动产登记中心召开全市不动产登记历史遗留问题数据统计工作部署暨培训会，对历史遗留项目进行台账化管理，并每周动态更新台账。选取历史遗留项目处置典型案例，总结提炼成功做法，并向全市推广。4月26日，印发《关于加强历史遗留项目不动产登记资料归档有关问题的通知》，解决各区反映的历史遗留项目归档问题。截至年底，初步建立责任主体名单库，涉及9个项目、25个责任主体；为158个项目、12.3万套房屋打通办证路径。

第四节　地质矿产资源

一、查明地质灾害隐患点8186处

截至2022年底，全市累计查明地质灾害隐患点8186处，涉及10个行政区，威胁15879户、41355人。按灾害类型分：崩塌6169处、滑坡87处、泥石流822处、地面塌陷97处、不稳定斜坡1011处。按威胁对象分：居民点2030处、道路5303处、景区316处、学校4处、矿山及水库20处、其它513处。按行政区划分：密云区2138处、房山区1408处、门头沟区1229处、怀柔区973处、延庆区877处、昌平区733处、平谷区684处、海淀区67处、丰台区42处、石景山区35处。

二、发生突发地质灾害12起

2022年内，全市发生突发地质灾害12起，未造成人员伤亡，造成直接经济损失140.61万元。按灾害类型分，全部为崩塌，崩塌规模均为小型规模，崩塌灾情除7月20日怀柔区雁栖镇八道河村范崎路（X004）K29+500米处崩塌灾害为中型灾情外，其它均为小型灾情。按行政区划分：怀柔区4起、密云区4起、房山区2起、昌平区1起、延庆区1起。

三、地下空间地质安全年度监测

2022年内，市地勘院完成北京市地下空间地质安全监测网年度运行监测。监测表明：土体侧向压力与孔隙水压力总体变化趋势呈增大－减小－增大特征，且在不同监测点的变化特征呈相同特性。随着深度增加，土体侧向压力与孔隙水压力均增加，增加幅度与埋深及岩性相关，埋深越大、变幅越大，砂层（透水层）中监测值的变化幅度大于黏性土层（隔水层）中的。

四、探明储量的矿产资源确权登记试点

2022年内，市地勘院启动探明储量的矿产资源确权登记研究，计划研究时间为2022年1月至2023年12月，研究对象包括294个固体矿产上表矿区和9个未上表矿区。截至年底，完成铁、锰、铬3个矿种、49个矿区的黑色金属矿产地籍调查。编制《北京市探明储量的矿产资源地籍调查技术细则》《压覆矿产资源调查规则》《探明储量的矿产资源登记单元划分规则》《矿体三维建模技术细则》等指导性文件。编制技术方案1套、地籍调查表及相关说明49份、数据库49套、成果图件49套、矿体三维模型49个、试点报告1份。

五、地热资源利用年度监测

2022年内，市地勘院完成北京市地热资源监测网年度运行监测。监测表明：地热水总开采量、净开采量、供暖用量、温泉洗浴用量较2021年均下降。10个地热田热储压力（水位），除凤河营地热田平均水位下降0.37米外，其他9个均上升，上升幅度为1.08—6.75米。地热流体

温度（水温）无明显变化。地热水化学成分（水质）类型主要为HCO_3-Na.Ca型、Cl-Na型、SO_4-Na型，水质成分无明显变化。地热井回灌后，井内回灌层温度下降明显，非供暖季停止回灌后，大部分回灌井热储温度快速恢复，实现冷热动态平衡，但部分回灌井与成井时相比累计下降5—15℃。17个矿泉水开采量监测点中，6个监测点处于开采状态，开采矿泉水19983立方米。

第五节　专项管理

一、北京2000坐标系启用与转换

2022年1月1日，北京市新一代测绘基准“北京2000坐标系”启用。北京2000坐标系以中轴线和长安街的交点为坐标原点，以通过“两轴交点”的子午线为中央子午线，按照“由内而外、稳步转换、急用先行、方便快捷、统一应用”原则推广应用，与现行北京地方坐标系转换、衔接的过渡期为1年。全市各类测绘地理信息成果和业务系统，在过渡期内可沿用现行坐标系并逐步转换到北京2000坐标系；2023年1月1日现行坐标系停止使用，新生产的各类测绘地理信息成果和地理信息系统全部采用北京2000坐标系。

二、全市“基本无违法建设区”创建动员部署会召开

2022年1月20日，2022年全市“基本无违法建设区”创建工作动员部署会召开，传达市委书记蔡奇对全市治违工作的重要批示，总结2021年工作，对2022年工作进行部署。副市长隋振江主持会议，肯定各区治违工作成效，指出创建工作需关注的重点，对2022年创建工作提出“要坚定有序，打好规自领域整改攻坚战；要深入细致，有针对性地开展工作；要长效管控，把整治向治理转变；要增减挂钩，坚持破立结合、先立后破”4点要求。

三、国家自然资源督察指出问题整改

2022年2月8日，市总督察办下发督察通知单，持续推进2020年国家自然资源督察指出问题整改，要求各区按照《2020年国家自然资源督察发现问题整改工作方案》，对331个具体问题（1028个地块）加强调度，加快推进整改，最大限度提高整改到位率，对上报未整改到位问题，逐项梳理阶段性进展情况，如实填报未到位原因，倒排工期，明确完成整改的时间节点。截至年底，14个区上报整改到位141个问题（490个地块）。对国家自然资源督察北京局指出的2018年以来督察发现北京市存在9个侵占耕地挖湖造景问题，认真梳理并督促相关区抓紧整改，对6个区下发督察通知单。

四、国家标准《绿色雪上运动场馆评价标准》编制启动

2022年2月9日，国际奥委会、北京冬奥组委召开北京市地方标准《绿色雪上运动场馆评价标准》交流会，国际奥委会提出将该标准上升

为国家标准和推进国际化建议。会后，市规划自然资源委、北京冬奥组委、市市场监管局、市住房城乡建设委共同开展将该标准上升为国家标准和推进国际化工作研究，经市政府同意，会同津冀两地联合开展国家标准立项申报，并于6月23日获住房和城乡建设部批复。7月19日，市规划自然资源委组织召开编制组成立暨第一次工作会，启动国家标准《绿色雪上运动场馆评价标准》编制。

五、工程勘察地质信息查询服务平台上线

2022年4月，北京市工程勘察地质信息查询服务平台上线。该平台以企业关切为导向，以便捷高效为目标，在全国创新建立工程勘察地质信息公开共享机制，公开的工程勘察信息，主要为勘探孔地层和水位描述信息。该平台设计了简便快捷的勘探孔信息检索方式，按照房屋建筑、场站等点状工程和轨道交通、道路、管廊等线性工程分类，设置合理查询范围：对于房屋建筑、场站等点状工程，可查询场地周边2千米范围内的勘探孔信息；对于轨道交通、道路、管廊等线性工程，可查询两侧1千米范围内的勘探孔信息；对于其他特殊类型和有特殊要求的工程，可按照“一事一议”原则，单独申请查询服务。

六、城市更新专项规划印发

2022年5月11日，《北京市城市更新专项规划（北京市“十四五”时期城市更新规划）》由市政府印发。该规划是全国首个减量发展背景下的城市更新专项规划，以“规划引领，街区统筹，总量管控，建筑为主，功能完善，提质增效，民生改善、品质提升，政府引导，多元参与”为原则，结合北京减量背景和存量特点，确立以街区为单元、以存量建筑为主体、以功能环境提升为导向的更新思路，推进小规模、渐进式、可持续更新。规划期限为2021年至2025年，远景展望到2035年。

七、首届“北京城市更新最佳实践”评选结果揭晓

2022年7月12日，首届“北京城市更新最佳实践”评选结果揭晓。首钢老工业区（北区）更新、劲松（一二区）老旧小区有机更新、西单文化广场升级改造（西单更新场）等16个项目获城市更新最佳实践项目。杨梅竹斜街环境更新及公共空间营造、冬奥社区城市更新、王府井城市更新整体升级改造（一期）等18个项目获优秀案例。该评选活动在北京城市更新专项小组指导下，由北京城市规划学会主办。

八、《北京市城市更新条例》公布

2022年11月25日，《北京市城市更新条例》由北京市第十五届人大常委会第四十五次会议表决通过，予以公布，自2023年3月1日起施行。该条例适用于全市行政区域内的城市更新活动及其监督管理，明确城市更新的总则、城市更新规划、城市更新主体、城市更新实施要求和实施程序、城市更新保障、监督管理等内容。

九、规划和自然资源标准日常评估

2022年内，市规划和自然资源标准化中心对建筑节能、雨水控制与利用、无障碍、轨道交通、道路工程等方面的73项标准，面向设计人员、施工图审查人员和相关行业管理人员开展日常评估。截至年底，对288项房屋建筑工程（含30项抗震工程）、732项轨道交通图册、103项道路工程开展评估，收集评估反馈问卷1764份。评估认为：标准执行情况总体良好，社会效益、

环境效益显著，对促进首都高质量发展发挥了坚实的技术保障作用。

十、轨道交通地方标准执行情况专项抽审

2022年内，市规划和自然资源标准化中心抽选全市轨道交通15座车站、1座车辆段的18个项目的28册图纸，开展轨道交通设计施工图专项审查，对北京市地方标准《城市轨道交通工程设计规范》《城市轨道交通无障碍设施设计规程》《城市轨道交通车辆基地上盖综合利用工程设计防火标准》《城市轨道交通土建工程设计安全风险评估规范》中的重要条款执行情况进行审查。审查认为：抽审项目施工图设计文件执行标准审查条款的总体情况优良，未发现违反强制性标准条款的情况。

第六节　地名变更

2022年内，全市命名、调整地名336个，其中道路、桥梁、隧道和居住区名称324个，轨道交通车站名称12个。（详见：附录四　其他文件）

第四章

财政税收与金融支持

第一节　财政支持保障性安居工程

2022年，财政部门严格按照中央有关规定，统筹一般公共预算、国有土地使用权出让收入、政府专项债券等各类财政资金共计369.93亿元，通过财政补贴、项目资本金、贷款贴息等方式，全力支持本市推进公共租赁住房、保障性租赁住房、棚户区改造、老旧小区改造等保障性安居工程，为全面完成年度工作目标奠定基础。

2022年，以深化事业单位改革为契机，将业务运营平稳、管理资产优良的北京市住房贷款担保中心划转至北京保障房中心有限公司，增加企业净资产，整合业务资源，提升企业资产规模和质量，更好发挥市级保障房建设运营平台公司作用。同时，积极支持北京保障房中心有限公司创新融资方式，成功发行全国首例公租房公募REITs，回收资金7.25亿元用于建设保障性住房项目。

第二节　住房公积金与政策性住房金融

一、2022年度住房公积金归集情况

（一）住房公积金覆盖范围

截至2022年底，北京地区建立住房公积金单位57.02万个，职工1301.72万人。当年新增开户人数73.68万人。2022住房公积金年度职工住房公积金月缴存额上限为7652元。

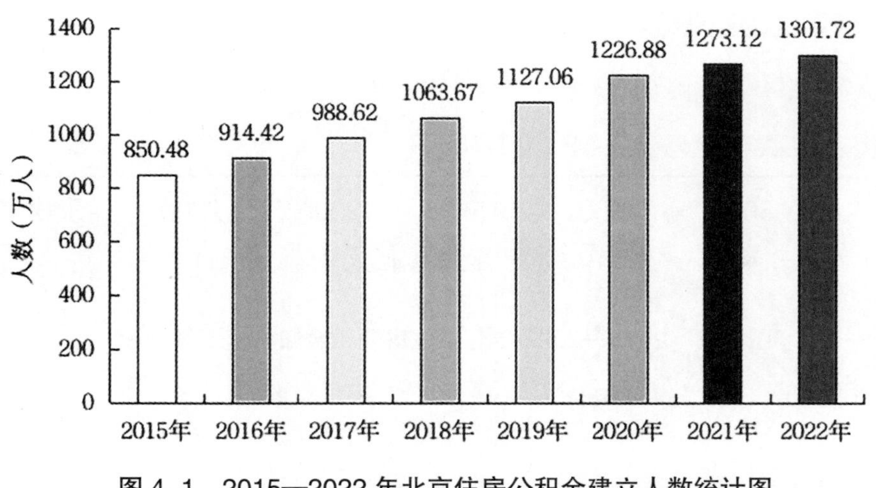

图4-1　2015—2022年北京住房公积金建立人数统计图

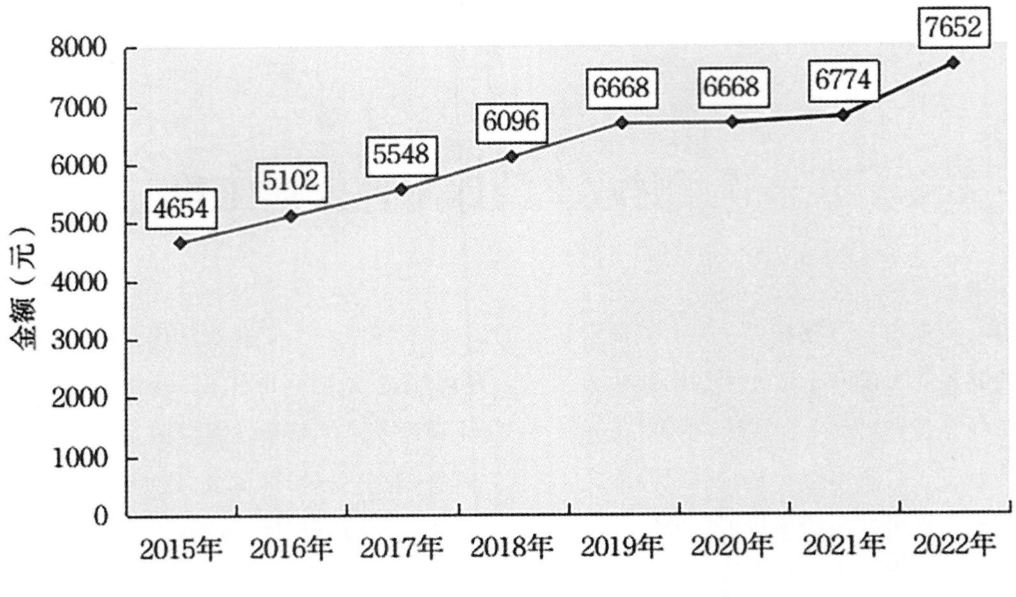

图 4-2　2015—2022 年北京住房公积金月缴存额上限图

（二）住房公积金归集、提取情况

截至 2022 年底，当年归集住房公积金 2924.31 亿元，提取 2113.59 亿元，净增 810.71 亿元。累计归集住房公积金 23454.91 亿元，累计提取 16462.71 亿元，余额 6992.21 亿元。

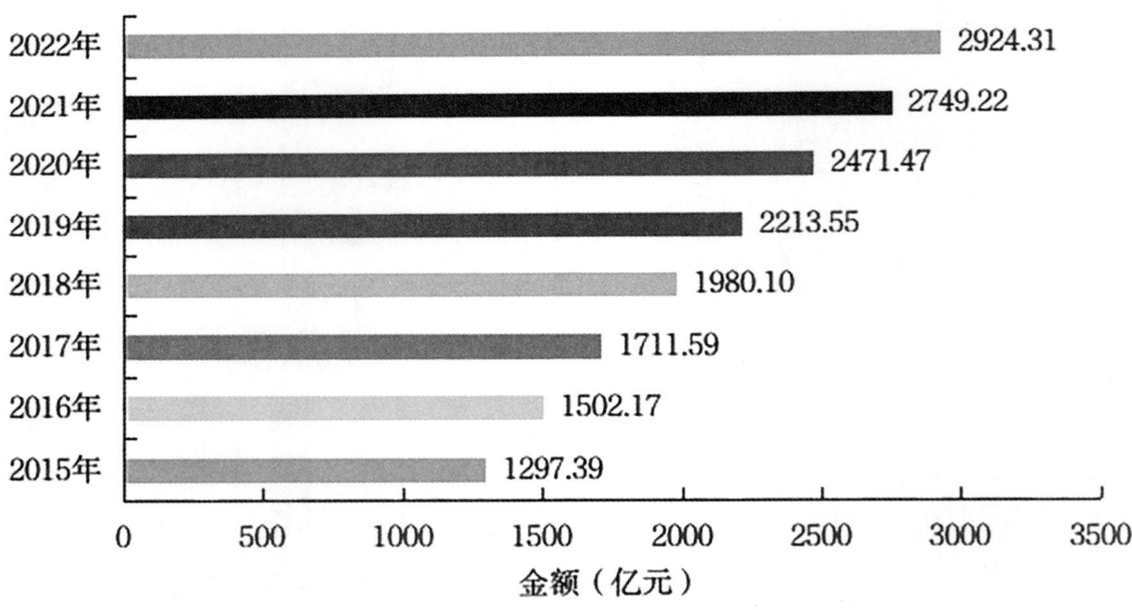

图 4-3　2015—2022 年北京住房公积金归集情况统计图

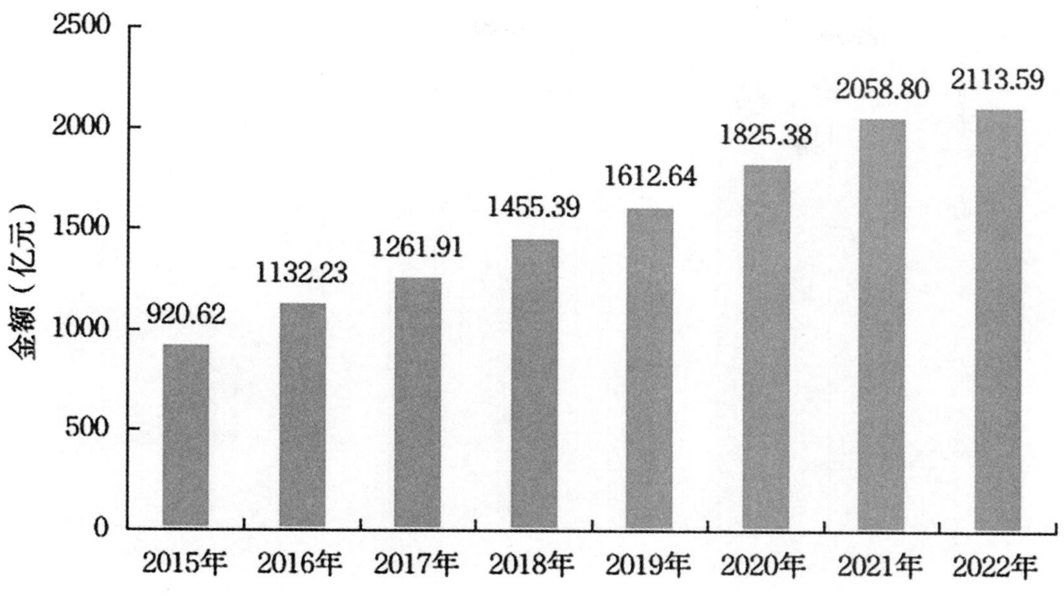

图 4-4　2015—2022 年北京住房公积金提取情况统计图

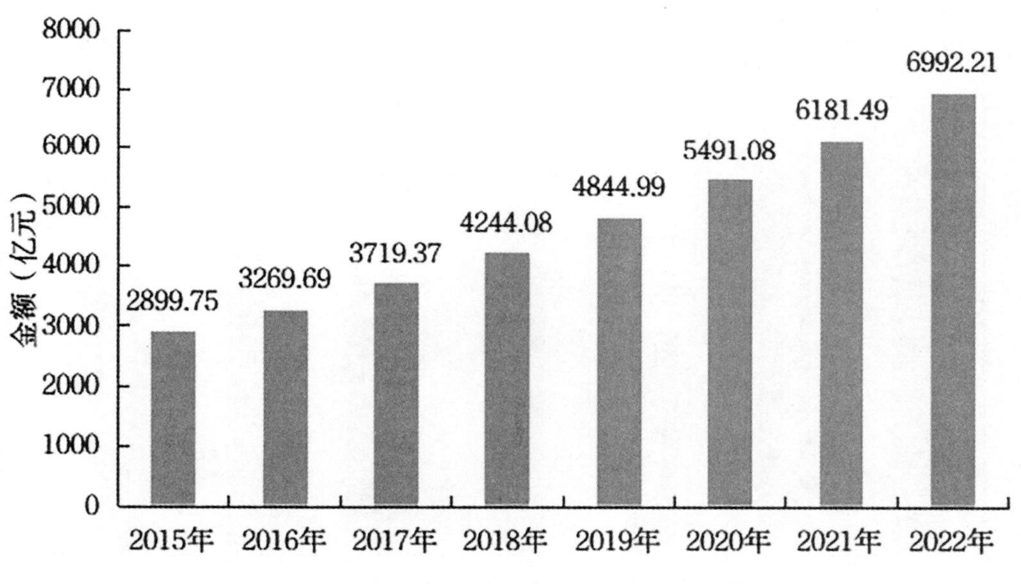

图 4-5　2015—2022 年北京住房公积金余额统计图

二、2022年度政策性住房金融

（一）住房公积金贷款情况

截至 2022 年底，当年发放住房公积金个人贷款 81769 笔，金额 631.27 亿元，回收金额 444.38 亿元，净增 186.89 亿元。累计发放住房公积金个人贷款 143.88 万笔，金额 8899.29 亿元。累计回收个贷金额 3815.13 亿元，余额 5084.15 亿元。

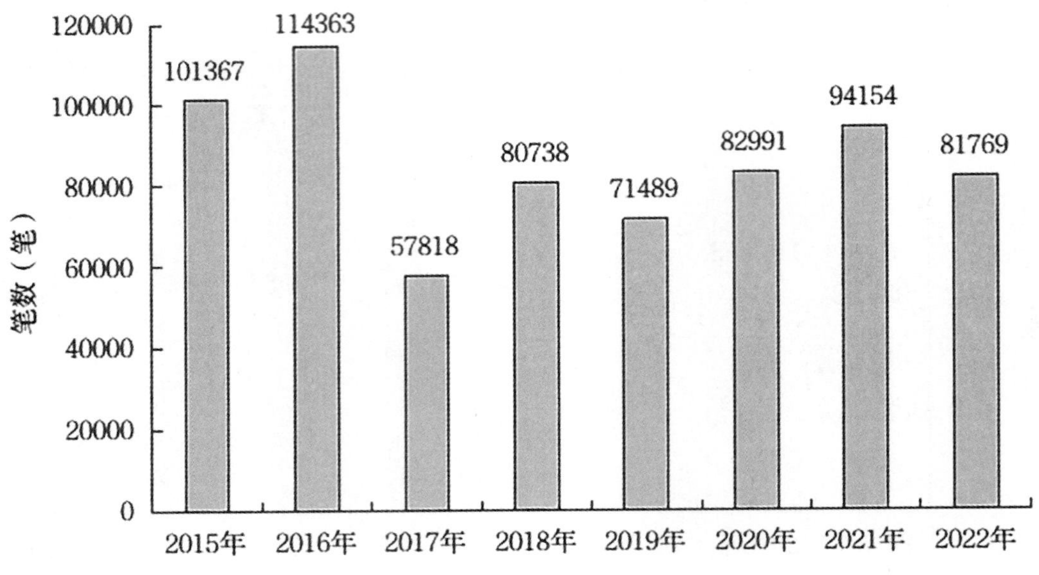

图 4-6　2015—2022 年北京住房公积金贷款发放笔数统计图

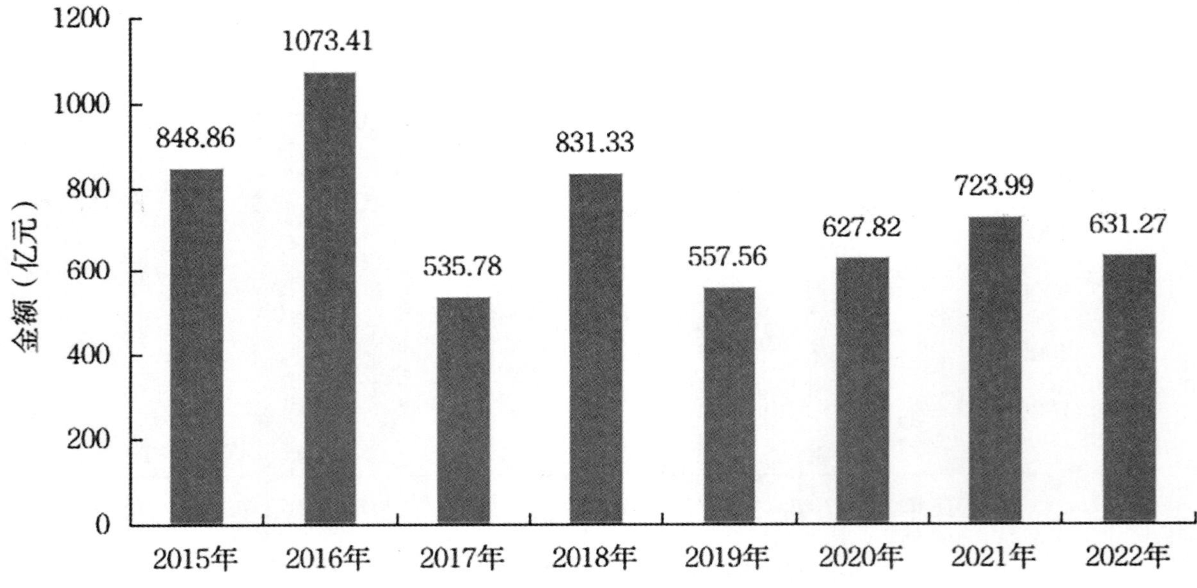

图 4-7　2015—2022 年北京住房公积金贷款发放金额统计图

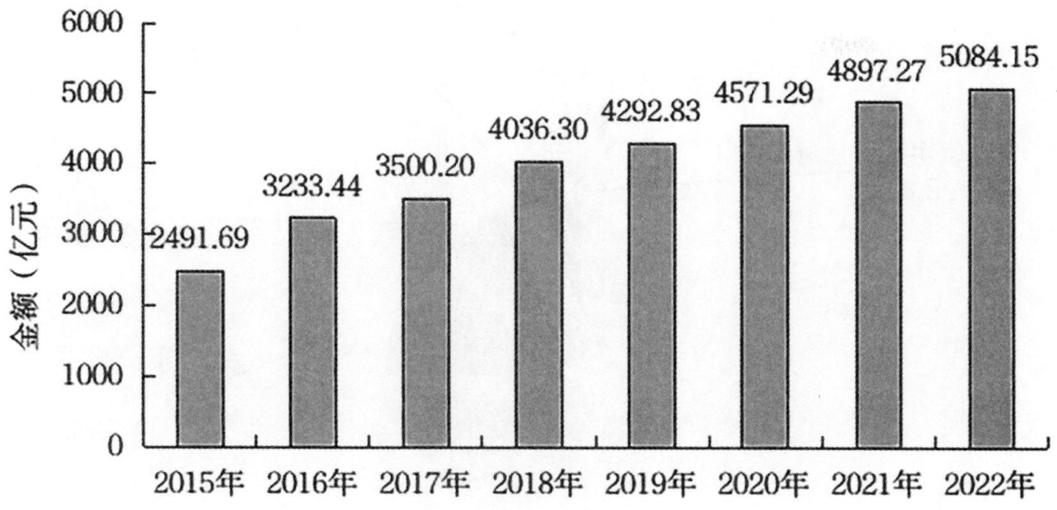

图 4-8　2015—2022 年北京住房公积金贷款发放余额统计图

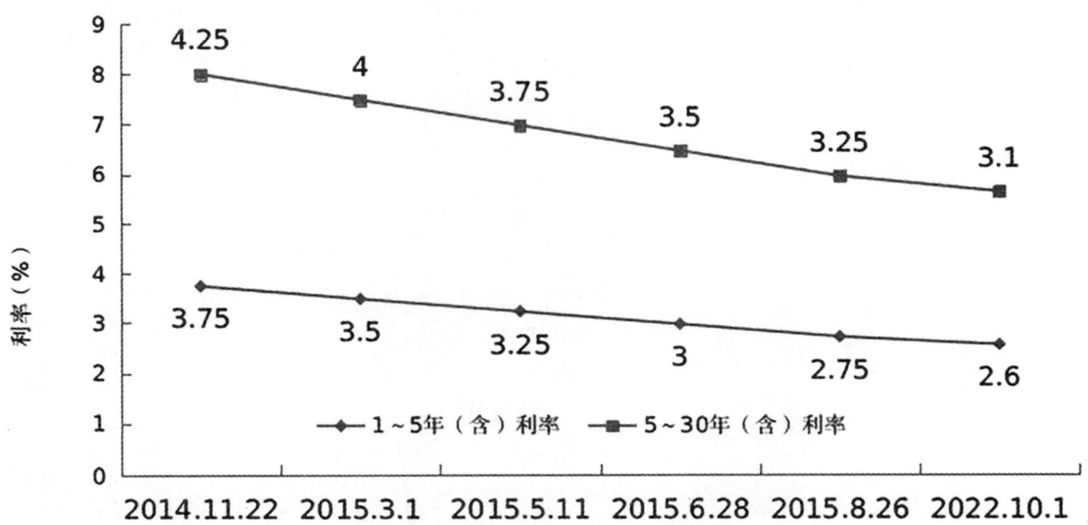

图 4-9　2014 年以来北京住房公积金贷款利率调整图

2022 年末，累计发放项目贷款 37 个，贷款额度 236.09 亿元，建筑面积约 943 万平方米，可解决约 9 万户中低收入职工家庭的住房问题。36 个项目贷款资金已发放并还清贷款本息，无逾期项目贷款。

（二）2021 年发放的住房公积金贷款结构

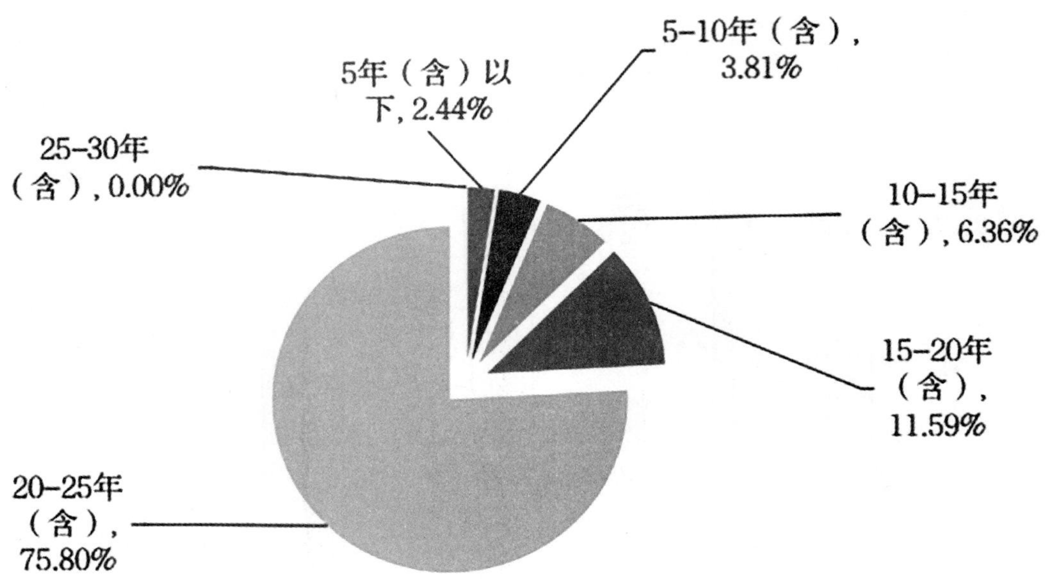

图 4-10　2022 年住房公积金贷款笔数按贷款年限分类

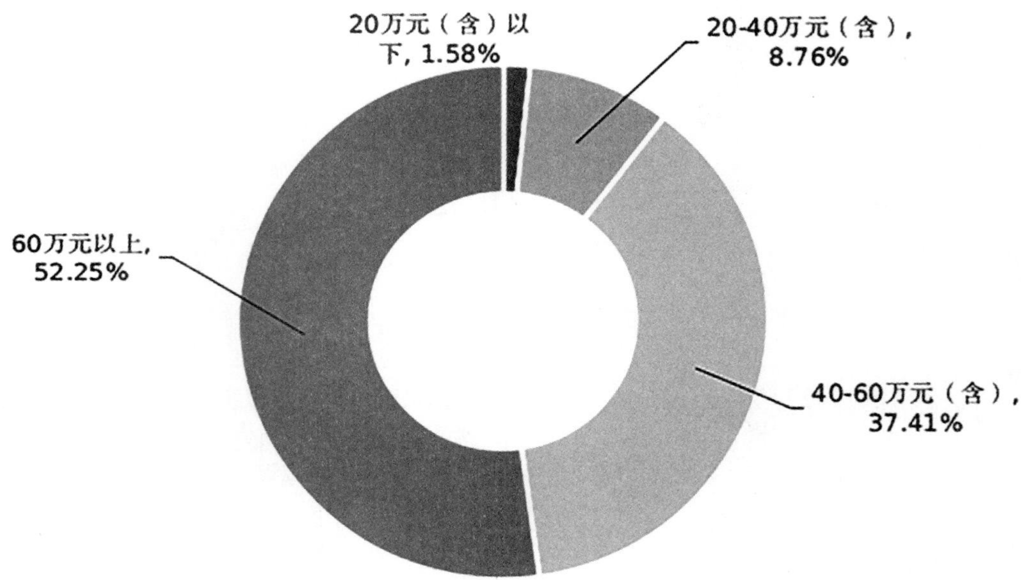

图 4-11　2022 年住房公积金贷款笔数按贷款额度分类

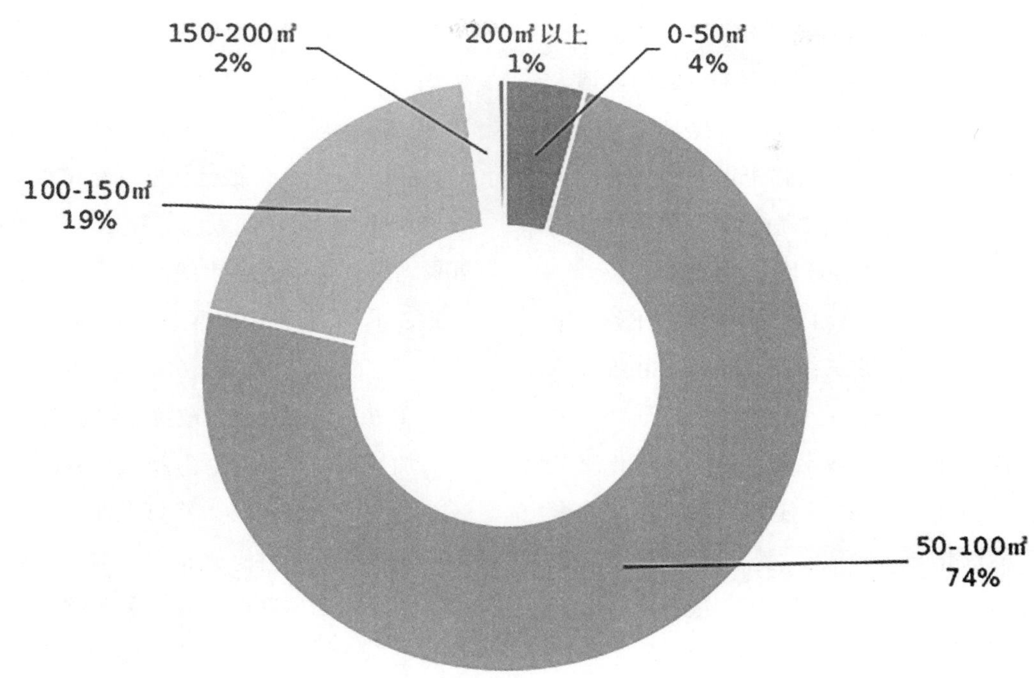

图 4-12　2022 年住房公积金贷款笔数按房屋建筑面积分类

三、住房公积金和政策性住房金融管理措施

（一）统筹抓好疫情防控与业务发展

紧跟党中央和全市疫情防控工作决策部署，科学精准做好疫情防控各项工作。助力“六稳”“六保”，积极落实助企纾困政策，继续执行 5%–12% 缴存比例自主选择政策，近 6000 家企业缓缴公积金 18.91 亿元；10 万人享受租房提取政策提取公积金近 8 亿元；受疫情影响的 2.5 万笔逾期贷款，暂不催收、不作逾期处理、不计罚息、不纳入征信。按照中国人民银行决定，及时调整新发放贷款利率。疫情期间全力保障群众办事无忧，确保对外服务电话“打的通接的好”，加强广泛宣传“网上办、掌上办、指尖办”，网办率高达 92%。“贷款申请”实行“容缺先行”，办理异地购房提取 5000 余笔、转入转出业务 20 万笔。

（二）深入推进住房公积金制度改革

积极支持老旧小区综合整治，父母、子女之间可互助提取公积金，危旧楼房改建项目可申请个人贷款。推动京津冀公积金协同发展，市公积金中心、河北省厅监管处及河北省内 14 个城市中心会签《京津冀住房公积金区域协同发展合作备忘录》；三地共享 5 类公积金信息，通办 9 项业务。探索提高居民住房消费能力，研究制定《灵活就业人员参加住房公积金制度试点方案》《北京市灵活就业人员参加住房公积金制度试点管理办法》。研究加大共有产权房个人贷款政策支持力度，加强政策储备。印发《关于逐月领取退役金退役军人办理住房公积金有关问题的通知》，完善退役军人开立账户、补缴转存及申请贷款等业务流程。

（三）扎实做好接诉即办

坚持“1 小时接单、1 天内联系、7 天内回复、节假日无休”，做到“涉疫诉求处置不过夜”，全年受理 12345 工单 4601 件，接诉即办排名连续 11 个月全市第一。固化“一周一碰头、一月一研究、一季一通报、一年一奖惩”工作机制，坚持“发一个温馨的信息、打一个温馨的电话、提供一个温馨的场所”办理模式，做到“见面是常态，不见面是例外”。增强未诉先办，加大出租车、人力资源等领域执法宣传，开展溯源治理。

（四）持续优化服务环境

多举措完成全市“1+1”5.0 版改革任务。全面完成 3 项创新试点改革任务、10 项 5.0 版改革任务、3 项重点改革任务，取消委托收款“三方协议”在首都公积金领域率先试点。《优化服务环境措施（2.0 版）》67 项任务全部完成，“全程网办”事项增至 40 项，“跨省通办”事项增至 13 项，95% 事项可“不见面”办结，办事材料从 33 份减至 27 份，办理时限从 23 天减至 16 天，跑动次数从 0.19 次减至 0.05 次。贷款申请审核时限由 9 个工作日缩至 3 个，启用电子印章、电子签字，减少二手房借款人签字 20 个。通过取消证明、跨省通办、证明告知承诺制等方式减证明。深化改革创新，取消所有业务证明，个人不再承担担保费、评估费，提取、贷款业务可由个人自行办理，基本实现“无需证明、无需费用、无需代理”目标。多措并举提升服务效能，6 个业务大厅、2 个银行代办网点试点自助服务，安装调试 72 套自助设备，综合窗口数量再精简 20%。贷款业务进驻市级政务服务中心，归集、提取、贷款业务在城区管理部及贷款中心均可受理。

（五）不断加强行政执法体系建设

加快建成“四个一”执法体系。制定完善行政执法“三项制度”，修订农业户籍职工案件办理指引、处罚案件办理指引，建立全流程规范化标准。与市高法联合印发《关于建立协作联动机制的工作办法》，提升执行联动能力。坚持人岗相宜，138 名执法人员全员“双证”上岗。做好“双随机、一公开”，首次对 18 个管理部、118 份案卷开展评查。坚决维护职工合法权益，为 1.3 万名职工追缴公积金 2.6 亿元。

第三节　商业性房地产金融

2022 年，北京市房地产贷款增速由负转正，其中房地产开发贷款降幅收窄，个人购房贷款小幅增长。个人住房贷款平均首付比例及利率保持在合理水平。

一、房地产贷款增速由负转正

2022 年末，北京市人民币房地产贷款余额 18732.8 亿元，比年初增加 69.4 亿元，同比上升 1.1%，2021 年同比增速为 –2.5%。

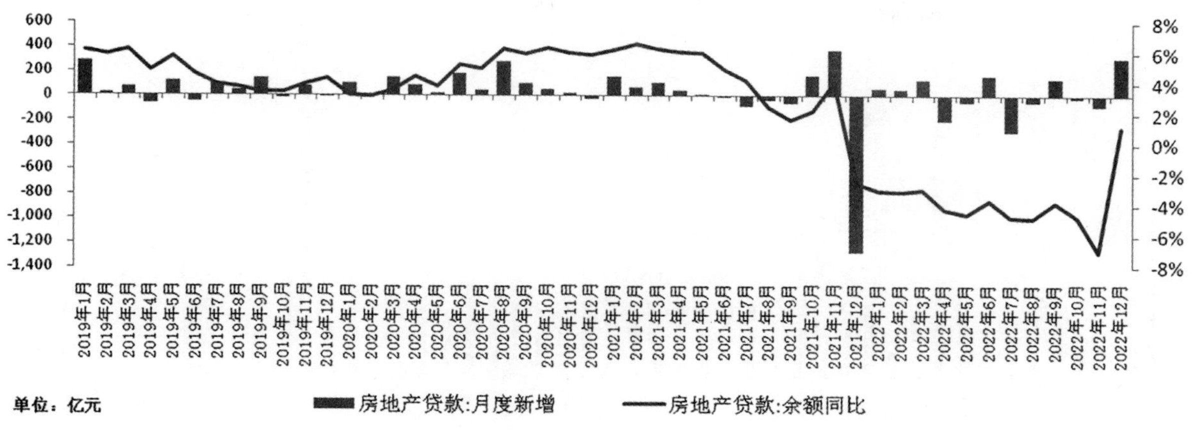

图 4–13　北京市房地产贷款余额月度新增及同比增速情况

二、房地产开发贷款降幅收窄

2022 年末，北京市人民币房地产开发贷款余额 5738.4 亿元，同比下降 0.6%，2021 年同期下降 15.9%。其中，保障性住房开发贷款余额 945.6 亿元，同比下降 12.1%，2020 年同期下降 20.1%。

三、个人购房贷款小幅增长

2022 年末，北京市人民币个人购房贷款余额 12172.6 亿元，同比增长 0.7%，增速较 2021 年低 5 个百分点。其中，个人住房贷款余额 11929.1 亿元，比年初增加 192 亿元，比 2021 年少增 573.6 亿元；同比增长 1.6%，增速较 2021 年低 5.4 个百分点。

分类型看，2022 年末，北京市新建住房贷款余额 4734.4 亿元，同比增长 3%，增速比 2021 年低 4.3 个百分点。二手住房贷款余额 7194.7 亿元，同比增长 0.7%，增速比 2021 年低 6.1 个百分点。

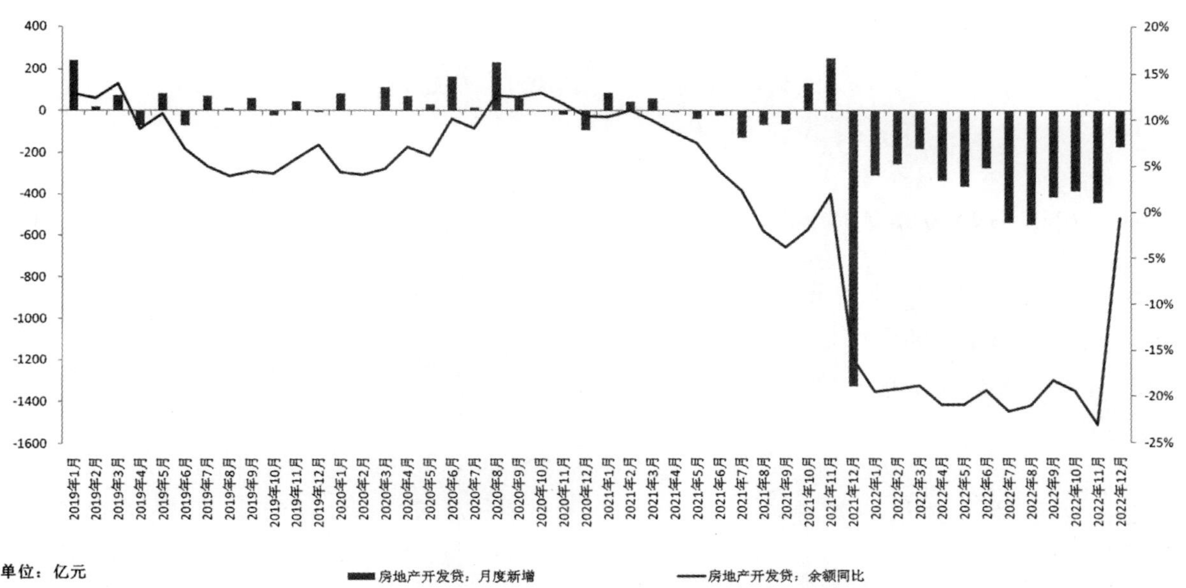

图 4–14　北京市房地产开发贷款余额月度新增及同比增速情况

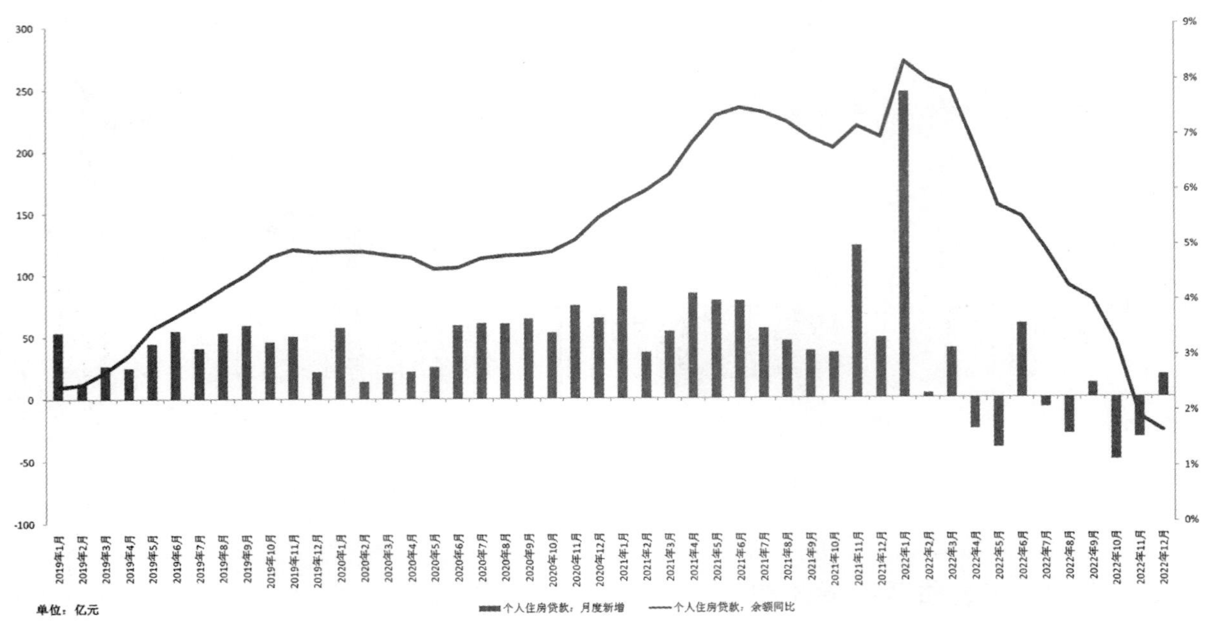

图 4–15　北京市个人住房贷款增长情况

四、个人住房贷款平均首付比例及利率保持在合理水平

2022 年，北京市中资银行新发放个人住房贷款平均首付比例 51.0%，新发放个人住房贷款利率平均较同期 LPR 高 74.6 个基点。

第四节　房地产税收

一、税源及税收整体情况

截至 2022 年 12 月，北京市房地产行业税务登记户数共计 41620 户，行业登记总户数增幅 5.54%。全年各项税收收入合计 1136.5 亿元，同比减少 31.2 亿元，降幅 2.7%。

二、主要税收政策调整情况

按照《关于支持居民换购住房有关个人所得税政策的公告》（财政部 税务总局公告 2022 年第 30 号）和《国家税务总局关于支持居民换购住房个人所得税政策有关征管事项的公告》（国家税务总局公告 2022 年第 21 号）文件规定，自 2022 年 10 月 1 日至 2023 年 12 月 31 日，对出售自有住房并在现住房出售后 1 年内在市场重新购买住房的纳税人，对其出售现住房已缴纳的个人所得税予以退税优惠。其中，新购住房金额大于或等于现住房转让金额的，全部退还已缴纳的个人所得税；新购住房金额小于现住房转让金额的，按新购住房金额占现住房转让金额的比例退还出售现住房已缴纳的个人所得税。

三、房地产税收管理措施

（一）优化营商环境方面

为落实北京市政府“以首善标准推进不动产登记领域营商环境改革”总体要求，市规划自然资源委与市税务局深度融合、通力协作，针对群众住房交易难点、堵点，全力推进 2022 年创新试点及 5.0 改革任务，取得全国领先经验成效：

1.“网上办理”广受认可，实践效果全国领先

北京市在政务服务中体现“互联网 + 不动产登记”理念，逐项攻坚实现不动产交易、缴税、登记“一网通办，全程网办”，群众足不出户即可完成全部流程，目前选择网上办理的业务占比达 70% 以上，获得办事群众广泛认可，网办比例居于全国前列，在疫情防控特殊时期，便利群众“居家办事”，有效体现“通过数字赋能为广大群众提供高效便捷政务服务”的改革精神。

2.“税费同缴”简化操作，方案科学各省效仿

市规划自然资源委、市税务局、市财政局联合印发《关于开通不动产登记税费同缴的公告》，将税款（契税、印花税）与行政事业性收费（不动产登记费）合并为一笔网银订单，购房人只需进行一次支付操作，即可向不同部门缴纳全部税、费，在六个创新试点城市中处于领跑地位，因我市方案在各类“税费同缴”方案中最为兼顾便利性与资金安全性，已被其他试点城市参照效仿。

3.“电子发票”一键下载，数字化凭证即开即用

开具票证环节代表办事完成，取得凭证，因此办事群众最为期待票证电子化。北京市税务局自主研发，整合多平台功能，在“全程网办”业务中实现 100% 提供电子发票。北京“电子发票”功能可根据纳税人缴款进度自动开票，纳税人即时下载获取，一个平台一键操作，无额外申请环节，无额外代开操作，效力与纸质发票相同，可用于办理住房公积金等各类业务，便利度在创新试点城市中居于前列。

（二）落实优惠政策方面

为贯彻落实居民换购住房个人所得税优惠政策，切实有力支持北京市居民改善性住房需求，多措并举开展政策宣传辅导。通过两微一端、抖音平台、“微蓝 +”特色服务品牌、“红生工作室”小剧场等渠道有效解读新政。同时，通过部门协同建立风险防控机制，切实有效防范退税风险。

第五章

房地产市场运行与监管服务

第一节　房地产市场平稳发展综述

2022年，北京市坚决贯彻落实党中央、国务院决策部署，高效统筹房地产调控，精准实施稳市场、促销售、防风险的各项措施，较好地完成了房地产相关经济指标，房地产市场总体健康平稳。

一、扎实做好房地产市场调控，持续促进市场健康平稳发展

2022年，持续坚持调控工作“房住不炒”定位，稳字当头、稳中求进，深化因区施策、精准调控、分类指导，做好政策储备，适时出台实施，避免市场大起大落，促进房地产业良性循环和平稳健康发展。完善“房地联动”供地机制、支持合理住房需求措施、加强管理服务和风险化解等政策建议。

二、不断完善“房地联动、一地一策”供应机制

优化供地结构和时序，合理设置“一地一策”政策工具，促进住宅用地顺利成交。优化供地方面，约6成地块位于轨道交通站点周边。对于供应集中区域地块，鼓励竞现房、并适度上浮现房销售价格，引导市场预期。对于户型方面，不再限制户型面积，便于企业设计提供差异化产品，引导良性竞争。对于优质地块，采用“竞高品质”政策工具，引导企业建设高品质住宅。2022年，商品住宅用地共成交55宗、245公顷，规划建筑面积485万平方米。

三、继续优化营商环境，提高上市和交易效率

集中供地项目从拿地到开工时限进一步缩短，提高上市和交易效率。2022年前三批集中供地项目实现当年8成开工、7成上市。一是优化新房销售管理，推行按“栋”预售，延长预售有效期。二是提高二手住房交易效率，全面推行二手房“连环单”，交易周期缩短30–50天，试点二手房“带押过户”。三是实施购房资格核验“绿码”服务，半小时内即出审核结果。四是实现新房网签备案和预告登记同步办理、部分登记业务“全程网办”。

第二节　房屋销售及交易情况

一、新建房屋批准预售情况

（一）新建房屋批准预售总体情况

2022 年，北京市新建房屋批准预售面积 1048.4 万平方米，较 2021 年下降 9.7%。

十六区及开发区情况。朝阳区、丰台区、顺义区、大兴区、昌平区新建房屋批准预售面积超过 100 万平方米，城市副中心（通州区）及多点地区批准预售总量占全市的 48.2%。中心城区占比为 41.7%，生态涵养区五区占比为 10.1%。

表 5-1　2013—2022 年北京市新建房屋批准预售面积

单位：万平方米

年份	合计	住房	商业	办公	其他
2013年	1174.1	781.8	76.7	251.3	64.3
2014年	1565.3	1150.9	74.1	246.3	94
2015年	1308.3	807.1	75.7	321	104.5
2016年	1121.7	559.5	102.4	365.3	94.5
2017年	737	503.4	39.6	127.6	66.4
2018年	1196	874.5	20.9	97.2	203.4
2019年	1159.3	821.7	36.5	78.1	223
2020年	1139.7	756.6	26.9	120.1	236.1
2021年	1160.7	810.7	35.8	67	247.2
2022年	1048.4	688.1	39.8	41.6	278.9

注：住房包含经济适用房、两限房、共有产权住房、商品住房等。

表 5-2　2022 年北京市分区新建房屋批准预售情况

区	上市套数（套）	上市面积（万平方米）
东城区	5944	46.7
西城区	118	10.1
朝阳区	20992	130.9
海淀区	9373	63.4
丰台区	15438	123.2
石景山区	6023	62.9
通州区	8533	40.7
房山区	7928	59.1
顺义区	13684	120.1
门头沟区	6990	42.9
大兴区	13795	113.2
怀柔区	833	15.1
密云区	2840	20.0
昌平区	23441	149.6
延庆区	129	1.8
平谷区	4314	26.5
开发区	3524	22.3
合计	143899	1048.4

（二）不同用途房屋批准预售情况

1.住房

2022 年北京市新建住房批准预售面积为 688.1 万平方米，比 2021 年减少了 122.6 万平方米，降幅为 15.1%。

十六区及开发区情况。昌平区、丰台区、顺义区、朝阳区、大兴区五区批准预售住房面积排名前五，占总量的 64.8%，其中昌平区超过 100 万平方米，为 112.9 万平方米。

2.办公用房

2022 年，北京市办公用房批准预售面积 41.6 万平方米，较 2021 年减少了 37.9%。其中西城区和顺义区的总供应量接近一半，生态涵养区（怀柔区除外）供应量均为 0。

3.商业用房

2022 年，北京市商业用房批准预售面积 39.8 万平方米，比 2021 年增加了 4 万平方米，涨幅为 11.2%。其中石景山区、大兴区两区排前两名，供应量占全市总量的 67.8%。其他新增供应的区包括中心城区的东城区、朝阳区、丰台区、和城市副中心及多点地区的通州区、房山区、顺义区，生态涵养区（怀柔、门头沟除外）供应量为 0。

表 5-3　2022 年北京市各区批准预售住房面积

单位：万平方米

区	上市套数（套）	上市面积（万平方米）
东城区	3186	33.8
西城区	0	0
朝阳区	7535	83.7
海淀区	3813	46.2
丰台区	6633	90.4
石景山区	1344	16.9
通州区	1467	14.6
房山区	5037	43.8
顺义区	6726	85.7
门头沟区	3573	33.0
大兴区	7814	73.2
怀柔区	450	4.3
密云区	980	13.7
昌平区	11161	112.9
延庆区	129	1.8
平谷区	1780	19.1
开发区	1179	14.9
合计	62807	688.1

表 5-4　2017—2022 年北京市各区办公用房批准预售面积

单位：万平方米

区	2017年	2018年	2019年	2020年	2021年	2022年
东城区	0	0	0	0	0	0.1
西城区	0	0	0	0	0	10.1
朝阳区	3.4	0	4.5	11.7	4.3	4.1
丰台区	9.9	7.6	7.3	18.9	4	1.9
石景山区	0	0	0	10.3	18.7	4.2
海淀区	0	10.1	10.2	0	0	0.5
房山区	8.5	2.4	3.7	5.7	0	3.7

（续表5-4）

区	2017年	2018年	2019年	2020年	2021年	2022年
通州区	24.1	24.9	21.6	23.7	12.8	3.5
顺义区	25.5	14.9	4.5	0	14.7	6.7
昌平区	15.3	3.9	13.4	23.4	5.1	2.0
大兴区	5.7	23.4	5.5	14.3	4.2	3.7
开发区	6.2	2.4	4.2	5.7	0	0
门头沟区	10.9	2.7	2.7	0	2.3	0
怀柔区	0	0	0.5	6.4	0.9	1.2
平谷区	14.6	0	0	0	0	0
密云区	0	4.7	0	0	0	0
延庆区	0	0	0	0	0	0
合计	127.6	97.2	78.1	120.1	67	41.6

表 5-5　2017—2022 年北京市分区商业用房批准预售面积

单位：万平方米

区	2017年	2018年	2019年	2020年	2021年	2022年
东城区	0	0	0	0	0	0.1
西城区	0	0	0	0	0	0
朝阳区	2	0	4.2	3.8	10.3	1
海淀区	0	2	9.9	0	8.1	0
丰台区	1.1	3.4	4.5	1.2	0.9	0.5
石景山区	0	0	0	1.3	2.6	14.6
通州区	4.8	4.4	1.1	4.2	2.6	0.2
房山区	6.7	1	11.9	1.4	0	0.4
顺义区	4.5	5	1.5	0	5.3	2.4
门头沟区	6.6	1	0.1	0	0.8	2.2
大兴区	9.9	2.4	0.8	3.4	0.7	12.4
怀柔区	0	0	0	0.4	2.1	5.9
密云区	0.5	1.5	0	0	0	0
昌平区	2.8	0.2	2.3	9.4	2.4	0
延庆区	0	0	0	1.7	0	0

（续表5-5）

区	2017年	2018年	2019年	2020年	2021年	2022年
平谷区	0.6	0	0	0	0	0
开发区	0.1	0	0.1	0	0	0
小计	39.6	20.9	36.5	26.9	35.8	39.8

二、新建房屋成交情况

（一）新建预售房屋成交情况

2022 年，北京市新建预售房屋成交 7.2 万套，成交面积 673.7 万平方米，比 2021 年分别下降 30.2% 和 25.6%。其中住房成交 5.0 万套，成交面积 555.6 万平方米，比 2021 年分别下降 26.8% 和 26.7%，办公、商业成交面积分别为 13.9 万平方米、24.4 万平方米，同比分别减少 25.6%、增加 111.5%。

表 5-6　2022 年北京市新建预售房屋成交情况（按用途分类）

用途	成交面积（万平方米）
住房	555.6
商业	24.4
办公	13.9
其它	79.8
合　计	673.7

表 5-7　2017—2022 年北京市新建预售房屋成交面积情况

单位：万平方米

年份	合计	住房	商业	办公	其他
2017年	535.7	348.5	35.5	117.8	33.9
2018年	473.2	374.4	27.3	43.7	27.8
2019年	655	573.4	9.5	31	41.1
2020年	712.1	580.9	13.2	35.6	82.4
2021年	905.5	757.6	11.5	18.7	117.7
2022年	673.7	555.6	24.4	13.9	79.8

十六区及开发区情况。成交主要集中在中心城区和城市副中心（通州区）及多点地区，成交总面积为 615.6 万平方米，占全市新建预售房屋成交总量的 91.4%。

表 5-8　2022 年北京市新建预售房屋分区成交情况

单位：万平方米

区	成交面积（万平方米）
东城区	28.3
西城区	0.0
朝阳区	67.6
海淀区	76.8
丰台区	54.5
石景山区	33.5
通州区	54.2
房山区	32.5
顺义区	64.4
门头沟区	18.2
大兴区	101.2
怀柔区	7.0
密云区	12.3
昌平区	72.2
延庆区	7.2
平谷区	13.3
开发区	30.3
合计	673.7

1.住房

成交情况。2022 年，北京市新建住房期房成交 5.02 万套，成交面积 555.6 万平方米。较 2021 年分别减少 1.84 万套和 201.9 万平方米，同比分别下降 26.8%、26.7%。

购买对象情况。2022 年，北京市新建住房期房购买主要以本市居民购买为主。本市居民购买住房 3.8 万套，面积 423.4 万平方米，成交套数占全市新建住房期房成交总套数的 75.2%。外地居民购买住房 1.1 万套，面积 115.3 万平方米，成交套数占全市的 22.7%。外国机构及个人购买住房 85 套，面积 1.6 万平方米，成交套数占全市的 0.2%。

表 5-9　2022 年北京市新建住房期房购买对象情况

单位：套、万平方米

购买对象	新建住房期房	
	成交套数	成交面积
本市居民	37709	423.4
外地居民	11406	115.3
外国机构及个人	84	1.6
其他	952	15.3
合计	50151	555.6

注：本市居民包含本市城镇与非城镇居民，
外国机构及个人包含港澳台同胞。

表 5-10　2013 年—2022 年北京市新建住房期房购房对象所占比重情况表

单位：%

时间	本市居民	外地居民	外国机构及个人
2013年	77.2	18.1	0.2
2014年	81.2	17.1	0.1
2015年	86.3	12.5	0.07
2016年	86.1	12.2	0.1
2017年	84.7	8.4	0.2
2018年	86.7	11.5	0.1
2019年	81.4	17.4	0.2
2020年	76.6	22.7	0.2
2021年	71.7	23.8	0.2
2022年	75.2	22.7	0.2

2.办公用房

2022 年，北京市新建办公用房期房成交面积 13.9 万平方米。其中通州区成交面积排名第一，为 5.5 万平方米，占比 39.4%。

3.商业营业用房

2022 年，北京市新建商业营业用房期房成交面积 24.4 万平方米。其中大兴区成交面积排名第一，总量合计 10.3 万平方米，占比为 42.1%。

表 5-11　2022 年北京市新建办公用房期房分区成交情况

区	上市面积（万平方米）
东城区	0
西城区	0
朝阳区	0
海淀区	1.0
丰台区	1.7
石景山区	2.9
通州区	5.5
房山区	2.3
顺义区	0.4
门头沟区	0
大兴区	0
怀柔区	0
密云区	0
昌平区	0
延庆区	0
平谷区	0
开发区	0
合计	13.9

表 5-12　2022 年北京市新建商业营业用房期房分区成交情况

区	销售面积（万平方米）
东城区	0.3
朝阳区	7.2
丰台区	0.1
石景山区	0.4
通州区	0.2
房山区	0.6

（续表5-12）

区	销售面积（万平方米）
顺义区	0.2
门头沟区	2.2
大兴区	10.3
怀柔区	2.0
昌平区	0.7
开发区	0.1
合计	24.4

（二）新建现售房屋成交情况

2022 年，北京市新建现售房屋转移登记面积 478.5 万平方米。其中住房 228.5 万平方米，办公用房为 56.7 万平方米，商业用房为 55 万平方米。

表 5-13　2022 年北京市现售房屋转让成交情况

用途	成交面积（万平方米）
住房	228.5
商业	55.0
办公	56.7
其它	138.2
合　计	478.5

三、存量房屋成交情况

（一）存量房屋成交总体情况

2022 年，北京市存量房屋成交面积 1381.3 万平方米，同比下降 25.1%。其中存量住房成交 1285 万平方米，占比 93%；存量办公用房成交 45.4 万平方米，占比 3.3%；存量商业营业用房成交 15.8 万平方米，占比 1.1%；其他类型房屋成交 35.1 万平方米，占比 2.5%。

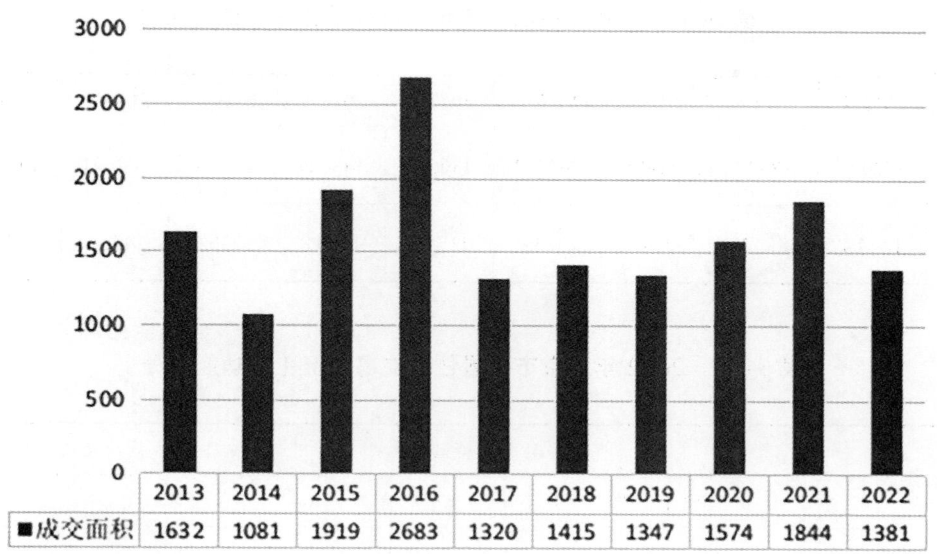

图 5-1　2013—2022 年度北京市存量房成交面积图

表 5-14　2022 年北京市存量房成交总体情况

类别	成交套数（套或单元）	成交面积（万平方米）
存量住房	140943	1285.0
存量办公	5887	45.4
存量商业	1571	15.8
其他	9890	35.1
合计	158291	1381.3

（二）存量住房成交情况

2022 年全市存量住房成交面积 1285 万平方米，同比下降 25.7%。

十六区及开发区情况。中心城区成交总量 733.5 万平方米，占比 57.1%；其中朝阳区成交面积 321.7 万平方米，排名第一。城市副中心（通州区）及多点区区成交总量 469 万平方米，占比 36.5%；其中昌平区成交面积 127.9 万平方米，排名第一。生态涵养发展区成交总量为 82.6 万平方米，占比 6.4%；其密云区成交面积 27.4 万平方米，排名第一。

表 5-15　2013—2022 年北京市存量住房成交情况

年度	2013年	2014年	2015年	2016年	2017年	2018年	2019年	2020年	2021年	2022年
成交套数（套）	150495	98807	189888	260277	130546	148029	138728	164621	191084	140943
成交面积（万平方米）	1374.4	877.1	1714.3	2384.9	1174.4	1287.8	1220.9	1478.6	1730.4	1285

表 5-16　2022 年北京市存量住房交易情况（按功能区分）

功能区	存量住宅网签登记		同比增长（%）	
	面积（万平方米）	套数（套）	面积	套数
合计	1285	140943	−25.7	−26.2
中心城区	733.5	84964	−29.5	−29.7
东城区	43.4	5894	−29.2	−27.7
西城区	57	8373	−34	−32.1
朝阳区	321.7	33641	−29.3	−30
海淀区	141.4	16109	−30.7	−31.4
丰台区	133.2	16100	−28.7	−29
石景山区	36.8	4847	−22.4	−21.9
城市副中心及多点区	469	47091	−18.9	−19.1
房山区	64.8	7416	−20.4	−20.5
通州区	84.1	9311	−13.1	−11.4
顺义区	65.3	5456	−18.6	−20.7
昌平区	127.9	11660	−24.8	−26.5
大兴区	126.9	13248	−15.3	−15.4
亦庄	21.2	1994	−7.1	−4.7
生态涵养发展区	82.6	8888	−25.5	−25.6
门头沟区	15.2	1753	−12.2	−14.2
怀柔区	12	1248	−30.9	−28.7
平谷区	14.7	1531	−29.5	−30.9
密云区	27.4	2881	−30.9	−30.8
延庆区	13.3	1475	−15.2	−16.6

第三节　住房租赁情况

2022 年北京住房租赁市场运行总体保持平稳，房屋租赁管理服务平台全年住房租赁合同备案 85.0 万笔，居全国首位。其中，公租房租赁备案 5.1 万笔，市场租赁备案 79.9 万笔。自如、爱家营、链家、信富、麦田等五家企业备案量排名靠前，分别占比 52.8%、16%、13.2%、2.6%、2.1%，合计占分租市场租赁备案量的 86.8%。

全市整租市场平均租金 92.8 元 / 平方米·月，同比上涨 4.7%。分租市场平均租金 2892 元 / 间·月，同比下降 0.8%。

一、整租市场运行情况

2022 年整租合同备案 45.9 万笔，占市场租赁总备案量的 57.3%，比 2021 年减少 6.2 万笔，同比下降 11.9%。全市整租市场平均租金 92.8 元 / 平方米·月，同比上涨 4.7%。

（一）户型结构情况

从居室看，一居、两居、三居、四居及以上，分别占比 46.97%、43.32%、8.75%、0.97%。

从面积看，40 平方米以下、40–60 平方米、60–80 平方米、80–100 平方米、100–120 平方米、120 平方米以上，分别占比 14.35%、39.5%、22.26%、15.72%、4.84%、7.32%。

（二）区域结构情况

从交易量看，朝阳区、丰台区、海淀区、昌平区、西城区等五个区备案量最高，分别为 32.3%、14.8%、12.8%、6.6%、6.3%，合计占全市整租备案量的 72.8%。丰台区新村街道、朝阳区高碑店乡、通州区梨园镇、大兴区大红门街道、丰台区卢沟桥街道等五个街道（乡、镇）备案量最高，分别为 3.0%、1.7%、1.64%、1.63%、1.59%。

从租金价格看，西城区、东城区、海淀区、朝阳区、丰台区等五个区租金最高，分别为 129.3 元 / 平方米·月、122.0 元 / 平方米·月、116.3 元 / 平方米·月、101.4 元 / 平方米·月、85.1 元 / 平方米·月。西城区金融街街道、海淀区燕园街道、西城区西长安街街道、西城区什刹海街道、东城区交道口街道等五个街道租金最高，分别为 192.0 元 / 平方米·月、179.7 元 / 平方米·月、172.8 元 / 平方米·月、168.6 元 / 平方米·月、160.9 元 / 平方米·月。

（三）出租人、承租人情况

出租人平均年龄 49.5 岁，男性占 50.1%，女性占 49.8%。承租人平均年龄 35.4 岁，男性占 52.3%，女性占 47.6%。

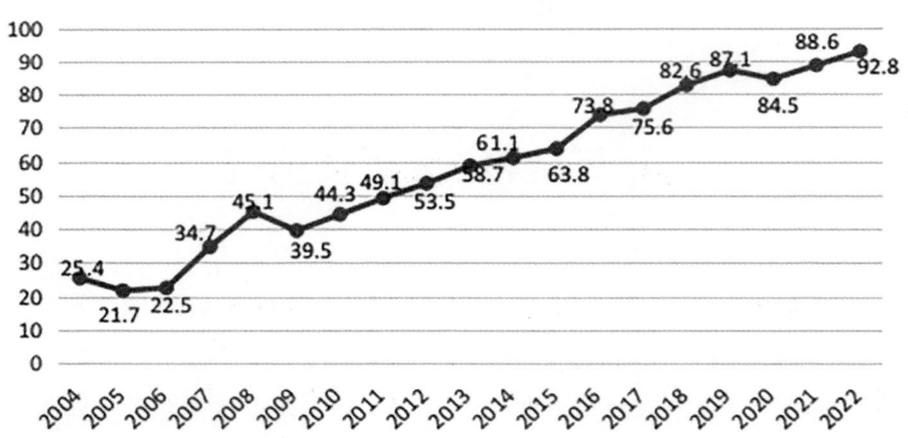

图 5-2　2004—2022 年北京住房租赁整租价格走势图

单位：元 / 平方米·月

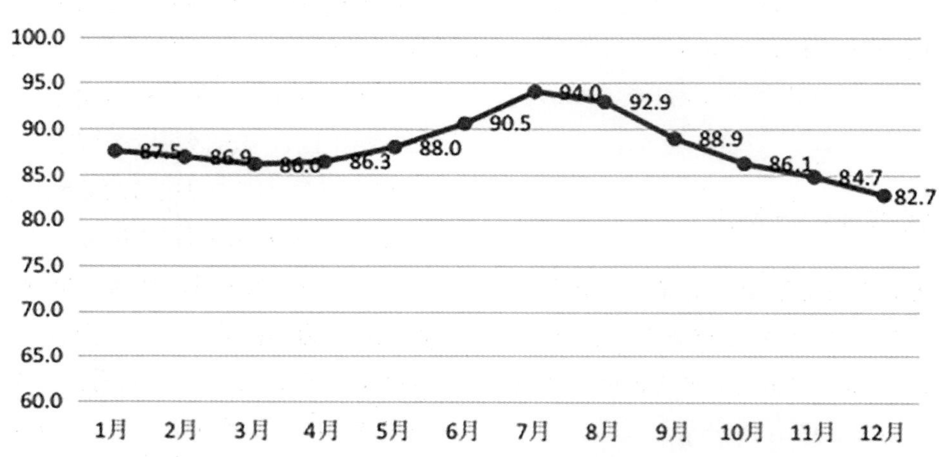

图 5-3　2022 年北京住房租赁整租价格变化情况

单位：元 / 平方米·月

二、分租市场运行情况

2022 年分租合同备案 34.1 万笔，占市场租赁总备案量的 42.7%，比 2021 年减少 9.6 万笔，同比下降 21.8%。

（一）区域分布情况

从备案量看，朝阳区、海淀区、昌平区、丰台区、通州区等五个区备案量最高，分别为 32.91%、18.24%、12.94%、12.42%、4.13%，合计占全市分租备案量的 80.64%。昌平区龙泽园街道、朝阳区来广营街道、朝阳区常营街道、昌平区回龙观街道、朝阳区望京街道等五个街道备案量最高，分别为 2.89%、2.31%、2.13%、2.11%、2.02%。

从租金价格看，西城区、海淀区、东城区、朝阳区、丰台区等五个区租金最高，分别为 3438 元 / 间·月、3402 元 / 间·月、3287 元 / 间·月、

3171 元 / 间・月、2714 元 / 间・月。海淀区中关村街道、西城区金融街街道、海淀区海淀街道和燕园街道、西城区什刹海街道等五个街道租金最高，分别是 4195 元 / 间・月、4135 元 / 间・月、4033 元 / 间・月、3991 元 / 间・月、3868 元 / 间・月。

（二）承租人情况

承租人平均年龄为 30.3 岁，男性占 54.4%，女性占 45.6%。

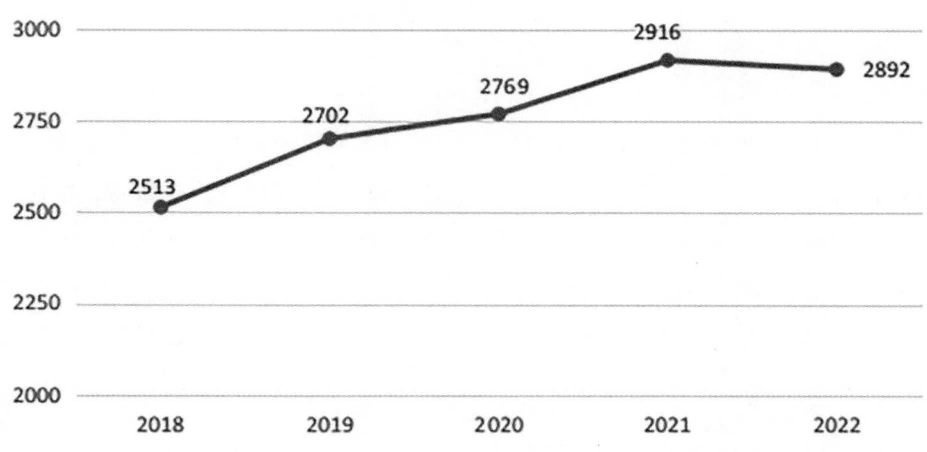

图 5-4　2018—2022 年北京住房租赁分租价格走势图

单位：元 / 间・月

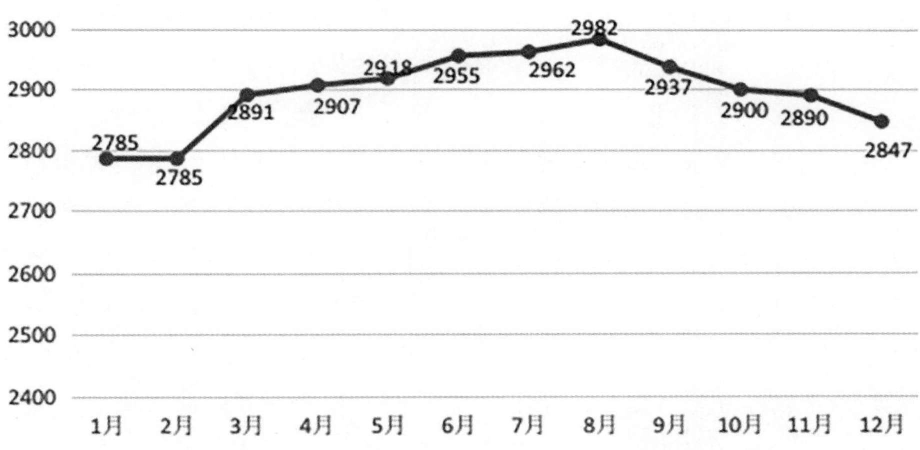

图 5-5　2022 年北京住房租赁分租价格变化情况

单位：元 / 间・月

第四节 房屋市场价格指数

2022年，面对疫情影响和经济运行需求收缩、供给冲击、预期转弱三重压力，北京保持政策稳定性和延续性，严格落实因城施策等房地产市场调控政策，同时保持信贷充足，有序推进土地集中供应，不断优化房屋置换流程，支持居民刚性和改善性居住需求，持续推动房地产市场平稳运行。

一、住宅销售价格指数稳中小幅波动

从新建商品住宅来看，受改善性需求持续释放的影响，1-12月，全市新建商品住宅月度价格环比指数均值为100.5%，高于2021年、2020年相应指数均值0.1个和0.3个百分点，高于2019年相应指数均值0.1个百分点；从二手住宅来看，随着学区房政策效果逐步显现，1-12月，全市二手住宅月度价格环比指数均值为100.3%，分别低于2021年、2020年相应指数均值0.4个和0.2个百分点，高于2019年相应指数均值0.3个百分点。

1-12月，全市新建商品住宅月度价格环比指数呈“波动企稳”态势，在100.1%-101.0%之间波动，二手住宅月度价格环比指数呈“波动回落”态势，在99.6%-101.2%之间波动，主要受季节性因素和新冠疫情的影响。因二手住宅市场供需调节速度更快，带动二手住宅月度价格环比指数波动区间大于新建商品住宅。

从指数的波动性看，大致可以分为两个阶段：**一是1季度各月住宅价格指数主要受季节性因素影响。**1季度，受房地产市场“小阳春”带动，新建商品住宅及二手住宅月度价格环比指数均处于较高水平，其中，受学生入学提前购买学区房影响，二手住宅价格环比指数1季度呈逐月上升趋势，3月份达到101.2%的年内最高点；但与上年同期相比，随着学区房政策严格执行，政策效果逐步显现，1季度各月全市二手住宅价格环比指数均低于上年同期水平，指数均值低于上年同期0.4个百分点。**二是后期住宅价格指数波动主要受新冠疫情因素影响。**受新冠疫情影响，5月和11月新建商品住宅及二手住宅价格环比指数均明显回落，随着疫情形势好转，6月份指数均有所回升，7-10月份指数均运行较为平稳；12月份新建商品住宅价格环比指数回升至100.2%，二手住宅价格环比指数持续回落至99.6%的年内最低点。

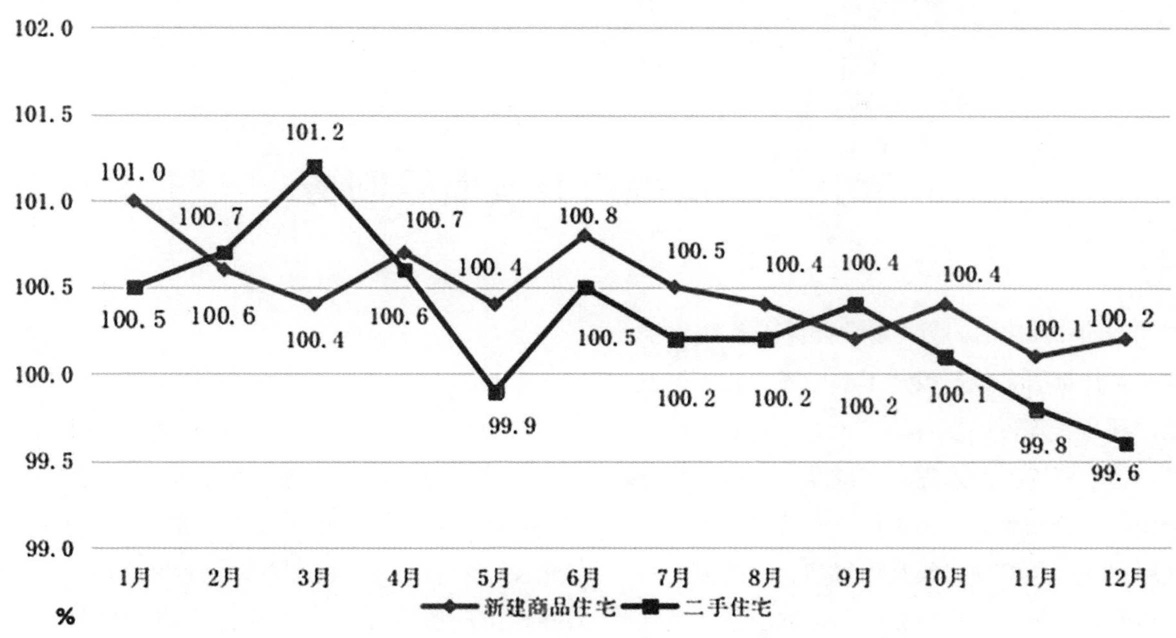

图 5-6　2022 年北京市住宅销售价格环比指数

二、一线城市房价指数比较

1-12 月，北京和上海新建商品住宅各月价格环比指数均值分别为 100.5% 和 100.4%，广州和深圳均为 100.0%。从波动幅度看，京沪新建商品住宅各月价格环比指数分别在 100.1%-101.0% 和 100.0%-100.6% 之间波动，波动幅度分别为 0.9 个和 0.6 个百分点；广州价格环比指数在 99.5%-100.6% 之间波动，波动幅度为 1.1 个百分点；深圳价格环比指数在 99.3%-100.8% 之间波动，波动幅度为 1.5 个百分点。

1-12 月，北京二手住宅各月价格环比指数均值为 100.3%，上海价格环比指数均值为 100.2%，广州价格环比指数均值为 100.0%；深圳价格环比指数均值为 99.7%，除 4 月和 5 月价格环比微幅上涨外，其余各月价格环比均为降势。11 月和 12 月，一线城市二手住宅价格环比均呈降势。

第五节　房地产开发监管服务

2022年，市住房城乡建设委深入落实市委市政府总体部署，克服疫情不利因素，扎实推进房地产项目管理再上新台阶；全力做好商品房促开工、稳投资工作，取得较好成绩；不断强化新建居住项目公共服务设施建设移交管理，积极深入开展房地产风险项目排查处置和“疏整促”配套设施专项治理，居住项目配套设施服务品质有效提升；着力完善行业管理机制，持续优化营商环境，强化开发企业从业行为监管，行业管理能力和服务水平取得新进展；全力开展“保交楼”专项行动，积极稳妥化解预售商品住宅项目逾期风险，促进行业平稳健康发展。

一、加强开发项目手册备案管理，推行全程网办，开展房地产开发项目监测与利用专项工作

切实落实“减环节、减材料、减时限”要求，推行项目手册备案全程网办，通过“小切口”微改革举措，实现企业“零跑动”，项目手册备案实现了即时办理。

2022年内，共办理房地产开发项目手册备案131份次，涉及开发项目100个，备案建筑面积1268.0万平方米。较2021年的1542.6万平方米备案面积减少17%，其中，备案商品住房1008.6万平方米，较去年的775.3万平方米备案面积增加30%，占备案总量的79%，涉及项目81个；备案共有产权住房76.2万平方米；保障房（不含共有产权住房）118.1万平方米、商业办公65.2万平方米。

2022年，共梳理房地产开发项目1474个，涉及土地交易文件71个，土地出让合同9个，立项文件36个，规划许可249个，施工许可344个，预售许可201个，竣工验收备案373个，建设方案104个，梳理单体信息3384栋。71个土地招拍挂项目和12个保障房项目纳入监测。95个项目全部竣工，转入历史项目管理。

二、全力做好房地产开发投资工作，高频调度促投资促开工促上市

2022年，落实市委市政府经济工作决策部署，努力克服多轮疫情对房地产投资带来的不利影响，加大协调调度力度，着力做好项目投资推进服务，积极促进投资落地纳统。一是组织对在途的462个项目逐一进行调研，了解原因，研究解决路径。二是联合人民银行营管部全面摸排在途项目融资需求，针对有融资需求的63个项目，涉及731亿融资规模，组织商业银行进行对接，并推动形成常态化的对接协调服务机制。三是持续优化集中供地项目管理服务，推动5批次集中供地项目尽早实现开工销售。组织7次集中调度，将企业的诉求“请进来”，实地调研指导，将政府的服务“送出去”；按批次建立工作服务群，随时开展调度服务。通过调度服务，各批次集中供地项目从拿地到开工时限不断缩减，最快拿地后29天开工、45天预售，平均时长较集中供地前的项目缩短6个月以上。经各方努力，2022

年房地产开发投资完成4178.5亿元，同比增长1%，完成年度任务目标。

三、加强居住项目公共服务设施建设移交管理，提升居住服务品质

2022年，完成新建居住区建设方案备案公示（含变更）111项，通过强化建设方案备案和备案后建设过程监管，较好地实现居住项目公共服务设施与住宅“两同步”监管目标。深入开展“疏解促”历史项目公服设施建设和移交专项治理，共完成“疏整促”项目20个，居住服务品质得到有效提升。

四、优化行政审批事项，提升行业监管服务水平

2022年，贯彻落实国家和市有关优化营商环境工作部署，依住建部资质修订北京市房地产资质管理办法。通过畅通渠道、优化流程、推行全程网办，加强事中事后监管等方式，规范管理，提高服务效率，让企业受益，行业管理水平得到进一步提升。

五、开展房地产项目风险排查处置，完善开发项目立体监测体系

2022年7月开始，全市集中开展已逾期难交付商品住宅项目风险排查和化解处置工作，市、区住建房管部门依托房地产调控专班机制，联合有关行业部门周密部署，迅速行动，狠抓落实，制定专项工作方案，深化处置措施，全力协调推进项目风险化解。截至2022年底，对排查出的44个风险项目已经化解，有10个项目风险得到化解或基本化解，其他34个风险项目（高风险项目15个、中风险项目19个）仍在持续协调推进中，风险基本可控。项目风险呈总体下降趋势。

2022年，持续推进开发项目立体监测体系。一是建立房地产开发投资常用监测指标体系、一线城市土地交易数据常态采集分析机制，初步研究成果已形成《关于当前房地产开发投资形势的报告》报市政府。形成《2023年固定资产投资形势分析研判》等系列房地产开发投资测算分析报告供领导参阅。二是持续探索完善项目全流程监测体系，探索形成项目完整画像，完善工作台账，及时动态预警，力争将风险隐患化解在苗头初始。

第六节 房屋交易销售监管服务

一、坚持问题与目标导向，推进落实精准施策

（一）优化2022年度批次集中供地工作

继续以“房地联动、一地一策”为核心综合施策，通过房屋销售价格引导机制有效稳定市场预期；通过严格控制土地溢价率，为企业合理利润实现和房屋品质提升预留空间；通过选取适宜地块配建保障性租赁住房，着力解决大城市住房困难问题；通过竞政府持有产权份额、竞现房销

售面积、在承诺住宅建设品质前提下摇号、高标准建设方案评选等竞争方式，促进土地供应由“价高者得”向完善市场机制、提升居住品质保障民生等多目标协同转变；落实租购并举、保障民生，增强人民群众幸福感、获得感。

进一步优化住房供应结构，在今年集中供地中，合理调整“70/90”政策的执行口径为按套内建筑面积执行，不再按建筑面积执行。调整后，单套住房面积有所增加，提高了居住舒适度。同时，对部分低容积率地块不再设定户型限制。在第二批次集中供地工作中，创新提出了建设“全龄友好社区”要求，选取昌平区平西府、顺义区福环和薛大人庄 3 宗用地进行试点，同时除试点项目外对于其它项目鼓励建设全龄友好社区。

2022 年前四批集中供应住宅用地共成交 55 宗、244 公顷（规划建筑面积 485 万平方米），较 2021 年减少 16.1%。海淀永丰、朝阳太阳宫、奶西村、丰台花乡、小瓦窑以及昌平南部等 13 宗地块因具有配套、产业等区域优势后期住房销售预期较好，竞至 15% 地价上限，另有大兴黄村、西红门、房山拱辰街道、顺义新城、门头沟永定镇以及生态涵养区等 27 宗地块（约一半），在各区尽量推出优质地块、优化出让条件的情况下仍底价成交，还有石景山首钢、朝阳前苇沟、丰台北宫镇和青龙湖 4 宗地块因土地成本过高或配套不足流拍。

（二）调整“台马地区”限购政策，理顺行政区域调整配套措施

为强化经开区对亦庄新城台马地区规划建设管理，提升治理能力，同时保持区域商品住房政策一致性，2022 年 11 月，起草发布《关于加强亦庄新城台马地区商品住房管理的通知》，明确划归北京经济技术开发区管理的通州区台湖、马驹桥地区（约 78 平方公里）商品住房（包括新建商品住房和二手住房）执行北京经济技术开发区商品住房政策有关规定，不再要求满足通州三年纳税或社保，即与北京（除通州外）其他区的限购政策一样，仅符合在京五年纳税社保即可，这一政策的出台有力促进了该地区商品房市场交易回暖。政策调整后，截至 2022 年底，该区域住房成交 944 套。

（三）持续优化购房资格核验

1. 从严执行限购政策

2022 年，继续从严执行房屋限购政策，购房资格审核、复核工作运行平稳。作为商品住房成交量的先行指标，全年审核商品住房购房资格申请 42.7 万笔，同比减少 2%，通过 36.9 万笔，通过率 86.4%。全年审核商业、办公类项目购房资格申请 1.4 万笔，同比增长 12.6%，通过 0.9 万笔，通过率 65.4%。另外，全年 10 个共有产权住房项目开放网上申购，共审核 21.9 万户购房家庭；15 个顺销的共有产权住房项目，共审核 1.1 万户购房家庭。

2. 推行购房资格绿码服务

为切实抓好新一轮优化营商环境改革，推动我市公共服务提质升级，进一步提升房屋交易便利度、压减核验时限，2022 年 3 月在全国率先推出“购房资格绿码”服务，实时出具核验结果。“购房资格绿码”服务上线至 2022 年底，全市累计审核商品住房购房资格申请 30.3 万笔，商业、办公类购房资格申请 1.1 万笔。该项服务有效降低了房产交易的时间成本，大大提升了房屋交易体验。

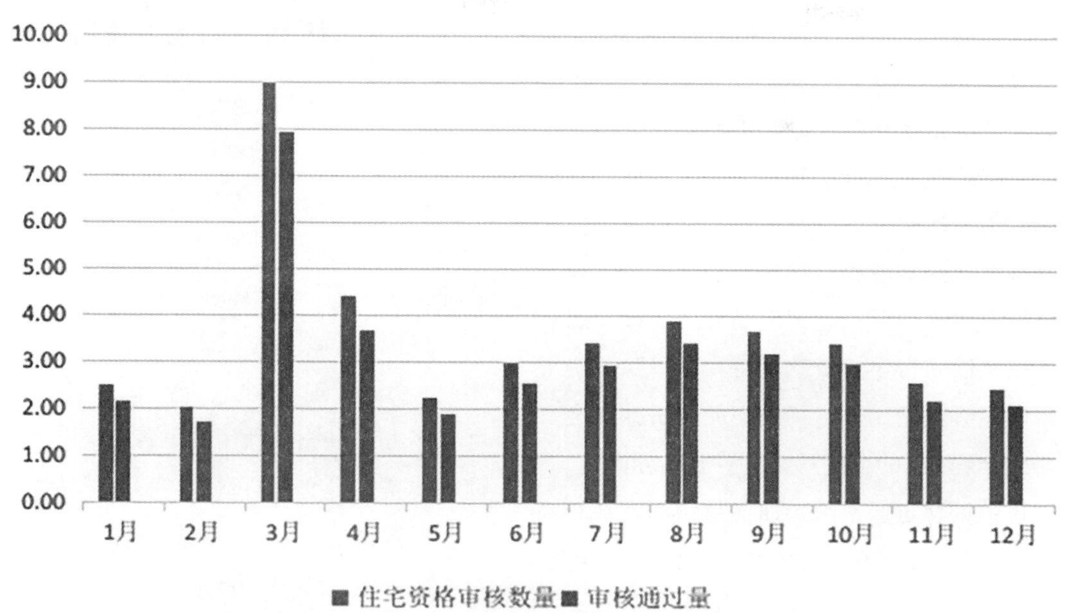

图 5-7　2022 年购房资格审核情况　单位：万笔

二、完善房地产市场制度法规，持续加强项目销售管理

（一）全面处置房地产开发项目经营风险

2022 年房地产开发项目经营风险加大，在各方共同努力下，恒大项目 4 个在建项目基本完成“信托 + 托管”协议签订工作，项目建设过程中出现的各类问题不断得到解决，风险化解工作平稳推进；泰禾院子二期项目经努力达成复工方案，实现全面复工，项目后续建设正有序推进。

（二）修订商品房预售资金监管办法

《继 2021 年北京市商品房预售资金监督管理办法（2021 年修订版 公开征求意见稿）》向社会公开征求意见后，2022 年国家层面相继出台《关于规范商品房预售资金监管的意见》、《关于规范人民法院保全执行措施 确保商品房预售资金用于项目建设的通知》，根据新出台文件要求，继续修订监管办法并再次向联合发文单位书面征求意见。

（三）优化商品房销售管理规定

为进一步优化本市营商环境，做好商品住房预售现售衔接，2022 年 8 月 12 日，市住房城乡建设委印发《关于进一步优化商品住房销售管理的通知》（京建发〔2022〕295 号）：**一是**支持按栋申请办理预售许可。将预售许可最低申报规模调整为栋，有助于进一步优化区域住房供应节奏；**二是**实现商品住房预现售无缝衔接，减少企业因销售手续无法售房“空窗期”；**三是**明确因司法查封或行政限制解除、预售合同解除等原因，符合现售条件但未纳入备案范围的房屋，可再次申请办理现房销售备案手续。

（四）提高存量房屋交易效率

2022 年 9 月，市住房城乡建设委联合市规划自然资源委共同起草发布了《关于试行存量房交易“连环单”业务 并行办理的通知》（京建发〔2022〕334 号），优化购房资格核验规则（完成卖出合同网上签约的房屋不计卖出房屋家庭房产套数），将原需按顺序先后办理的房屋卖出、买入业务调整为并行办理，以提高房屋交易效率、降低购房成本。

（五）多措并举开展群众购房宣传

为切实保障购房人合法利益，深入开展“我为群众办实事”活动，研究起草了《新建商品住房购房指南》，涵盖“我有购房资格吗”、“在哪能找到安全可靠房源”、“现场看房应该注意什么”、“我能获得多少贷款支持”、“除了房款还需要缴纳哪些费用”、“我交的购房款安全吗”、“如何保障我的合法权益”等七部分内容，既明确现行政策规定，又附带通俗易懂的解释和温馨提示，有助于没有购房经验的人群接受理解。将购房知识前置到购买行为前，有利于避免和大幅减少因不熟悉政策带来的困扰。

同时，结合百姓关注热点问题和执法查处中积累的典型案例，拟从新房销售等方面，分期通过北京日报等主流媒体，发布典型案例、宣传政策法规和购房指南，持续规范房地产市场秩序，引导企业合法依规经营，警示震慑违法违规行为，指导住房消费者防范风险，进一步增强购房信心，促进首都房地产市场健康平稳发展。

（六）优化已建成研发及工业项目转让管理

向市政府报送《关于优化已建成研发、工业项目销售管理的请示》，提出各区已建成的研发、工业项目可按整栋进行转让，同时提出转让工作基本原则：转让前，各区政府或政府委托的审核部门要确保买受人符合园区定位，严格按栋转让，禁止分层分间转让；购入房产后，园区管理部门要监督买受人或实际使用人严格按规划用途使用；再次转让时，买受人仍需经属地部门审查同意。明确申报流程。拟申请按栋转让的研发、工业项目，由各区政府按前款要求制定方案，市住房城乡建设委备案审查，并定期汇总报市政府审批后实施。

。

三、积极回应社会关切，持续加强行业管理

（一）试行房地产估价机构备案告知承诺制

遵照简政放权、便民利企、压缩时限的要求，整体推进房地产估价机构备案工作，进一步提高企业办事效率，将换证补证、备案变更、备案注销、机构备案（暂定级）等事项确定为告知承诺事项，由企业现场提出申请，人员现场完成申核，并当场办结。充分利用国家各部委政务数据，精简机构备案提交材料数量。积极推进房地产估价师注册数据建立共享机制，逐步实现在房地产估价机构备案过程中，直接引用房地产估价师注册信息，不再需要企业提供房地产估价师相关证明材料的目标，提高备案准确度、便捷度，进而提高房地产估价机构备案效率。

（二）积极推进房地产估价师资格考试工作

按照住房城乡建设部、自然资源部联合印发《关于印发 <房地产估价师职业资格制度规定><房地产估价师职业资格考试实施办法> 的通知》（建房规〔2021〕3 号）要求，鉴于相关文件的发布未有人社部参与合发，本市人力社保局不再承办房地产估价师考试工作，经商市人力社保局、市规划自然资源委、市发展改革委、市财政局等部门，将此前由市人力社保局承办的北京地区房地产估价师职业资格考试工作转由市住房城乡建设委承办。

四、整顿市场秩序，重拳打击违法违规行为

（一）制定实施房屋市场交易管理事中事后监管工作方案

2022 年，为重点查处“无证售房”、“不实宣传”、“合同欺诈和不平等条款”、“违反预售资金监管”、“捆绑销售和违规分销”、“信

贷资金违规使用”、“样板间三个不一致”等方面问题，依据住房城乡建设部等8部门印发的《关于持续整治规范房地产市场秩序的通知》（建房〔2021〕55号）要求，市住房城乡建设委联合市市场监督管理局、市规划自然资源委等10部门制定了《关于持续整治规范本市房地产市场秩序工作方案》。

（二）坚持售前约谈培训机制前置

对新批准的商品房预售项目，到售楼现场详细讲解北京房地产调控及监管政策，逐条讲明价格管控、销售现场公示、销售机构和人员管理、销控表制作管理、预售资金监管、宣传广告、合同及补充协议等十多个环节的具体要求，截至2022年9月底共现场指导38个新批预售项目，进一步规范开发企业销售行为。

（三）开展联合执法检查

针对媒体曝光及热点项目，对北科建怀柔三个项目、和裕尚峰壹号、路劲御合院、密云水库周边别墅、房山区万科七橡墅、房山区绿地诺亚方舟、石景山区远洋五里春秋、北京国际公馆、K2十里春风等项目违规行为进行了依法查处。

（四）组织开展“双随机”检查抽查

深化落实行政检查“三单合一”制度，进一步明确行政检查标准，推动行政执法事项、内容、方式、标准全公开，开展“双随机”抽查房地产预售项目37家；抽查估价机构28家。

（五）组织开展拉网式排查和帮扶式检查

组织各区住建（房管）部门对全市在售项目售楼现场，采取“暗访＋排查＋指导”模式对疫情防控情况、售楼现场公示情况、样板间设置情况及安全工作情况进行了检查，针对检查发现的问题已责令企业及时整改，并要求企业严格落实疫情防控政策，依法依规开展经营活动。

第七节　房屋租赁监管服务

一、制度建设方面

（一）出台《北京市住房租赁条例》

2022年5月25日，《北京市住房租赁条例》由市人大常委会审议通过并发布。条例共六章75条，从建立完善监管体制机制、保护租赁当事人权益、稳定租赁关系、规范租赁市场主体行为、培育发展住房租赁市场、加大违法违规行为处罚力度等方面进一步促进我市住房租赁市场健康发展，推动实现住有所居。条例自2022年9月1日起施行。

（二）制订条例相关配套文件

落实《北京市住房租赁条例》相关规定，2022年8月31日，市住房城乡建设委印发《房屋状况说明书示范文本》《住房租赁企业和房地产经纪机构从业人员从业信息卡模版》。同时，按照《条例》要求，市住房城乡建设委会同市市场监管局对2019年发布的《北京市住房租赁合同》《北京市房屋出租经纪服务合同》《北京市房屋承租经纪服务合同》示范文本进行了修订，并于2022年11月7日至11月14日对社会公开征求意见，预计2023年将印发实施。

（三）出台合同示范文本

2022年6月14日，出台《北京市商业办公房屋租赁合同示范文本》，精准适用于商业和办公用途的房屋租赁；印发《关于商业办公房屋租赁网上登记备案的通知》，开发商办租赁网上登记备案系统，实现商办租赁登记备案全程网办，优化营商环境，提升服务水平。

二、专项工作方面

（一）部署住房租赁安全工作

在春节、冬奥会、冬残奥会等重要时间节点，联合市公安局等相关部门组织各区住建委（房管局）以及我市主要短租平台、住房租赁企业、房地产经纪机构、集中式租赁住房项目，部署落实疫情防控、消防、反恐等安全管理工作。

（二）组织部署全市房地产市场管理工作

召开全市房地产市场管理工作部署会，全面部署冬奥会、国庆、二十大等重要节点房地产开发、销售、租赁领域疫情防控、市场秩序维护等工作。

（三）规范互联网平台合规经营

指导北京中介行业协会研究制定行业合规手册《北京市房地产信息平台服务规范指引》，聘请第三方机构开展平台房源信息监测，督促企业及时整改，规范房源信息发布，建立政务信息共享机制，探索实行“6+4”综合监管，提升监管水平和效能。

（四）积极开展“疏整促”相关工作

结合市住房城乡建设委工作职责及“疏整促”相关工作任务，配合牵头部门做好城乡结合部地区重点村综合治理工作，规范管理短租住房，实现核心区短租住房动态清零。

（五）全面开展住房租赁条例宣贯、培训等实施准备工作

积极开展条例宣贯培训，分五批组织全市各区住建房管部门、房地产中介行业协会、住房租赁中介机构、互联网发布平台、短租住房平台等开展培训，确保宣贯培训范围覆盖各类实施主体。

（六）连续四年推出住房租赁指南

为做好“毕业季”毕业生租房指导，帮助毕业生选房、租房，市住房城乡建设委继续在“毕业季”发布《住房租赁指南4.0》。

（七）联合二中院共同开展租赁宣传

与市二中院召开新闻发布会通报近年来本市住房租赁市场管理工作开展情况，以及近年住房租赁合同纠纷案件情况，并提出防范法律风险建议。同时签订《关于促进租赁领域府院联动、推进诉源治理的合作框架协议》，就深化租赁纠纷的源头化解达成合作。

第八节　公有住房和集资合作建房监管

一、存量公房改革

（一）公有住房出售

2022年，全市出售公有住房91.38万平方米、13260套，其中中央单位303家、面积37.36万平方米、住房4029套，市属单位186家、面积39.46万平方米、住房5961套，区属单位90家、面积14.56万平方米、住房3270套。（其他涉密房屋售房备案情况，不予公开）。

（二）公有住房调整

2022年各区房改部门总计核准241家单位调整公有住房方案，涉及住房1368套，面积9.26万平方米。主要为中央单位分配职工住宅后，按房改成本价、经济适用住房价格为职工调整住房，共计237家，涉及住房1334套，面积9.01万平方米；市属单位4家，涉及住房30套，面积0.25万平方米。

二、集资合作建房监管

按照国家和我市的有关政策，持续加强住宅合作社的管理工作。2022年为12家住宅合作社办理了年检初审，指导两家住宅合作社完成了换届工作。

三、住房资金使用情况

2022年各区房管部门共审核批准19家企业支取售房款1805.91万元。2022年各区房管部门共审核批准82家企业支取售后公有住房专项维修资金5205.34万元。上述资金主要用于电梯更新维修、供水设备、消防设施整改、楼面及屋顶防水维修等事项。

第六章

住房保障

第一节　2022 年北京市住房保障政策综述

2022 年是党的二十大召开之年，北京市以习近平新时代中国特色社会主义思想为指导，不断完善“租购补”并举的住房保障体系，积极建设筹集各类保障性住房，滚动提高公租房备案家庭保障率，各项工作取得良好成效。

一、制定发布北京市“十四五”住房保障规划

“十四五”任务目标明确了要在超大城市中首先出台专门住房保障“十四五”规划，全市力争建设筹集保障性租赁住房 40 万套（间），公租房、共有产权住房各 6 万套，公租房备案家庭保障率提高到 85%，完成平房区申请式退租、申请式换租 1 万户、修缮 6000 户，推进 100 万平方米危楼简易楼改造腾退。

二、加快建立保障性租赁住房制度体系

市政府办公厅印发《北京市关于加快发展保障性租赁住房的实施方案》，是北京市发展保租房的纲领性文件，加快解决新市民、青年人等群体住房困难。同步制定保租房建设导则、项目认定程序、税收优惠、水电气热执行居民价格等系列配套政策。研究起草保租房租金备案管理规定，广泛征求各方意见基础上，修改完善后择机发布。

三、印发保障性住房年度工作要点

经市政府批准，印发《北京市 2022 年住房保障工作要点》，确定住房保障工作 3 项总体目标和 35 项主要工作措施，确保做好住房保障、棚改征收拆迁、城市更新等各项工作，全年计划建设筹集保障性租赁住房 15 万套（间），其他保障性住房 4 万套；竣工各类保障性住房 8 万套（间）；公租房备案家庭保障率不足 85% 的区，在 2020 年底基础上提升 20 个百分点。

四、持续优化共有产权住房配套政策

北京在全国率先出台共有产权住房出租政策，对出租程序、收益分配和监督管理等提出具体要求，北京保障房中心开发了共有产权住房租赁服务平台同步上线，实现“一网通办”。全年发起出租申请 297 条，成交 92 套，全市共收取租金定额收益 501 笔、近 45 万元。朝阳、海淀、顺义区积极推进共有产权住房出租政策落地实施，三区出租申请量占全市 67%。会同市市场监督管理局修订完善共有产权住房预售、现房买卖合同示范文本并发布实施。

五、保障房金融支持取得创新突破

成功申报并发行全国首批公租房公募 REITs，在全国范围内北京率先以公租房作为标的资产申报租赁住房 REITs，试点项目为北京保障房中心持有的海淀文龙家园、朝阳熙悦尚郡 2 个公租房项目，当日开盘成交额即破 5000 万元，并率先涨停。与建设银行率先合作推出住房租赁基金用于改建保租房，首期设立规模 50 亿元。

第二节 保障性住房建设

一、保障性住房建设筹集情况

2022年，全市建设筹集保障性租赁住房15.15万套（间）（见表6-1），建设筹集其他各类保障性住房，其中公共租赁住房5883套，定向安置住房49710套，共有产权住房7374套（见表6-2）。

表6-1 2022年北京市保障性租赁住房建设筹集项目表

序号	区县	项目名称	房源套/间数
1	东城区	北汽越野车项目	2032
2	西城区	房山长阳0607地块项目	1250
3	朝阳区	北京市朝阳区崔各庄乡黑桥村、南皋村棚户区改造项目30-L04地块R2二类居住用地（配建“公共租赁住房”）项目	288
4		北京市朝阳区崔各庄乡黑桥村、南皋村棚户区改造项目30-L01-01地块R2二类居住用地项目	330
5		北京市朝阳区东坝北东南一期土地储备项目1104-612西侧地块R2二类居住用地项目	90
6		北京市朝阳区王四营乡土地一级开发项目一期1304-L01地块R2二类居住用地项目	203
7		北京市朝阳区王四营乡土地一级开发项目一期1304-L03地块R2二类居住用地	195
8		北京市朝阳区王四营乡土地一级开发项目一期1304-L02地块R2二类居住用地（1号住宅楼等14项、9号物业管理用房）；1304-L05地块A334托幼用地	165
9		朝阳区王四营乡观音堂村集体土地租赁住房项目	4019
10		金盏七彩家园项目	5000
11		朝阳区崔各庄乡黑桥村、南皋村棚户区改造土地开发项目30-L03-01地块R2二类居住用地、30-L03-03地块A62社区养老设施用地、30-L03-04地块A334基础教育用地、30-L03-05地块U12供电用地（配建“保障性租赁住房”）	90
12		平乐园大学生公寓项目	489
13		朝阳区东坝车辆基地综合利用项目1101-A002-1、1101-A003-1地块R2二类居住用地（配建“保障性租赁住房”）核准的批复	399
14		晨光家园C区	784
15		北京泊寓安贞项目	202
16		马泉营车辆段租赁房项目	2890

（续表6-1）

序号	区县	项目名称	房源套/间数
17	海淀区	海淀区东升镇京昌楔形绿地棚户区改造项目（二期0803-631-1地块R2二类居住用地（配建“保障性租赁房项目”））	116
18		海淀区东升镇京昌楔形绿地棚户区改造项目（二期0803-631-2地块R2二类居住用地0803-633地块A33基础教育用地（配建“保障性租赁住房”））项目	132
19		海淀区温泉镇“一镇一园”中关村创客小镇二期项目	1655
20		凤凰岭临建项目	4870
21		海淀上郡项目	1396
22		山樾嘉园大学生公寓项目	119
23	丰台区	长辛店镇太子峪村集体土地租赁住房项目	366
24		东管头村集体土地租赁住房项目	1118
25		北宫镇张郭庄村A区FT00-0203-6145、FT00-0203-6159地块R2二类居住用地	350
26		花乡高立庄集租房	3299
27		丰台区丽泽金融商务区南区D-07、D-08地块F3其他类多功能用地服务型公寓楼项目	1482
28		北京市丰台区卢沟桥城北路6号用地丰台建设者之家	2313
29		北京市丰台区卢沟桥街道大井新村三期土地一级开发2502-0030、2505-0031地块F81绿隔产业用地、R2二类居住用地（配建“保障性租赁住房”）项目	164
30		郭公庄中街18号院5号楼改建租赁住房项目	745
31		庄户村回迁房项目改造	569
32		丰台区卢沟桥乡郭庄子、小屯村集体土地租赁住房项目	1722
33		丰台区万泉寺住宅小区A地块配建保障性租赁住房	463
34	石景山区	石景山区首钢园区东南区土地一级开发项目1612-829地块F1住宅混合公建用地（配建“保障性租赁住房”）（1号楼-4号楼）	60
35		石景山区重大项目应急保障用房工程	970
36		苹果园19号院项目（兵工院项目）	60
37		37度公寓	2700
38	昌平区	昌平区沙河镇豆各庄村集体土地租赁住房项目	2658
39		昌平区龙禧三街59号院1号楼改建租赁型住房项目	597
40		北京市昌平区北七家镇平坊村土地一级开发项目PF-04地块F81绿隔产业用地、PF-05地块R2二类居住用地（配建“保障性租赁住房”）项目	622
41		北京市昌平区北七家镇中心起步区(暨海鶄落新村建设)土地一级开发项目一期HQL-09地块R2二类居住用地项目	118
42		北京市昌平区中关村生命科学园三期及“北四村”棚户区改造土地开发A地块CP02-0101-6006地块R2二类居住用地（配建“保障性租赁住房”）项目	52
43		极客丛林公寓	470
44		龙域中心西区公寓	144
45		奇点中心公寓	395
46		三一北京制造中心机器视觉及配套建设项目（3-1地块）	1415

（续表6-1）

序号	区县	项目名称	房源套/间数
47	通州区	通州区台湖镇集体土地租赁住房项目	7367
48		通州区马驹桥镇集体土地租赁住房项目	2520
49		西集临建项目	5000
50	顺义区	顺义新城第26街区2606-003-02地块万科驿改造工程	213
51		顺义新城第28街区SY00-00280020地块C2商业金融项目-2号泊寓改造项目	606
52		仁和镇项目	6471
53	大兴区	北京市大兴区大兴新城核心区H组团DX00-0106-001a、001b地块R2二类居住用地、A334基础教育用地项目	12
54		西红门镇DX04-0102-6011、6014地块R2二类居住用地供地项目	288
55		国家新媒体产业基地G组团土地一级开发项目AA-49F3多功能用地项目	3000
56		临空经济区临建项目	5038
57		大兴区黄村镇狼垡地区集体产业用地2号地DX00-1002-L07地块F81绿隔产业用地（集体租赁住房）项目	1250
58		大兴区西红门河马科技小镇改建租赁住房项目	2545
59		中建大兴星寓	192
60	经开区	北京市大兴区旧宫镇DX05-0102-6101、6102、YZ00-0801-0015、0016地块B4综合性商业金融服务业用地、U17邮政设施用地、R2二类居住用地（配建“公共租赁住房”）项目	302
61		台湖-4片区“建设者之家”项目	1829
62		北京经济技术开发区路南区N20项目	1840
63		通州区台湖镇4-1-020地块F2公建混合住宅和4-035等地块F3其他类多功能用地项目	1296
64		瀛海镇国际人才社区项目	304
65		亦庄新城国际人才创新基地1号地（D2）改造工程	234
66	房山区	北京市房山区拱辰街道FS00-0111-0018地块R2二类居住用地、FS00-0111-0016地块A33基础教育用地（配建“保障性租赁住房”））	269
67		阎村应急隔离房项目	2447
68		长阳镇熙悦丽博共有产权住房项目配建项目	300
69		轨道交通房山线长阳镇军留庄村项目	28
70		房山区京石客运专线张家场村项目	19
71		房山区长阳镇杨庄子村项目	23
72		房山区长阳二村、篱笆房一、二村项目	9
73		房山区长阳镇稻田村项目	391
74		长阳镇金域缇香项目	5
75		轨道交通房山线西潞段东沿村项目（西潞街道前沿村部分）	42
76		房山区窦店镇（沁园春景二期）居住项目	13
77		房山区拱辰街道FS00-0111-0017、0019地块项目（配建“保障性租赁住房”）	166
78		房山区琉璃河镇平各庄村集租房	2911

（续表6-1）

序号	区县	项目名称	房源套/间数
79	门头沟区	永定镇MC00-0605-0004地块R2二类居住用地、MC00-0605-0008地块F3其他类多功能用地（配建“保障性租赁住房”）	71
80		永定镇MC00-0605-0002、0005地块二类居住用地R2（配建“保障性租赁住房”）项目	94
81		永定镇MC00-0605-0001、0003等地块R2二类居住用地（配建“保障性租赁住房”）项目	76
82		军庄镇集中隔离医学观察点项目	1040
83		门头沟区永定镇集体土地租赁住房二期项目	1100
84	平谷区	平谷区峪口镇峪口村集体土地租赁住房项目	2390
85	怀柔区	陈各庄集体土地租赁住房项目（二期）	982
86		怀北庄村民自建住宅楼	204
87		栖美园公寓改造项目	238
88	密云区	密云新城MY00-0302-0066地块项目	727
89	延庆区	延庆辉煌国际度假区二期辉煌云栖谷职工宿舍及配套楼加层项目	231
90		延庆区康庄镇大王庄村新型农村社区集体用地安置房项目	30
91		延庆区康庄镇小曹营村新型农村社区集体用地安置项目	20
92		延庆区委党校宿舍项目	102

表6-2 2022年北京市其他各类保障性住房建设筹集项目表

序号	区	项目名称	房源套数	房源类型
1	昌平区	阿苏卫循环经济圈百善部分定向安置房项目	2068	定向安置房
2		昌平区东环路136号（原六亭饭店）CP00-0205-0021地块R2二类居住用地	662	共有产权房
3		北京市昌平区东小口镇马连店1803-610地块R2二类居住用地项目	189	公共租赁房
4		昌平新城回迁小区定向安置房项目（南环路回迁小区新建部分）	975	定向安置房
5		北京市昌平区中关村生命科学园三期及北四村棚户区改造和环境整治项目CP00-1805-6001、6002地块R2二类居住用地、CP00-1805-6009地块A33基础教育用地（配建“公共租赁住房”）项目	451	公共租赁房
6		阿苏卫循环经济圈百善部分定向安置房项目	1032	定向安置房
7	朝阳区	朝阳区东坝经济适用房（金泰丽富嘉园）	648	定向安置房
8		朝阳区崔各庄乡南皋组团A1、A2、D2地块棚改定向安置房项目	3894	定向安置房
9		朝阳区三间房乡南区棚户区改造土地开发项目	2218	定向安置房

（续表6-2）

序号	区	项目名称	房源套数	房源类型
10	大兴区	集体建设用地区级统筹大兴区瀛海镇YZ00-0803-2009、2012A、2012B、2015地块项目	1101	共有产权房
11		大兴区旧宫镇南街地区棚户区改造回迁安置房项目	5694	定向安置房
12		临空经济区线性工程安置房及配套设施项目	7638	定向安置房
13		集体建设用地区级统筹大兴区瀛海镇YZ00-0803-2004、2005A、2005B地块项目	1508	共有产权房
14		大兴新城海户新村项目（西城对接保障房）（公租房）	1236	公共租赁房
15	房山区	房山区城关中心区棚户区改造土地开发项目三期安置地块（FS00-YF05-0013地块））	1770	定向安置房
16		房山区城关中心区棚户区改造土地开发项目二期安置地块（FS00-YF06-0068等地块））	649	定向安置房
17		房山新城拱辰街道中心区一至五街改造定向安置用房（二期）项目	442	定向安置房
18		房山区长阳镇04街区FS10-0104-6001等地块用地项目	680	共有产权房
19		房山区城关街道楮榆树安置房项目	450	定向安置房
20	丰台区	丰台区花乡榆树庄村A区棚户区改造项目	1414	定向安置房
21		丰台区长辛店镇张郭庄村A区安置房项目	2340	定向安置房
22		辛庄村I区棚户区改造土地开发项目	384	定向安置房
23		羊坊村棚户区改造和环境整治项目二期回迁房	705	定向安置房
24		丰台区花乡造甲村回迁安置房二期及配套工程	498	定向安置房
25		丰台区城乡一体化周庄子村旧村改造项目二期（zzz-06等地块）配建共有产权住房	319	共有产权房
26		中央民族大学新校区职工公租房建设项目	2105	公共租赁房
27		丰台区首钢二通厂南区棚改定向安置房及配套工程项目（二期）	450	定向安置房
28	海淀区	双新村棚户区改造项目回迁安置房	96	定向安置房
29		海淀区宝山村回迁安置房地块（一期）项目	550	定向安置房
30		海淀区温泉镇中心C地块“三定三限三结合”定向安置房项目	742	定向安置房
31		巨山农场南区安置房	974	定向安置房
32		海淀区温泉镇中心F地块“三定三限三结合”定向安置房项目	300	定向安置房
33		海淀区宝山村回迁安置房地块（一期）项目	401	定向安置房
34		两园之间棚改安置房项目二期	2054	定向安置房
35	门头沟区	门头沟新城05街区MC00-0005-6002等地块二类居住、基础教育等用地项目	1912	共有产权房
36		门头沟新城14街区棚户区改造及环境整治项目	904	定向安置房
37		门头沟新城05街区MC00-0005-6002等地块二类居住、基础教育等用地项目	340	共有产权房

（续表6-2）

序号	区	项目名称	房源套数	房源类型
38	通州区	2022年永乐花园公租房收购项目	1214	公共租赁房
39	西城区	光源里棚户区改造项目	1363	定向安置房
40		菜园街及枣林南里棚户区改造项目	2741	定向安置房
41		车公庄大街3号项目（1#楼、2号楼、3#号楼及地下车库）	175	定向安置房
42	顺义区	顺义区天竺综保区围网建设（顺义区机场西侧四村）棚户区改造B片区安置房项目	1958	定向安置房
43		顺义区天竺综保区围网建设（顺义区机场西侧四村）E片区棚户区改造项目	1790	定向安置房
44		北京林河经济开发区（景盛花园）二期（1#住宅楼（回迁安置房）等12项）	832	定向安置房
45	平谷区	北京市平谷区马昌营镇（沥青厂）PG12-0102-6001、6002地块R2二类居住用地、0004地块公园绿地、0019地块防护绿地项目	852	共有产权房
46		平谷中心城区棚户区改造项目A地块〔平谷区府前街旧城棚户区改造项目（二期）〕的北小区地块和C地块（住宅及幼儿园用地部分）	457	定向安置房
47	密云区	密云新城MY00-0302-0066地块公租房项目	688	公共租赁房
48	东城区	两站一街项目A3组团13-17号楼	1104	定向安置房
合计			62967	

二、保障性住房基本建成情况

2022年，全市共基本建成各类保障性住房9.3万套，其中公共租赁住房5795套，集体土地租赁住房11141套，定向安置住房62822套，共有产权住房13084套（见表6-3）。

表6-3　2022年北京市基本建成各类保障性住房建成项目表

序号	区	项目名称	房源套数	房源类型
1	昌平区	中关村科技园区昌平园东区二期0303-07地块项目（配建人才公租房）	580	公共租赁房
2		昌平新城东区六区0302-70地块	1032	公共租赁房
3		昌平新城东区六区0302-57地块	1013	公共租赁房

（续表6-3）

序号	区	项目名称	房源套数	房源类型
4	朝阳区	朝阳区将台乡驼房营村1016-34、36、40、41地块公建混合住宅用地、基础教育用地、二类居住用地、供电用地项目公共租赁住房	370	公共租赁房
5		朝阳区东坝乡单店村1108-006地块R2二类居住用地项目	999	共有产权房
6		朝阳区孙河前苇沟组团棚户区改造土地开发项目	7370	定向安置房
7		朝阳区十八里店乡西直河村集体租赁住房项目	2387	集体土地租赁房
8		朝阳区石佛营东里129号院棚改定向安置房项目	224	定向安置房
9		南磨房乡石门定向安置房项目	411	定向安置房
10		朝阳区东坝经济适用房（金泰丽富嘉园）	1366	定向安置房
11		北京冬季奥运村公租房项目	866	公共租赁房
12		朝阳区将台乡1016-030地块R2二类居住用地、1016-033地块F2公建混合住宅用地项目	1442	共有产权房
13		朝阳区黑庄户乡郎辛庄集体土地租赁住房	657	集体土地租赁房
14		分钟寺桥西北侧地区回迁安置房项目	804	定向安置房
15		朝阳区东坝乡驹子房村1109-663地块R2二类居住用地项目	2196	共有产权房
16		朝阳区豆各庄乡马家湾村1306-606地块R2二类居住用地项目	866	共有产权房
17	大兴区	大兴新城海户新村定向安置房项目	1924	定向安置房
18		大兴区瀛海镇西一村集体租赁住房项目	3256	集体土地租赁房
19		大兴区旧宫镇集贤地区旧村改造回迁安置房项目	2761	定向安置房
20		庞各庄镇定向安置房	434	定向安置房
21		北京大兴国际机场噪声区安置房项目	8806	定向安置房
22	丰台区	分钟寺回迁安置房项目（E地块）	2960	定向安置房
23		丰台区南苑乡石榴庄村0517-659等地块（丰台区城乡一体化石榴庄村旧村改造项目（二期））住宅混合公建、基础教育及医疗卫生（配建公共租赁住房）项目	335	公共租赁房
24		丰台区长辛店镇辛庄村一期A—41地块配建限价商品住房项目	1643	定向安置房
25		丰台区首钢二通厂南区棚改定向安置房及配套工程项目（二期）	450	定向安置房
26		丰台区卢沟桥棚户区改造安置房项目	996	定向安置房
27		丰台区卢沟桥南里4、5、6号地棚改安置房项目	3893	定向安置房

（续表6-3）

序号	区	项目名称	房源套数	房源类型
28	房山区	房山区拱辰街道办事处渔儿沟村棚户区改造土地开发项目（回迁安置房）	696	定向安置房
29		房山区城关街道中心区棚户区改造土地开发项目二期安置地块FS00-YF06-0088.0091.0092等地块	1366	定向安置房
30		房山区城关中心区棚户区改造土地开发项目二期安置地块FS00—YF06—0105等地块	659	定向安置房
31		房山区城关中心区棚户区改造土地开发项目二期安置地块FS00-YF06-0043等地块	224	定向安置房
32		房山区城关中心区棚户区改造土地开发项目二期安置地块FS00-YF06-0045等地块	148	定向安置房
33	海淀区	海淀区田村路43号棚改定向安置房项目	2310	定向安置房
34		上庄C02地块安置房续建	1834	定向安置房
35		吴家场经济适用房	972	公共租赁房
36		吴家场安置房	276	定向安置房
37		西三旗建材城中路东侧1814-630等地块R2二类居住用地，A4体育用地，A334托幼用地项目	315	共有产权房
38		皇后店021	2821	集体土地租赁房
39		京昌路楔形绿地项目回迁安置房	1845	定向安置房
40	密云区	密云区长安新村和南菜园新村旧城改造棚户区改造项目MY00-0104-0079地块	544	定向安置房
41		北京市密云区李各庄路0602、0603地块二类居住及基础教育用地项目	334	共有产权房
42	石景山区	石景山衙门口棚户区改造土地开发项目	3622	定向安置房
43		石景山区绍家坡公共租赁住房项目	101	公共租赁房
44		古城集体租赁住房项目	405	集体土地租赁房
45		石景山区北辛安棚户区改造B区土地开发项目	388	定向安置房
46		石景山区北辛安棚户区改造A区土地开发项目	1248	定向安置房
47	顺义区	北京市顺义区顺义新城第13街区SY00-0013-6010地块R2二类居住用地项目	806	共有产权房
48	通州区	通州区台湖TZ09-0100-6016地块、6019地块R2二类居住用地、TZ09-0100-6018地块A33基础教育用地项目	626	共有产权房
49		通州区台湖镇北神树村B-30地块R2二类居住用地项目	1072	共有产权房
50		通州区台湖镇4-1-020等地块F2公建混合住宅和4-1-035等地块F3其他类多功能用地项目	526	公共租赁房
51		通州文化旅游区10片区农民安置房	3820	定向安置房

（续表6-3）

序号	区	项目名称	房源套数	房源类型
52	东城区	朝阳区豆各庄3、4号地通惠灌渠东侧地块东城区旧城保护定向安置房	703	定向安置房
53		两站一街项目A6地块	1104	定向安置房
54	怀柔区	怀柔区怀北镇怀北庄村（南区）棚户区改造土地开发项目安置房	1205	定向安置房
55		北京市怀柔区富密路289号HR-0014-0022地块R2二类居住用地建设项目	1065	共有产权房
56		怀柔区杨宋镇安乐庄村集体土地租赁住房项目	660	集体土地租赁房
57		北京市怀柔区怀柔新城07街区（杨宋镇凤翔一园10号）HR00-0007-6006地块R2二类居住用地项目（1#住宅楼等11项）	860	共有产权房
58	平谷区	北京市平谷区兴谷街道PG-0007-6004、6008地块R2二类居住用地、PG-0007-6003地块A33基础教育用地项目	1280	共有产权房
59		平谷区夏各庄镇PG11-0100-6103等地块R2二类居住用地项目	1223	共有产权房
60		平谷区府前街旧城棚户区改造项目（一期）	686	定向安置房
61		平谷区大兴庄镇白各庄村集体土地租赁住房项目	955	集体土地租赁房
62	西城区	大兴区旧宫东站F16地块西城区对接安置房项目	3096	定向安置房
63	延庆区	延庆区南辛堡村、民主村、百眼泉村棚户区改造项目	3006	定向安置房
合计			92842	

第三节　住房保障资格审核与配租配售

一、资格审核情况

2022年全市各街道、乡镇住房保障部门共收到各类保障房资格申请24810户。其中：

1. 保障房（公租房实物住房）资格申请12804户，其中新申请12688户、“三房”轮候家庭116户，约占各类资格类型的51.6%，与去年同期相比下降31.7%；1-12月备案12847，含“三房”轮候家庭101户。

2. 公租房租金补贴资格申请4082户，备案3932户，约占16.5%，与去年同期相比增长3.95%。

3. 新增市场租房补贴资格申请7924户，约占各类资格类型的31.9%，比去年相比下降了43.21%，备案4965户。

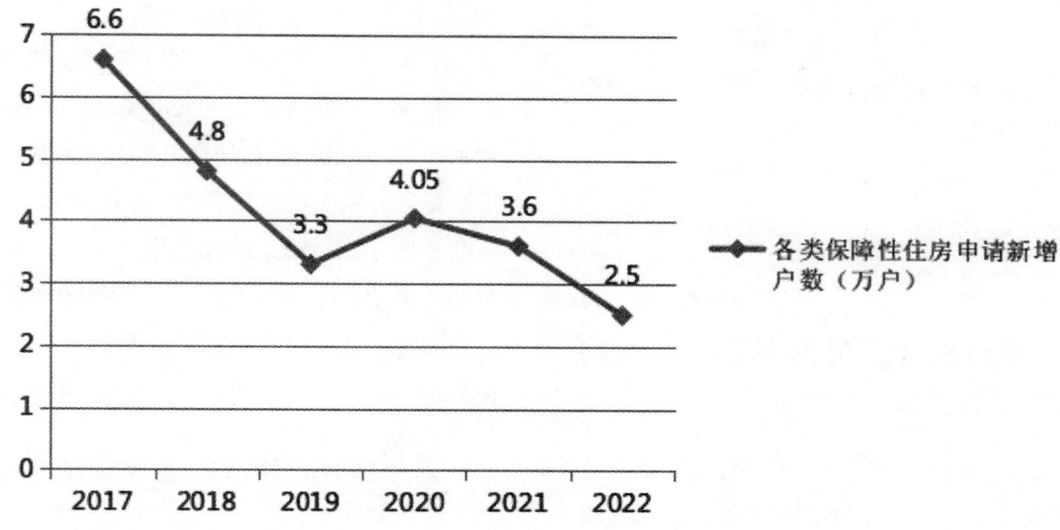

图 6–1　各类保障性住房申请新增户数（万户）

二、公租房分配情况

2022 年全市启动公租房配租 31 个批次，共提供房源 1.6 万套，全市公租房备案家庭保障率达到 64.00%，比 2020 年和 2021 年底分别累计提升 21.48 和 9.09 个百分点。圆满完成累计提升 20 个百分点任务目标。

三、共有产权住房销售情况

截至 2022 年 12 月共入市 81 个（34 个转化项目）共有产权住房项目，总房源约 8.3 万套。全市已开工共有产权住房 81 个，房源 83405 套。已交房项目 40 个，房源 39812 套。累计启动申购 77 个项目，房源 78271 套，已启动选房项目 77 个，房源 78271 套，销售房源 66014 套（面向非京籍配售房源 12900 套），待售房源 12257 套。

第四节　住房保障使用与监督管理

一、租金补贴发放情况

2022 年，全年共计发放补贴 6.32 万户，金额 11.44 亿元。其中公共租赁住房租金补贴发放 2.91 万户，发放金额 4.57 亿元；市场租房补贴发放 3.41 万户，发放金额 6.87 亿元。

二、合同录入工作全面推进

截至 2022 年 12 月 31 日，全市已入住公租房 16.48 万套。其中公开配租公租房（含廉租房）家庭入住 9.19 万套，现安居北京系统中有效合同 8.39 万条，有效合同录入率 91.3%；单位趸租及园区人才入住 7.29 万套，现安居北京系统中有效合同 5.65 万条，有效合同录入率 77.5%。全市总体录入率 85.2%，整体比 2021 年底提高 10 个百分点。

三、开展保障房使用监管工作，加强保障房专项检查力度

2022 年，继续开展公租房专项检查工作，突出公租房合同录入安居北京系统检查，市级组织实地检查 80 个公租房项目。持续开展公租房项目双随机检查，2022 年双随机检查项目 24 个。抽取 1000 户领取市场租房补贴家庭对是否实际居住等情况开展检查。开展公租房入住项目居民满意度调查。

四、不断提升公租房社区服务品质

继续开展“爱党敬党、共建共治、和谐社区、贡献有我”系列活动，并突出重点，激发租户爱党敬党情怀，围绕公租房运营管理工作重点难点，不断提升公租房社区服务品质。分阶段在公租房社区开展党建活动，结合公租房特点，突出重大节日和活动期间宣传重点，实地发放政策宣传海报和问答手册，引导广大租户知党恩、铭党情、见行动，营造良好氛围。

五、提升公租房社会化管理水平

进一步加强公租房社区服务管理工作，开展公租房产权单位到社区报到工作。全市 240 多个项目纳入属地社区管理，较往年有了极大提升。2022 年，在公租房社区开展系列活动，各产权单位“从租户需求中来、到租户需求中去”，不断提升公租房社区服务品质，探索符合公租房运营实际的党建引领社区治理现代化路径。

第五节　住房保障标准与评审

2022 年，北京坚持高起点规划、高品质设计、高质量建设，稳步提升保障房设计质量和居住品质，得到了社会各界的充分肯定。

一、加强标准建设，夯实品质基础

（一）强化保障性住房规划设计方案审查制度建设

2022 年，北京市从设计方案入手，坚持合规性审查和优化审查有机融合，以高水平的规划设计为精品保障房的建设保驾护航。多措并举，实施精细化管理。规划设计方案评审工作创新实施事前专家辅导、事中企业承诺、事后政府监管制度。编制全装修设计方案评审会汇报方案示范册，规范开发建设单位报送材料要求。明确保障性租赁住房方案评审的组织安排及市区联动机制。建立方案评审信息主动公开制度，充分保障群众知情权，大力优化营商环境，为项目加快落地奠定基础。2022 年，全市共组织规划设计方

案评审会36次，涉及保障性住房425万平方米、5.6万套；全装修样板间评审会23次，涉及各类保障房250万平方米、3万套。

（二）不断完善保障性住房建设标准

2022年4月14日，市住房城乡建设委会同市规划自然资源委发布《北京市保障性租赁住房建设导则（试行）》，对保障性租赁住房的整体规划、配套设施、单体设计等提出了基本建设要求，并创新性地提出公寓型租赁住房类型，具有鲜明北京特色。继续推进公租房地方标准修订工作，对社会关注的家庭代际及多孩等新需求予以回应。

二、加强老城保护技术支持

根据《北京历史文化名城保护条例》要求，加快推进历史建筑修缮技术标准编制工作，将合院类、居住小区类列入第一批修缮标准范畴，加强实地调研，分类梳理了不同时代的建筑特色，研讨标准编制工作，确定了标准编制方案。2022年1月，北京市老城保护房屋修缮修建技术专家委员会正式成立。同步发布了《北京市老城保护房屋修缮修建技术专家委员会管理办法》，明确专家委员会专家职责、权利义务、议事原则、评审流程及各区工作职责等内容。

三、信息化建设再提速

在委党组的领导和关怀下，积极对接建设银行深度参与住房保障信息化建设，确定了合作模式，以“智慧”为指引，编写智慧住保开发规划。上线安置房系统，加快开发保租房系统功能。

四、大力推进保障房产业化

自2017年起，北京市新建保障房全部采用装配式建筑，推广应用BIM技术，其中共有产权住房达到绿色建筑二星级及以上标准。截至2022年12月31日，累计实施装配式建筑的保障房项目共计4370万平方米，房源52.7万套，其中2022年新增331万平方米，房源3.8万套。

五、加强政策研究，强化源头治理

一是从体制机制上强化品质把控。研究《关于加强保障性住房工程质量源头治理进一步保障建筑品质的实施意见》，切实解决渗漏、空鼓、裂缝、路面塌陷等质量通病问题，初步确定了确保建设资金足额投入、强化设计引领等八个方面20余条内容。二是专项提升保障性住房外围护结构性能。起草《关于提升保障性住房外围护结构性能的通知》，以结构、保温、建材、部品、工艺、维护为重点，系统提出整体解决方案，提升保障房外围护结构整体性能。三是提升保障家庭居住体验。针对户内燃气立管破坏橱柜结构，挤占操作空间，造成群众生活不便等问题，联合城市管理委员会组织全装修、燃气设计等方面的专家进行专项研究，草拟了有关管理要求，已进入征询有关部门意见阶段。

六、加大新闻宣传及信息报送工作力度

2022年3月，《住保信息》正式印发。该信息为季刊，涵盖我市保障性住房工作进展、各区工作情况、项目亮点等内容，发放全市各区住建部门，并报送住建部。其中多条信息被市委市政府采用。会同北京电视台录制“指导百姓收房验房”电视节目，邀请专家解读规划设计方案评审、样板间制度的设计理念和效用，提升居民对房屋品质的整体认知。

第七章

综合整治与改造更新

第一节　2022 年北京市城市更新综述

2022 年，北京市城市更新工作在市委、市政府强有力的领导下，扎实推进各项工作落实，深入实施城市更新行动，城市更新立法工作稳步推进，项目落地实施取得成效。

一、城市更新管理机制体制不断完善

建立了市级主策、区级主责的更新工作机制，市委城工委所属城市更新专项小组负责统筹推进工作，下设推动实施、规划政策、资金支持三个工作专班。各区政府落实主体责任，组织街道乡镇将各项任务落地落细。

二、城市更新政策法规体系不断完善

指导意见、行动计划、专项规划等顶层制度设计文件先后出台。《北京市城市更新条例》立法工作进展顺利，2022 年 11 月，经市人大常委会三审通过并发布，初步搭建形成“1+N+X”的城市更新政策体系。

三、城市更新推动实施模式不断完善

按照“项目化推动、清单化管理”思路，2022 年度初步建立项目储备库，实施项目清单和示范项目清单两级体系，形成城市更新项目最佳实践指南。建立协调机制，定期召开项目调度会解决问题，不断总结推广可复制项目实施经验。2023 年 3 月 1 日，《北京市城市更新条例》正式实施，北京城市更新工作将纳入有法所依、依法行政的法治保障轨道上来，亟需制定一批吸引市场主体、具有创新激励支持力度的规划土地、金融等配套政策，相关政策需项目落地实施去检验。

第二节　房屋安全使用管理

一、城镇房屋安全检查

为全面掌握本市城镇房屋安全状况，保障房屋住用安全，依据《北京市房屋建筑使用安全管理办法》（北京市政府 229 号令）、《城市危险房屋管理规定》（建设部 129 号令），市住房城乡建设委印发了《关于开展 2023 年度北京市城镇房屋安全检查工作的通知》（京建发〔2022〕434 号），各区住建委（房管局）及各管房单位按市住房城乡建设委统一部署，组织实施城镇房屋安全检查。2023 年城镇房屋安全检查坚持属地为主、分级负责，预防为主、防治结合，全面检查、综合治理、确保安全的原则，积极探索房屋安全管理工作的新手段、新途径，为首都城市运行安全、经济持续发展提供安全保障。

（一）房屋安全检查总量及完损状况分析

从 2022 年 11 月至 2023 年 2 月，实查城镇房屋 75882 万平方米，为应查（不包括军产、外事用房及厂矿工业用房等）79296 万平方米的 95.7%，各区查房数量详见图 7-1（图中所标数值为应查房数）。

在实查城镇房屋 75882 万平方米中，查出疑似危险房屋（未鉴定，以下同）12.03 万平方米，占实查房的 0.02%；严重破损房屋 137 万平方米，占实查房屋的 0.18%；一般破损房屋 1811 万平方米，占实查房屋的 2.39%。**按房屋类型划分：**疑似危险平房（含中式旧楼）2.65 万平方米，占疑似危险房屋总量 12.03 万平方米的 22.03%；严重破损平房（含中式旧楼）87 万平方米，占严重破损房屋总量 137 万平方米的 63.50%；一般破损平房（含中式旧楼）202 万平方米，占一般破损房屋总量 1811 万平方米的 11.15%。疑似危险楼房 9.38 万平方米，占疑似危险房屋总量 12.03 万平方米的 77.97%；严重破损楼房 50 万平方米，占严重破损房屋总量 137 万平方米的 36.50%；一般破损楼房 1609 万平方米，占一般破损房屋总量 1811 万平方米的 88.85%。**按房屋区域划分：**东城区和西城区查出疑似危险房屋 1.10 万平方米，占疑似危险房屋总量 12.03 万平方米的 9.14%；东西城严重破损房屋 109 万平方米，占严重破损房屋总量 137 万平方米的 79.56%；东西城一般破损房屋 517 万平方米，占一般破损房屋总量 1811 万平方米的 28.55%。**疑似危险房屋分布情况：**疑似危险房屋 12.03 万平方米中所占比例较多的是：大兴区 5.14 万平方米，占总量的 42.73%；石景山区 2.12 万平方米，占总量的 17.62%；西城区 1.10 万平方米，占总量的 9.14%（详见表 7-1）。

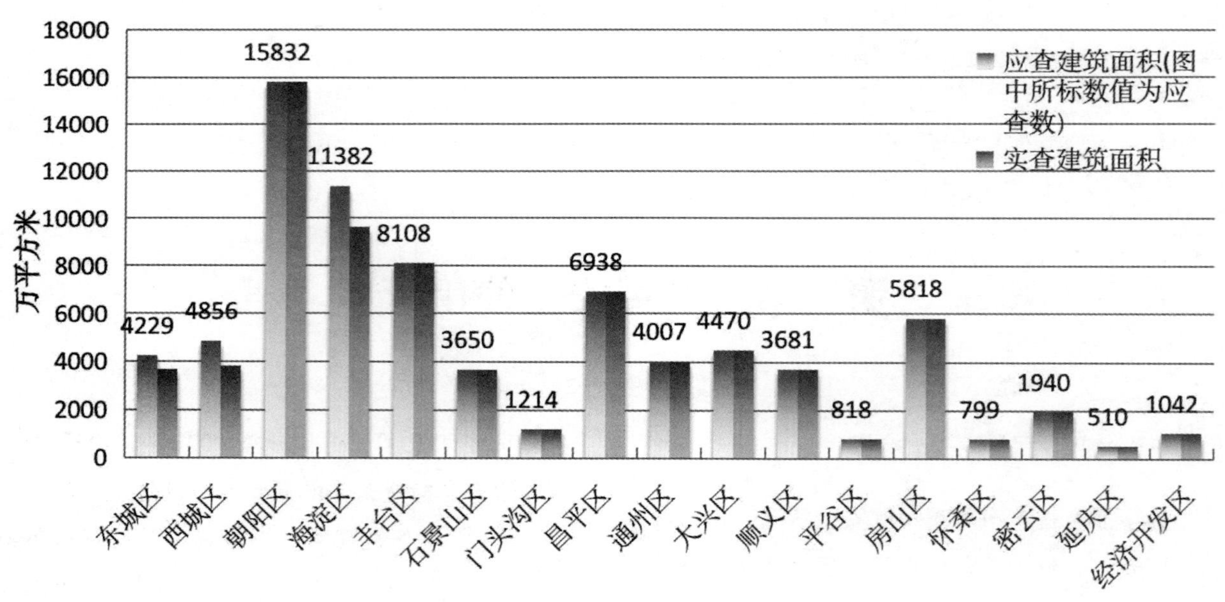

图 7-1　2023 年度城镇房屋安全检查中各区应查和实查房屋建筑面积

表 7–1　2023 年城镇房屋完损状况分析表

		应查房屋建筑面积（万平方米）	实查房屋建筑面积												危旧房小计（三四五类）		危破房小计（四五类）	
			合计		完好房屋		基本完好房		一般破损房		严重破损房		疑似危险房					
			万平方米	占应查%	万平方米	占实查%	万平方米	占实查%	万平方米	占实查%	万平方米	占实查%	万平方米	占实查%	万平方米	占实查%	万平方米	占实查%
合计		79296	75882	95.70	61091	80.51	12832	16.91	1811	2.39	137	0.18	12.03	0.02	1959	2.58	149	0.20
按房屋类型分	楼房	77465	74164	95.74	60315	81.33	12182	16.43	1608	2.17	50	0.07	9.38	0.01	1668	2.25	59	0.08
	平房（含中式旧楼）	1831	1718	93.86	776	45.18	650	37.84	202	11.76	87	5.07	2.65	0.15	292	16.98	90	5.22
按区域分	东城西城	9085	7454	82.05	4623	62.02	2204	29.57	517	6.94	109	1.46	1.10	0.01	627	8.41	110	1.48
	朝海丰石	38972	37190	95.43	29459	79.21	6733	18.10	970	2.61	24	0.06	3.63	0.01	998	2.68	27	0.07
	其他区	31237	31238	99.99	27099	86.46	3895	12.47	324	1.04	4	0.01	7.3	0.02	334	1.07	12	0.04

（二）直管房屋安全检查分析

直管房屋安全检查从 2022 年 11 月 15 日开始至 2023 年 2 月 10 日结束。共组织了 155 个查房小组，671 人参加查房，动员工日 2.2 万个。实查直管房 1560.66 万平方米，占应查房屋 1563.81 万平方米的 99.80%。其中：实查平房 284.25 万平方米（包括中式旧楼 11.05 万平方米），占实查直管房总量 1560.66 万平方米的 18.21%；实查楼房 1276.41 万平方米，占实查直管房总量的 81.79%。

1.直管房屋完损状况（见图7–2）

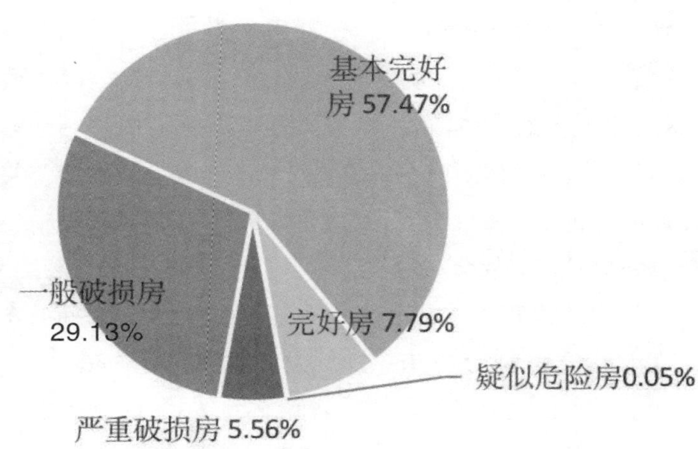

图 7–2　直管房屋完损状况比例图

（1）直管房屋完好率（完好房和基本完好房）所占的比例由上年的62.93%上升为65.26%，上升2.33个百分点，其中：平房完好率（包括中式旧楼，以下同）由上年的56.23%上升为56.55%，上升0.32个百分点；楼房完好率由上年的64.42%上升为67.21%，上升2.79个百分点。

（2）直管一般破损房所占的比例由上年的31.18%下降为29.13%，下降2.05个百分点。其中：一般破损平房由上年的24.10%下降为23.90%，下降0.20个百分点；一般破损楼房由上年的32.77%下降为30.29%，下降2.48个百分点。

（3）直管严重破损和疑似危险房屋所占比例由上年的5.89%下降为5.61%，下降0.28个百分点。其中：直管严重破损和疑似危险平房由上年的19.66%下降为19.55%，下降0.11个百分点；楼房由上年的2.80%下降为2.50%，上升0.3个百分点。

2.直管房屋应修缮情况

实查直管平房19.55万间（包括中式旧楼0.68万间），实查直管楼房3701幢24.51万套、1276.41万平方米。应修缮项目见表7-2。

表7-2 直管房屋中查出的应修缮项目

统计单位：平房：间；楼房：万平方米

	平房应修缮						楼房应修缮				
	翻挑大修	木结构加固	墙体整修	屋面维修	改善项目	院落积水（处）	综合维修	屋面大修	上下水更新	整楼外墙板缝漏雨或外立面粉饰	屋面维修
数量	25131	271	4526	73120	3925	40	26.18	25.86	96.48	1.37	8.82
占总量%	12.85	0.14	2.32	37.40	2.01	—	2.05	2.03	7.56	0.11	0.69

（三）物业和单位自管房屋安全检查分析

1. 实查物业和单位自管房74124.80万平方米，占应查面积77506.08万平方米的95.64%。其中：完好和基本完好房占98.18%，比上年上升0.24个百分点；一般破损房占1.77%，比上年下降0.2个百分点；严重破损及疑似危险房占0.05%，比上年下降0.03个百分点（详见图7-3）。

2. 查出物业和单位自管楼房应修1622.36万平方米，占实查楼房建筑面积72888.21万平方米的2.23%。主要修缮项目：（1）楼房应综合维修174.35万平方米；（2）整幢楼外墙板缝漏雨应修90.37万平方米；（3）外立面应粉饰137.35万平方米；（4）楼房屋面应大修及维修327.31万平方米；（5）上下水应更新216.39万平方米；（6）楼内墙公共部分应粉刷676.59万平方米。

3. 查出物业和单位自管平房应修1414间，占实查平房43.45万间的0.33%。主要修缮项目：（1）应挑翻大修400间；（2）平房屋面应补漏849间；（3）应墙体整修20间；（4）房屋严重阴暗、潮湿、掉土，需做顶棚、地面、改装修145间。

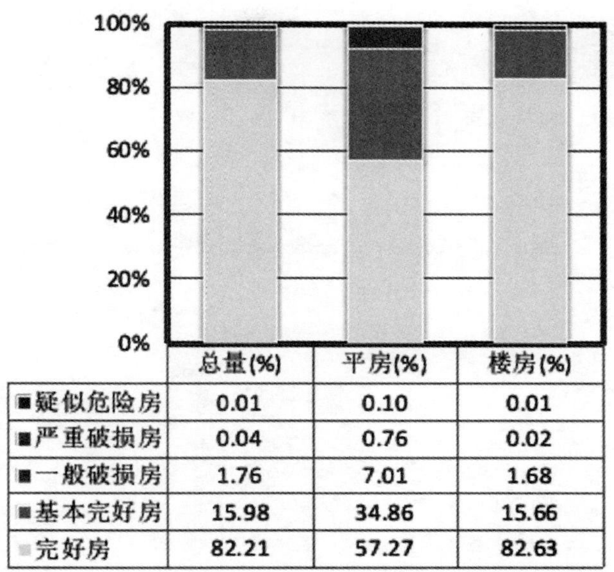

	总量(%)	平房(%)	楼房(%)
疑似危险房	0.01	0.10	0.01
严重破损房	0.04	0.76	0.02
一般破损房	1.76	7.01	1.68
基本完好房	15.98	34.86	15.66
完好房	82.21	57.27	82.63

图 7–3 物业和单位自管房完损状况（%）

（四）城镇私有平房安全检查分析

实查城镇私有平房 12.04 万间，占应查 13.94 万间的 86.37%。其中 96.83% 为自住私有平房。

1. 标准租出租私房：实查标准租私房 0.89 万平方米，占应查 1.18 万平方米的 75.42%，其中：完好和基本完好房占 13.49%，一般破损房占 21.35%，严重破损房占 60.67%，疑似危险房占 4.49%。查出应修标准租私房 386 间，占实查 735 间的 52.52%。主要修缮项目：（1）应翻挑大修 306 间，占实查间数的 41.63%；；（2）木结构应抢修加固 5 间，占实查间数的 0.68%；（3）应墙体整修 40 间，占实查间数的 5.44%；（4）严重漏雨 35 间，占实查间数的 4.76%。

2. 自住私房及议价租私房（未规定评定房屋完损等级）：共实查 11.96 万间，占应查 13.83 万间的 86.48%。查出应修自住私房及议价租私房 20787 间，占实查 11.96 万间的 17.38%。主要修缮项目：（1）应翻挑大修 15312 间，占实查间数的 12.73%；（2）木结构应抢修加固 485 间，占实查间数的 0.99%；（3）应墙体整修 3932 间，占实查间数的 3.81%；（4）严重漏雨 1058 间，占实查间数的 0.90%。

（五）房屋设备检查总量分析

1. 检查电梯 10.95 万部，电梯检查率为 99.18%，比上年上升 0.17 个百分点。其中检查直管房屋电梯 501 部，检查率为 100%；检查物业管理电梯 9.53 万部，检查率为 99.86%；检查自管房电梯 1.37 万部，检查率为 94.62%。

2. 检查高层楼二次供水水泵 39581 台，检查率为 97.33%，比上年下降 0.03 个百分点。其中检查直管房屋高层二次供水水泵 447 台，检查率为 100%；物业管理高层二次供水水泵 31375 台，检查率为 99.88%；自管房高层二次供水水泵 7759 台，检查率为 88.12%。

3. 检查避雷装置 24.29 万个系统，检查率为 99.35%，比上年下降 0.07 个百分点。其中直管房屋避雷装置 0.26 万个系统，检查率为 100%；

物业管理检查避雷装置 20.74 万个系统，检查率为 99.87%；自管房单位检查避雷装置 3.29 万个系统，检查率为 96.19%。近几年房屋设备检查数量分析见图 7-4。

（六）房屋设备完好状况分析（详见表 7-3）

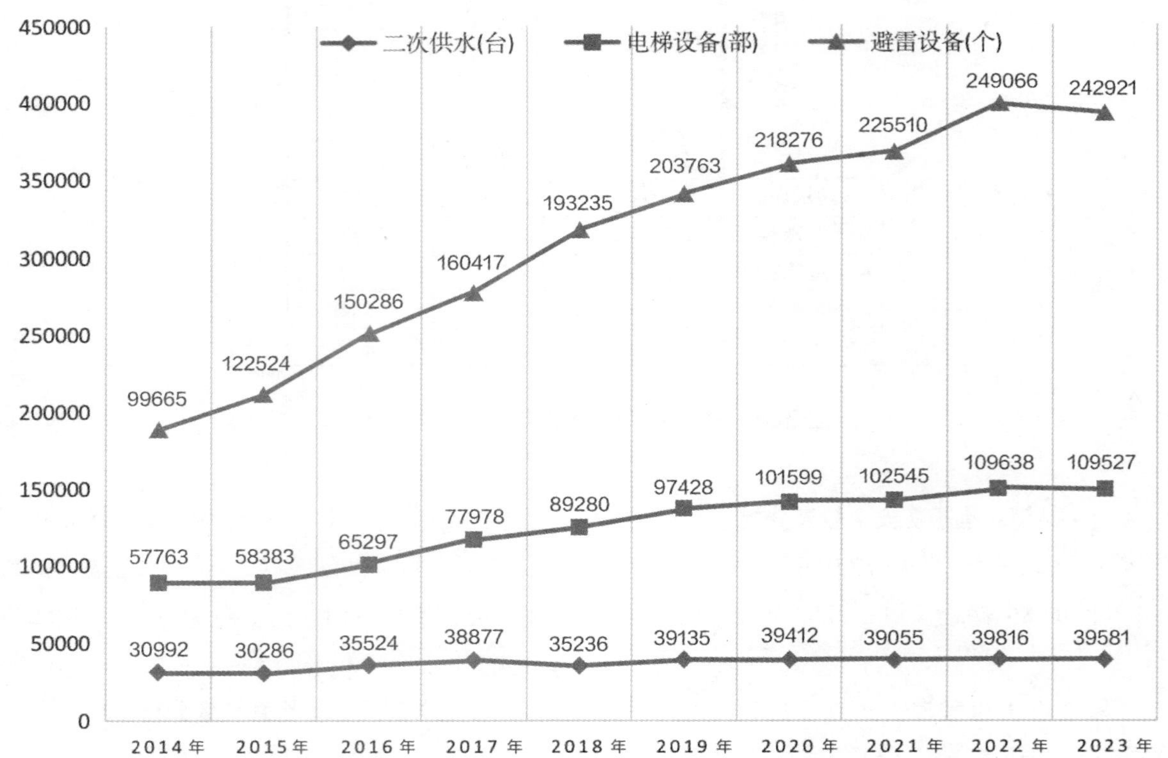

图 7-4　近年房屋设备检查数量分析

表 7-3　2023 年城镇房屋设备完好状况

		应查	实查							
			合计		完好		一般		较差	
			数量	占应查%	数量	占实查%	数量	占实查%	数量	占实查%
甲		1	2	3=2÷1	4	5=4÷2	6	7=6÷2	8	9=8÷2
合计	电梯设备（部）	110436	109527	99.18	99968	91.27	7983	7.29	1576	1.44
	二次供水（台）	40665	39581	97.33	35875	90.64	3178	8.03	528	1.33
	避雷设备（个）	244505	242921	99.35	234341	96.47	8039	3.31	541	0.22

（续表7-3）

		应查	实查							
			合计		完好		一般		较差	
			数量	占应查%	数量	占实查%	数量	占实查%	数量	占实查%
直管	电梯设备（部）	501	501	100	457	91.22	39	7.78	5	1.00
	二次供水（台）	447	447	100	353	78.97	20	4.47	74	16.55
	避雷设备（个）	2563	2563	100	2268	88.49	266	10.38	29	1.13
自管和物业	电梯设备（部）	109935	109026	99.17	99511	91.27	7944	7.29	1571	1.44
	二次供水（台）	40218	39134	97.30	35522	90.77	3158	8.07	454	1.16
	避雷设备（个）	241662	240358	99.46	232073	96.55	7773	3.24	512	0.21

1. 电梯设备完好状况：检查电梯 109527 部，其中完好电梯 99968 万部，完好率 91.27%，比上年上升 0.04 个百分点；电梯状况一般的 7983 部，占 7.29%，比上年下降 0.12 个百分点；电梯状况较差的 1576 部，占 1.44%，比上年上升 0.07 个百分点。其中：直管电梯设备完好率 91.22%，比上年上升 10.59 个百分点；单位自管电梯设备完好率 87.40%，比上年下降 1.43 个百分点；物业管理电梯设备完好率 91.88%，比上年上升 0.26 个百分点。

2. 二次供水设备完好状况：检查二次供水设备 39581 台，其中供水设备完好的 35875 台，完好率为 90.64%，比上年上升 0.64 个百分点；供水设备状况一般的 3178 台，占 8.03%，比上年下降0.27 个百分点；供水设备状况较差的 528 台，占 1.33%，比上年下降 0.36 个百分点。

3. 避雷设备完好状况：检查避雷设备 242921 个系统，其中避雷设备完好的 234341 个系统，完好率为 96.47%，比上年下降 0.32 个百分点；避雷设备状况一般的 8039 个系统，占 3.31%，比上年上升 0.44 个百分点；避雷设备状况较差的 541 个系统，占 0.22%，比上年下降 0.11 个百分点。

二、城镇房屋防汛

（一）城镇房屋防汛准备情况

结合房屋安全检查情况，在总结历年房屋防汛经验的基础上，市住房城乡建设委 2022 年 4 月制发了《2022 年北京市城镇房屋防汛工作要点》，工作目标是落实“生命至上，安全第一”的防汛工作底线，落实“在岗、在职、在责”的防汛值班要求，弘扬“献身、求实、负责、担当”的首都防汛精神。坚持问题导向，完善城镇房屋防汛工作体系，补齐房屋防汛工作短板，及时消除房屋防汛隐患，把自然灾害可能造成的损失和影响降到最低程度，保障城镇房屋使用安全。

2022年4月2日上午，市住房城乡建设委组织召开了2022年城镇房屋防汛工作部署会，王飞主任要求，（1）加强组织领导，切实落实工作责任。落实领导责任制、岗位责任制，拉出责任清单，做到任务到人、责任到人、监督到人。（2）健全工作机制。在坚持既有房屋防汛工作机制的基础上，建立与市有关部门和各区的“接诉即办”工作联动机制，建立专项研究分析制度；加强信息公开，完善公众查询渠道；建立主动治理工作机制，抓好城镇房屋防汛工作。（3）加强培训宣传。要求各区宣传培训工作要抓在经常，采用多种方式，讲清责任、讲清政策、介绍案例，营造良好舆论氛围，结合疫情防控要求，采取线上线下相结合的方式，将出台的政策法规宣传到基层一线，引导一线的工作人员落实城镇房屋防汛工作和房屋维修责任及流程。2022年5月12日，按照北京市疫情防控和城镇房屋防汛工作的要求，市住房城乡建设委通过腾讯视频会议系统组织2022年北京市城镇房屋防汛应急演练观摩会。会上播放了北京京诚集团组织的抢险演练，包括屋面漏雨苫盖、屋内承重结构加固、危险墙体支护、雨水倒灌拦挡、房屋积水应急排水等5个防汛演习科目，主管委领导对做好房屋防汛工作进行了再部署。

（二）汛期检查和应急抢险工作

2022年7月7日下午，市住房城乡建设委主管委领导带队，采取“四不两直”方式对西城区华润润嘉物业管理的西缇红山小区、首开集团天岳恒房屋土地经营管理公司管理的丰台区莲馨园小区房屋防汛落实情况进行检查，对天岳恒房屋土地经营管理公司应急抢险物资储备库进行了检查。6月18、26、29日，7月1、3、5、26、27、28日，8月4、6、7、14、17、18日市住房城乡建设委对各区房屋防汛办公室领导带班和值班备勤等情况进行了抽查。

各区房屋防汛主要领导均在岗职守，确保指挥通畅，随时做好重点地区、重点房屋的巡视检查和抢修抢险工作。为督促各区认真解决市民向“12345”平台反映房屋漏雨问题，市住房城乡建设委协调“12345”市民热线，对涉及降雨导致市民反映房屋漏雨问题，特别是2022年7月26日10时至2022年7月28日16时降雨，涉及房屋漏雨问题1907个，我委都分发到各区组织督促解决。

汛期中全市累计在岗值守和查房抢修人员13.51万人次，检查平房31.08万间次，楼房16.28万栋次，发现院落积水618处、雨水进屋273间，地下室倒灌102处，平房漏雨2045间，楼房漏雨4134栋，雨中苫盖房屋1315间，疏通排水878处，接报修电话5543个，均根据天气情况及时进行了妥善处置。

三、普通地下室安全使用管理

开展普通地下室日常检查和疫情防控安全检查工作，印发《关于加强冬奥、春节、全国“两会”期间房屋安全管理的通知》《关于进一步加强普通地下室疫情防控安全检查的通知》，全年累计检查5000余处次。持续巩固普通地下室违规住人整治成果。落实《普通地下室重点监控名录管理办法》，加大工作力度，确保普通地下室长期保持违规住人动态清零。

四、超限高层建筑工程抗震设防审查

2022年依据《建设工程抗震管理条例》（中华人民共和国国务院令第744号）、《超限高层建筑工程抗震设防管理规定》（建设部令第111号）、《超限高层建筑工程抗震设防专项审查技术要点》（建质［2015］67号）等文件的要求，对15项超限高层建筑工程进行了抗震设防专项审查。

五、农村住宅建设管理

（一）深入推进抗震节能农宅建设工作

2022年共完成抗震节能农宅建设6000余户验收和资金兑付工作。为加强年抗震节能农宅建设管理，对抗震节能信息系统进行了更新升级。

（二）开展村镇建筑工匠培训

为全面贯彻落实“十四五”时期乡村人才队伍建设要求，为农民工创造就业岗位，促进农户就业增收，积极组织村镇建筑工匠培训工作，全市参与报名人员643人，由于受疫情影响，实际参加培训人员89人，考核合格81人，通过率91%。

（三）村镇建设其他服务工作

为规范和指导农宅建设工作，与农业农村局印发了《关于进一步加强2022年宅基地及建房规范管理工作的通知》（京政农函【2022】9号），进一步明确了农宅建设的审批、验收和管理职责。以“新材料、新技术、新工艺”为主题，累计开展了2期的科技技术下乡推广活动，村民参加人数达到1000余人。开展抗震节能农宅入户检查800余户。

图7–5　延庆区旧县村李淑萍

图7–6　顺义区马辛庄村孙璐瑶

第三节　老旧小区综合整治

一、全市老旧小区综合整治和老楼加装电梯进展情况

2022年初，“老旧小区改造新开工300个、完工100个；坚持以产权单位为主体，按照成熟一个推一个的原则，支持配合200个以上央属产权单位老旧小区改造；稳步推进老楼加装电梯工作，开工400部以上、竣工200部以上”被列为2022年度市政府重点任务和重要民生实事；同时，老楼加装电梯被列为“接诉即办”、“每月一题”开年第一题重点推进，明确提出“至少开工1000部，力争开工1500部”的目标任务。市住房城乡建设委将任务分解至各区，压实各区责任，各区紧盯任务指标，在做好疫情防控基础上，合理安排工作节奏，抓紧开展老旧小区改造各项工作。截至12月31日，全市市属老旧小区实现新开工330个小区，新完工205个小区，超额完成任务目标。新纳入市属改造计划592个小区，为2023年改造工作做好项目储备。老楼加装电梯完成年度至少开工1000部工作目标，实现新开工1326部，完工467部，安装爬楼代步器3个单元，新开工数量是2021年的近3倍。坚持老旧小区改造和治理并重推进，截至目前，列入改造计划的小区95%以上成立了业委会或物管会，90%以上的小区引入了规范化物业管理。市统计局2022年开展的老旧小区改造工作抽样调查中，居民对改造效果满意度为95%。

二、持续扩大引入社会资本参与试点

积极探索改造资金多元共担新模式，推进引入社会资本参与改造意见落地见效。在统筹授权使用、规划实施细则、财税金融支持等方面积极开展尝试创新，进一步推广“劲松模式”、“首开经验”等引入社会资本试点成功案例，鼓励市区属国企作为平台，与专业企业合作推进，深化培育市场化改造机制。截至12月底，全市引入社会资本参与实施的老旧小区改造试点项目，由2020年的6个增加到41个，涉及12个区、12个市区属国企和民营企业，其中15个项目已完成改造，18个已进场施工，8个正在前期准备中。从已完成改造的试点项目运营情况看，整体效果良好，受到居民广泛好评。

三、统筹推进市政管线更新改造

在2021年试点基础上，2022年7月7日、12月28日先后发布了两批市属老旧小区管线改造计划，涉及13个区、244个小区。整合专业管线现行资金支持政策，进一步加大市政府固定资产投资支持力度，明确对于小区红线内的排水管线改造，按工程投资30%比例给予市政府固定资产投资补助。进一步落实“七个一”要求（即一个各类管线改造实施方案、一次资金批复、一次施工改造、一个勘察单位、一个设计单位、一个施工总承包单位、一个监理单位），加强小区

内专业管线改造统筹工作力度。同时，在资金立项申请、优化手续办理、强化施工管理等方面，明确了具体要求，进一步推动建立管线改造新模式，避免小区内道路反复“开拉链”，同时积极推动专业管理服务入楼入户。

四、持续推进危旧楼、简易楼改造试点

2022 年，市住房城乡建设委认真贯彻落实市委市政府的工作部署，坚持以自下而上的居民需求为导向，按照清单化管理、项目化推进要求，通过拆除重建和腾退相结合的方式，积极指导各区加快推进危旧楼房改造项目实施，重点着力解决群众急难愁盼问题，改善民生环境、保障居住安全、推动城市更新。同时，积极支持配合中央和国家机关，统筹推进中央单位危旧楼房改造工作。按照“十四五”改造计划安排，2 月 18 日市住房城乡建设委下发了《关于下达 2022 年度危旧楼房改造计划的通知》（京老旧办发〔2022〕5 号），提出各区应完成不少于 20 万平方米的危旧楼房改造目标任务。截至 12 月底，全市已启动危旧房改造（含简易楼腾退）约 20.86 万平方米，全年任务目标占比 104%，圆满完成年度工作任务。

五、积极推动在京央产、军产老旧小区改造

2022 年，一是按照“双纳入”工作机制，统筹推进中央单位在京老旧小区改造工作。健全央地对接联络机制，完善诉求集中央产老旧小区清单制度。推动央企改造政策出台，央企改造政策起草修改完善历时 2 年，期间市住房城乡建设委联合市有关部门与国务院国资委、财政部等国家部委积极沟通协商。城六区、通州区和大兴区的 11 个混合产楼栋或小区试点顺利推进，其中 8 个已启动实施，1 个已完工。积极推进解决西长安街街道群众急难愁盼问题，协调推进钟声胡同 1、2 号楼等 7 个央产改造项目和 2 个加装电梯项目顺利实施。2022 年，中央和国家机关老旧小区改造项目共完工 110 个，在施 98 个。二是推进北京地区军队老旧住房小区改造工作。联合市级相关部门和军队单位共同研究制定北京地区军队老旧住房小区改造实施方案，成立工作领导小组，设立工作专班，明确任务分工，组织开展 9 个试点项目的踏勘和概算编制，就由市级负责实施的 3 个项目编制了实施方案，明确启动条件。

六、聚焦难点问题推进政策措施改革创新

2022 年，为落实国办、市委市政府和住建部新的工作要求，总结推广实践经验并学习借鉴外省市好的做法，扎实推动已有政策细化落地，破解当前难点堵点问题，一方面，市住房城乡建设委起草了《北京市老旧小区改造工作改革方案》，围绕健全工作机制、完善工作措施、加快改造推进等内容提出了 8 个方面 32 项改革措施，期间广泛征求了各区、各部门意见。《方案》于 11 月 9 日以市政府办公厅京政办发〔2022〕28 号正式印发实施。方案印发后，被住建部列为 2022 年第六批可复制可推广经验（北京专篇）在全国推广。另一方面，不断完善了配套政策，在加强工程建设组织管理、做好楼内上下水改造、指导老楼加装电梯业主协商和规范业主出资比例、加装电梯前期调查与可行性评估、引入社会资本贷款贴息，以及住房公积金和住宅专项维修资金支持老旧小区改造和加装电梯等方面，陆续出台意见办法，不断细化完善措施办法。

第四节　老城整体保护

2022 年，老城保护与修复工作认真贯彻落实市委、市政府的有关指示精神及工作部署，攻坚克难，继续聚焦核心区直管公房平房“申请式”退租、“共生院”修缮，有序推进平房院落有机更新，大力实施危旧楼房改建工作。

一、持续推进老城平房申请式改善工作

结合街区保护更新，持续推进老城传统平房区申请式退租和平房院落修缮工作，2022 年，全年共完成申请式退租 2209 户，完成年度任务的 100.4%；其中东城区启动国子监街区退租项目，完成 1100 户（含结转 796 户），西城区启动力学胡同、白塔寺宫门口东西岔片区（换租）、大吉 7 号地块项目、法源寺项目、宣西北项目、申请式退租项目，完成 1109 户；共完成平房修缮 1301 户，完成年度任务的 108%，其中东城 600 户，西城 701 户；均已超额完成年度工作任务。

保护历史文化名城，恢复老城传统风貌，推进核心区定向安置房建设，研究核心区定向安置房建设运营及统筹使用的工作方案，加强与市、区相关单位及实施主体沟通。加大力度协调核心区与输入区房源对接工作，配合做好中轴线申遗保护涉及居民腾退及安置房源供应，协调推进贤良祠等重点工程和文物腾退项目安置房源使用。

二、本市首例申请式换租项目启动

2021 年 12 月 29 日，市住房城乡建设委联合东、西城区政府联合印发实施《关于核心区历史文化街区平房直管公房开展申请式换租有关工作的通知》，为更好的改善居民居住条件，增加居民的选择，在“申请式退租”的基础上增加了“申请式换租”模式作为补充，旨在为居民改善生活条件提供更多选择，两种方式并举，租售联动。居民选择完全自愿，既可以选择通过申请式退租购房，也可选择申请式换租模式改善居住条件。2022 年 8 月 22 日，西城区白塔寺宫门口东西岔片区申请式换租试点工作正式启动，这是本市首例申请式换租试点项目，域内有 187 户居民，其中直管公房住户 98 户，截至 2022 年 12 月底共换租签约 16 户。

三、深入抓好核心区控规三年行动计划落实

2022 年是《首都功能核心区控制性详细规划三年行动计划（2020 年 -2022 年）》的收官之年，坚持用“首善标准”和“绣花功夫”的精神，精心组织积极推进，圆满完成核心区控规第一个三年行动计划任务。一是定期召开会议，及时掌握工作落实进展，聚焦难点和瓶颈问题加大协调力度，对任务清单和重点工作进行动态调整，确保工作平稳有序开展。二是配合首规委办做好核心区控规三年行动计划实施机制落实，搭建沟通平台，定期报送信息、进展。三是做好首都功能核心区控规实施以来的年度自检总结和评估工作，并在此基础上，以三年为周期，围绕核心区控规重点工作，牵头研究编制关于核心区控规第二个三年行动计划（2023 年—2025 年）实施任务，

明确任务目标和计划安排，确保按时高质完成。

四、积极推进危旧楼房改建工作

2022年，积极推动解决危旧楼房改造工作中遇到的难点、堵点问题，加快推进危旧楼房改建项目工作进展。坚持“以区为主、尊重居民意愿、清单化管理、项目化推进”的工作原则，加快推进首批7个市区属项目和4个央产项目试点项目；持续完善配套支持政策，围绕多个关键环节，开展联合调研和研究工作，陆续出台优化项目手续办理周期，适度增加地上建筑规模，打通央产危旧楼房改造实施路径等政策；以满足居民多元化安置诉求为出发点，研究出台危旧楼房改造项目“腾退置换”政策，在核心区试点推行；鼓励通过老旧小区改造、棚户区改造、居民自主出资等多种路径完成危旧楼房改造任务，多措并举实现房屋安全解危排险、居住条件改善提升，城市品质整治更新的综合目标。

按照“十四五”改造计划安排，年初，市住房城乡建设委下发《关于下达2022年度危旧楼房改造计划的通知》（京老旧办发〔2022〕5号），提出全市各区应完成不少于20万平方米的危旧楼房改造目标任务。截至2022年底，全市共启动危旧房改造（含简易楼腾退）140余栋，平房区2处，约20.86万平方米，完成全年任务的103%。

七个市区属试点项目中，朝阳区光华里5、6号楼于2022年9月28日进行了住房竣工交付居民使用活动，居民陆续回迁入住；东城区光明楼17号楼正在进行装修收尾工作，按照施工进度，2022年底前居民回迁入住；朝阳区劲松一区114号楼已拆除清理完毕，正在实施建设工作；海淀区勘测处甲乙丙宿舍楼正在开展居民改建协议签订工作；西城区桦皮厂胡同8号楼、南营房社区、丰台区开阳里三区19号楼正在进行改建方案完善工作。中央单位4个项目中，西便门10号院、真武庙三里、百万庄等3个改建试点项目，西城区已与国管局就实施主体的确定、改建资金、工作流程等问题进行对接，目前三个试点项目复建设计及实施方案已经过几轮修改完善，逐步成熟，其中西便门项目权属资料已初步调取完毕，并已召开居民座谈会，前期准备工作已基本完成。西便门10号院、真武庙三里改建方案已通过区老旧小区联席会，启动改建工作。中关村东区改建项目已启动片区规划设计方案和资金平衡方案，海淀区与中科院相关部门认真落实中央领导同志重要批示精神及市领导决策部署，进一步提高政治站位，妥善解决科技工作者住房困难问题，密切协作配合，形成工作合力，确保改建工作平稳有序推进，不断改善人民群众居住条件。

加快落实领导关注的危旧楼房改建项目，召开现场工作会议，摸清项目情况，研究解决方案。截至目前，对西城区、海淀区、朝阳区等属地内的20多个领导关注的危旧楼房项目进行了登记和办理情况标注。对首开集团负责的192处单位自管房进行了核对，对于可纳入我市危旧楼房改造计划的，协调推动所属区级管理部门及时纳入年度改造计划一并实施改造。

继续完善政策支持体系。联合国管局、国家发改委、财政部联合印发了《中央国家机关老旧小区（危旧楼）改建试点工作方案》（国管办发〔2022〕21号），明确了适用范围、工作原则、工作流程及相关规划土地资金政策等。

为进一步发挥市场机制在危旧楼房改建工作中的作用，充分体现居民在改建中的主体地位，在现有政策的基础上，联合市级相关部门以及各区相关部门进行研究起草了关于本市危旧楼房改造“腾退置换”方式有关政策建议和关于进一步做好危旧楼房改建工作的意见。

第五节　棚户区改造

2022年，市住房城乡建设委深入学习贯彻党的十九大、二十大精神和习近平总书记对北京重要讲话精神，认真贯彻落实市委市政府工作部署和要求，紧紧围绕疏解非首都功能和落实城市总规，以计划管控为龙头，以过程管理为主线，以征拆收尾为重点，以监督考核为抓手，以综合协调为保障，充分发挥市棚改办组织、协调和督促职能，压实各区政府主体责任，扎实推进棚户区改造各项工作。

一、超额完成2022年度棚改任务

截至2022年12月31日，全市计划完成棚户区签约改造2124户，实际完成2657户，完成全年任务的125%。全市共有16个项目完成征拆收尾，完成率100%。资金平衡地块入市交易18宗（约51.05公顷），成交金额约521.29亿元。

二、多措并举推动高质量发展

1. 加强计划管控

继续坚持棚改项目“1+3”全过程精细化计划管控，加强项目库动态管理，及时跟进项目进展情况，督促各区稳步推进、加快销账、严防逾期，并做好信访维稳和舆情防控。

2. 坚持安置优先

督促各区用足用好专项债资金；重点清理逾期未安置项目；对新启动项目坚持安置房建设先行原则，鼓励现房安置，确保被拆迁居民妥善安置。

3. 聚力收尾攻坚。

深入一线调研调度，运用小卫星遥感监测手段强化项目监管，加大监督考核力度，协调各区配合落实好司法裁执，尽早实现净地上市。

4. 严控改造成本。

严格审查棚户区改造实施方案，从源头压减搬迁、周转成本；支持先供先摊、分期实施，加快资金回笼；督促各区加快手续办理、加强成本管控，严格成本审核程序及标准。

三、整理编印项目册

2022年内，完成《北京市棚户区改造项目清册》编印，汇集全市2021年实施棚户区改造项目在完成签约、走户明细、改造户数等方面基本信息，为留存棚改项目资料建立可靠依据。

第六节　房屋征收拆迁

一、房屋征收拆迁情况综述

2022 年，市住房城乡建设委积极牵头全市逾期未安置项目清理和全市征收拆迁腾退在途项目清理两个市级工作专班日常工作，承担核心区文物院落腾退政策拟定和司法路径破解，负责重点项目征拆收尾，全力推进安置房信息系统建设应用，加强征收政策研究等方面开展了工作，取得了突出的成效。

二、全市房屋征收拆迁项目基本情况

（一）房屋征收项目启动情况

2022 年，全市共启动房屋征收项目 13 个（其中 3 个项目仅涉及非住宅征收），征收住宅户数 1551 户，涉及住宅建筑面积约 11.8 万平方米。

（二）房屋征收拆迁项目签约情况

2022 年，全市房屋征收拆迁共签约住宅户数 2601 户（其中征收签约 167 户，拆迁签约 2434 户），涉及住宅建筑面积约 14.36 万平方米（其中征收涉及 0.39 万平方米，拆迁涉及约 13.97 万平方米）。

2022 年，全市共清理完成在征在拆项目 32 个，其中征收项目 12 个，拆迁项目 20 个。

三、征收拆迁管理工作情况

（一）积极承担中轴线申遗腾退政策统筹和核心区文物腾退公有住房房屋置换资金测算、政策拟定和司法路径破解

2022 年，积极参与首规委和市申遗办牵头的核心区文物腾退保护利用和中轴线申遗工作。依据北京市推进全国文化中心建设领导小组专题会议纪要（〔2021〕16 号），2022 年 4 月，拟稿上报市政府关于《中轴线申遗保护公房腾退房屋置换统筹意见》的请示及《关于对公房腾退房屋置换统筹意见办理情况的报告》，经市政府同意后转东城区、西城区住建部门落实。中轴线涉及房屋征收的国家话剧院高层住宅楼和北京红十字血液中心多层住宅楼房屋征收工作，市住房城乡建设委牵头统筹征收补偿方案，2022 年上半年获市政府批复同意。针对文物院落腾退工作中相关问题，起草上报《关于核心区文物院落腾退房屋置换安置有关问题的报告》，主要围绕征收适用、房屋置换政策调整内容及司法保障路径三方面问题进行说明。依据《落实 < 关于进一步做好首都功能核心区文物腾退保护利用工作的意见 > 工作方案》（首规发〔2022〕2 号）职责分工，负责核心区文物腾退政策拟定和司法路径破解。拟定了《首都功能核心区文物保护区中直国管系统公房住户清退资金测算方案》，明确了公房住户清退基本原则、公房住户清退资金测算总体思路和具体测算金额。在前期大量调研工作的基础上，起草了《首都功能核心区文物院落公有住房房屋置换实施意见》《关于明确核心区文物保护中公有住房腾退的司法路径的建议》。

（二）积极推进逾期未安置项目清理和重点项目征拆收尾工作

认真落实市政府关于加快清理逾期未安置、

重点项目征拆收尾工作的要求，履行专班职责，通过召开专题会议部署调度、细化各区年度清理任务、深入各区加大调研督导，现场协调推进难点问题解决等方式扎实推进逾期清理及重点项目征拆收尾工作。经过市、区共同推进，截至2022年底，全市88个逾期未安置项目有41个项目已全部实现回迁入住，涉及19318户共计交房43603套；5个项目实现部分回迁入住，共计交房3681套，其余项目积极推进。全市17个重点征拆收尾项目，已全部完成年度任务，实现平台销账，在重点征拆收尾项目推进中，指导西城征收终止案例，在完成重大项目建设的前提下，既实现了老城保护，又节省市级财政投入，市“疏整促”办将其列为典型示范案例。

（三）全面启动全市房屋征收拆迁腾退在途项目治理工作

全市征收拆迁腾退在途项目治理工作关系全市经济发展，关系民生条件改善，市领导高度重视。2022年上半年，时任市长陈吉宁同志和隋振江副市长先后调度部署工作，并成立了由主管副市长、相关市级部门及各区政府组成的在途项目治理工作专班，专门负责调度督导在途项目清理工作。市住房城乡建设委牵头市级专班日常工作，6月份制定并印发了《全市房屋征收拆迁腾退在途项目治理工作方案》，明确了各部门职责、治理目标任务，建立了市区两级治理项目台账，全市共有264个项目纳入治理范围，健全了工作机制，为如期完成全市治理工作任务奠定了扎实基础。在2022年疫情防控形势紧张的情况下，加强调度、督导，经过市区两级共同努力，全年有54个项目实现净地。

（四）加快安置房信息系统建设，有序推进征收拆迁信息系统升级改造

进一步落实市政府加强安置房管理相关指示精神，遏制违规销售，补齐房源管理短板缺项，2022年，加快推进安置房信息系统建设，同步有序推进征收拆迁信息系统升级改造。2022年底，全市安置房信息管理系统已正式上线运行，创建用户500余个，完成160余家机构、260余个安置房建设项目、30余个补偿安置项目、21万套安置房源入库。借助征收拆迁管理信息系统开发了网上评估鉴定功能，开展国有土地上房屋征收评估鉴定“一网通办”，实现了社会单位和群众“零跑路”“零收费”，既服务了企业又服务了群众，取得良好的社会效益。

（五）加强非住宅评估政策统筹和评估鉴定工作

为加强房屋征收成本管控，进一步规范行业管理，在前期调研的基础上，学习借鉴上海、广州、深圳等省市关于非住宅征收评估方面的经验，紧密结合本市国有土地上非住宅征收评估实际，市住房城乡建设委多次征求专家意见，经反复研究讨论修改拟定了《关于进一步规范国有土地上非住宅房屋征收评估与补偿工作的通知（试行）》，通过明确房屋用途认定、评估方法选用等制约因素、创新安置房实物置换形式，重点解决非住宅征收存在评估结果偏高差异大、评估案例选择难、实物还建难等现实问题，对于加强成本管控，推动各类重点项目顺利实施具有重要意义。2022年，多次征求市相关部门、协会和社会意见，在进一步完善的基础上报市政府，目前市政府已审批通过，拟发文实施。依据《北京市国有土地上房屋征收评估鉴定暂行办法》（京建发〔2021〕69号），评估鉴定工作从2021年4月15日正常开展至今，目前已完成评估报告鉴定16件，其中，2022年完成6件。

（六）统筹棚改补偿安置方案，严控征拆成本

2022年，加强房屋征收拆迁成本管控，通过参加地价审核会、棚改方案审核等方式指导各区征拆成本减量管控，有效降低了棚改安置成本。

全年，牵头审核了朝阳区崔各庄乡奶西村棚户区改造土地开发、丰台区东河沿村棚户区改造土地开发、石景山西黄村棚户区改造土地开发、大兴区海子角、辛店棚户区改造、昌平区北四村棚户区改造和环境整治等 19 个棚改项目的征收拆迁成本方案，有效降低了棚改成本。其中大兴区海子角、辛店棚户区改造拆迁成本管控获得市政府的充分肯定。

（七）认真做好重点项目指导协调推进工作

2022 年，各区共同加强对重点征拆项目的指导协调推进工作。全年，汇总全市房屋征收、拆迁在审及在执案件共计 136 件，及时报送市高级人民法院，推动快裁快执。2022 年全市房屋征拆工作扎实推进，朝阳区化石营旧城区改建项目，自 2022 年 10 月 3 日起启动了为期 30 日的预签征收补偿协议工作，签约比例为 100%；房山区京西棚改项目，8 月 21 日正式启动签约工作，只用 15 天实现签约腾退 2115 户，完成比例达到 100%；大兴区海子角辛店棚改项目四十天内实现 100% 签约搬迁。

此外，积极配合市城乡办绿隔地区建设工作，协调安置房信息录入及查询工作；与市规自委双牵头做好《北京市征收集体土地房屋补偿暂行办法》的修订工作，目前已接近完成；牵头参加密云水库水源保护工作专班，参与拟定水库移民腾退方案制定；牵头参与市温榆河公园专项建设等。

第八章

物业服务与居住区管理

第一节　2022年北京市物业管理综述

2022年，全市各级住建部门坚持以人民为中心，以服务首都建设为首任，重点围绕物业管理“三率”提升、业主大会运行和业委会规范履职、突出问题专项治理、智慧平台建设、专维资金改革、行业监管和优化营商环境等方面开展相关工作并取得显著成效，构建党建引领社区治理框架下的物业管理体系取得积极进展。

第二节　物业管理主要工作

一、全市物业管理“三率”稳步提升

截至2022年12月，北京市业委会（物管会）组建率、物业服务覆盖率、党的组织覆盖率分别超过97%。

二、物业管理突出问题专项治理持续取得实效

持续滚动开展诉求前100小区物业管理突出问题专项治理。按季度分四批次滚动推进市民热线诉求前100小区物业管理突出问题专项治理，物业服务不规范、停车秩序混乱、业委会运行不规范等一批群众诉求集中的问题和项目得到有效治理。

聚焦高频诉求开展“治理类”小区治理。针对群众反映的物业管理类高频诉求和“深层次”难题，建立“治理类”小区治理机制并分批开展治理。

通过“每月一题”开展主动治理。将群众高度关注的“物业服务不规范”等问题纳入“每月一题”重点解决，会同相关部门研究制定“一方案三清单”，明确任务分工持续推进落实，并完成重点治理点位治理。

三、深化“接诉即办”大数据分析

高质量做好“12345”市民服务热线物业管理类诉求分析，每月形成专报上报市委市政府，服务保障每月书记点评会和“接诉即办”调度会；建立区和街道乡镇“12345”物业管理诉求督导机制，与2021年相比全市物业管理诉求总量和诉求占比实现“双下降”。

四、数字化监管与“智慧物业”建设持续推进

推进物业管理事项“一网通办”，优化营商

环境。整合优化升级物业管理信息系统，实现物业企业、物业项目信息采集和电子合同网上备案一次办理；进行物业管理区域“落点落图”，实现底数清、范围明；持续加大“北京业主”APP推广使用力度，支持鼓励业主通过电子投票系统表决决议事项，行使共同决定权利。

五、推进物业服务行业党委组建

成立北京市物业服务行业党委，推动各区组建区级物业服务行业党委，党建引领行业发展新体系基本形成；依托市级行业党委组织开展“最美物业人·北京榜样”评选，树立物业行业典型，激励物业从业人员提高服务质量。

六、强化改革创新推进物业管理取得新突破

试点开展“6+4”监管改革。出台《北京市住宅项目物业服务综合监管实施方案（试行）》，明确物业服务行业“风险监管、信用监管、分级分类监管、协同监管、科技监管、共治监管”等6项基本制度；推行物业服务“一业一册、一业一单、一业一查、一业一评”4项场景监管措施，建立以风险防控为核心，信用行为为根本的分类分级评价机制。

推进住宅专项维修资金管理改革工作。研究制定《北京市深化住宅专项维修资金管理改革的若干措施》和相关配套政策；持续开展住宅专项维修资金补建和续筹试点。

七、全面助力打赢疫情防控攻坚战

坚持不懈抓好住宅物业管理区域疫情防控工作，出台加强住宅物业管理项目疫情防控、物业从业人员防护、社区卡口查验培训等政策措施；建立住宅物业项目服务从业人员核酸比对登记簿，持续组织开展住宅物业管理项目疫情防控检查，确保防控措施落实到位。

八、统筹推进物业管理项目生活垃圾分类

建立住宅区生活垃圾分类物业企业履职考核机制，制定对物业服务企业履职情况的评分细则，设置宣传动员、巡查检查、桶站设置、垃圾清运四项考核指标，每月按照评分细则对各区进行打分排名。配合城市管理部门持续开展垃圾分类专项执法检查，督促物业服务企业依法履行生活垃圾分类管理责任人义务。

九、物业管理基础不断夯实

党建引领社区治理框架下的物业管理体系基本形成。市、区、街道（乡镇）、社区四级管理机制逐步健全。市委市政府将物业管理工作纳入每月区委书记点评会点评和“接诉即办”调度会专题调度。市住房城乡建设委会同市委组织部、市委城工办、市政务局建立物业管理综合调度机制。各区作为“一把手”工程统筹推进，部分区将物业管理工作纳入本区书记点评会推进；各街道（乡镇）主体责任基本落实。

完善配套政策体系和案例指引机制。《北京市物业管理条例》涉及配套政策基本出台完毕。集中梳理解决突出问题，持续针对性发布操作指引，尽可能满足基层工作需要。

持续提升业委会（物管会）履职效能。建立包片指导机制加强现场指导，有效解决业委会（物管会）依法履职问题。通过线上、线下相结合的形式开展培训交流，有效提升了基层工作人员指导监督物业管理工作的能力与水平，推动业委会（物管会）高效运转。

扎实做好物业管理宣传贯彻和培训工作。持

续保持高强度宣贯，拍摄制作专题电视节目《多彩社区行 您身边的物业管理》，在北京电视台及相关主流媒体网络平台播出；拍摄制作微纪录片，以业委会主任、社区书记讲故事的方式宣传物业管理纳入基层社区治理的典型案例；以北京市第二中级人民法院部分物业管理相关案件民事判决书内容为依据，形成《物业管理纠纷民事判决案例汇编》。

持续规范物业管理执法工作。完善物业执法工作指引、执法手册、接撤管执法指引；配合相关部门围绕占用消防通道、有限空间管理、电动自行车充电等专项工作开展安全生产检查。

第九章

房地产行业信息

第一节　房地产开发企业

一、不断优化行政审批，提升加强开发企业资质管理

2022年，市住房城乡建设委贯彻落实国家和市有关优化营商环境工作部署，依住建部资质来修订了北京市房地产资质管理办法。通过畅通渠道、优化流程、推行全程网办，加强事中事后监管等方式，规范管理，提高服务效率，让企业受益，行业管理水平进一步提升。

制定印发《关于进一步做好房地产开发企业资质管理有关工作的通知》。进一步明确了程序、时限、标准、条件，拓宽了“告知承诺制”工作路径，推行了网上办理，企业办事更加便捷，服务效率明显提高。同时把事中事后监管放在更加突出位置，促进行业规范有序发展。

积极推进审批服务电子化数字化。房地产开发管理平台整合升级基本完成，实现了资质审批、建设方案备案、项目手册备案等多个事项功能上线运行。推行资质电子证书和电子印章，在资质证书上设置二维码，便于企业使用和社会查询，接受社会监督，受到企业欢迎。

修订房地产开发企业违法违规行为记分标准。修订后的记分标准共149条，其中销售管理63条，建设管理53条，综合管理19条，物业管理8条，建设工程消防验收管理4条，劳务管理2条。记分标准修订后将对规范房地产开发企业开发经营行为，加强房地产开发行业监管，起到积极的促进作用。

着力强化房地产开发企业审批事中事后监管。对新取得资质的企业进行面谈或电话回访，开展政策宣贯，引导企业依规合法经营。落实“两随机、一公开”要求，加大对企业资质条件及违法违规行为的执法检查力度，促进了企业依法合规经营。

加大对各区资质审批指导。配合资质落地，组织开展了全市资质审批工作培训。通过开展业务专项交流，制定业务工作口径等方式，提升全市行业综合管理水平和能力。各区也积极采取有效措施，不断总结经验，强化房地产行业管理工作。东城区及时组织辖区企业开展资质政策宣讲交流；西城区深入研究资质申报中的具体细节问题，加强与市主管部门对接并提出相关建议；海淀区、丰台区在企业拿地第一时间靠前服务，主动对接企业办理资质；大兴区通过公众号、开发企业微信群等渠道，及时组织开发企业宣贯新政策，积极为企业做好政策讲解。

二、2022年房地产开发企业资质等级核定情况

表 9-1　2022 年度北京市房地产开发企业资质业务办理情况表

序号	区	合计	一级资质核定	一级资质变更审核	二级资质核定	二级资质变更审核
1	北京经济技术开发区	74	0	0	62	12
2	顺义区	115	0	0	108	7
3	门头沟区	41	1	0	40	0
4	朝阳区	196	6	3	173	14
5	通州区	149	1	2	132	14
6	房山区	75	0	0	72	3
7	平谷区	33	0	0	32	1
8	密云区	77	0	0	74	3
9	西城区	63	6	3	46	8
10	海淀区	105	4	2	91	8
11	大兴区	92	0	4	82	6
12	石景山区	49	2	3	38	6
13	丰台区	120	6	1	102	11
14	延庆区	25	0	0	24	1
15	东城区	34	0	0	33	1
16	昌平区	113	0	0	103	10
17	怀柔区	42	0	0	39	3
18	合计	1403	26	18	1251	108

三、2022年房地产开发企业名录

截至 2022 年底，北京市资质有效期内二级房地产开发企业共有 1251 家。

第二节　房地产经纪行业

一、北京市房地产经纪机构、租赁企业及租赁平台情况

截至 2022 年 12 月 31 日，北京市已备案的房地产经纪机构共 6561 家，其中分支机构 3519 家。截至 2022 年底，北京市已报送信息的住房租赁企业共 1032 家。截至 2022 年底，北京市主要互联网信息发布平台共 11 家，其中注册地为北京的共 7 家。

表 9–2　北京市房地产经纪机构备案情况（不含分支机构）

企业类型 \ 数量（家） \ 注册资金（万元）	10以下	10–30	30–50	50–100	100以上	合计
有限责任公司	23	250	131	672	1856	2932
合伙制企业	0	1	0	0	0	1
三资企业	1	3	2	2	12	20
股份合伙制企业	1	4	0	6	24	35
全民所以制企业	0	0	1	1	2	4
集体所有制企业	0	0	3	0	4	7
其他	11	6	0	6	20	43
合计	36	264	137	687	1918	3042

备注：数据截至2022年底，数据来源企业申请备案信息，注册资本含下限，不含上限。

表 9–3　北京市已报送信息住房租赁企业情况

企业类型 \ 数量（家） \ 注册资金（万元）	10以下	10–30	30–50	50–100	100以上	合计
有限责任公司	11	62	11	127	799	1010
合伙制企业	0	0	0	1	0	1

（续表9-3）

注册资金（万元） 数量（家） 企业类型	10以下	10-30	30-50	50-100	100以上	合计
三资企业	0	0	0	0	1	1
股份合伙制企业	0	2	1	2	3	8
全民所以制企业	0	0	0	0	0	0
集体所有制企业	1	0	0	0	1	2
其他	1	0	0	2	7	10
合计	13	64	12	132	811	1032

备注：数据截至2022年底，数据来源企业报送信息，注册资本含下限，不含上限。

表 9-4　2022 年北京市房地产经纪机构和租赁企业分区情况

单位：家

区	经纪机构数量	住房租赁企业数量
东城区	144	1
西城区	123	13
朝阳区	820	105
海淀区	322	122
丰台区	328	142
石景山区	116	56
通州区	229	271
房山区	136	33
顺义区	197	5
门头沟区	35	7
大兴区	78	17
怀柔区	79	8
密云区	78	35
昌平区	221	135
延庆区	21	0
平谷区	38	1
开发区	77	81

备注：不含外埠分支机构。

表 9-5　2022 年北京市发布房源信息互联网平台名单

序号	企业名称	注册名称	注册地
1	58同城	五八同城信息技术有限公司	北京
2	房天下	北京搜房网房天下有限公司（北京搜房科技发展有限公司）	北京
3	贝壳找房	贝壳找房（北京）科技有限公司	北京
4	幸福里	北京字节跳动科技有限公司	北京
5	建融家园	建信住房服务有限责任公司	北京
6	搜狐焦点	北京焦点互动信息服务有限公司	北京
7	新浪乐居	北京新浪互联信息服务有限公司	北京
8	闲鱼网	浙江阿里巴巴闲鱼网络科技有限公司	杭州
9	安居客	上海瑞家信息技术有限公司	上海
10	诸葛找房	苏州诸葛找房信息技术有限公司（诸葛启航（苏州）科技有限公司）	苏州
11	巴乐兔	上海万间信息技术有限公司	上海

二、北京市房地产经纪行业从业人员情况

北京市房地产经纪机构和住房租赁企业从业人员备案人数为 91483 人。

第三节　房产测绘行业

一、房产测绘单位及人员情况

截至 2022 年底，全市已在市住房城乡建设委备案的房产测绘机构 148 家，从业人员 1292 人。其中，甲级资质 29 家，乙级资质 46 家，丙级资质 39 家，丁级资质 34 家（机构名录见表 9-2）。

表 9-6　2022 年度房产测绘备案单位名录

序号	测绘企业名称	资质等级	资质证书编号
1	北京市房地产勘察测绘所	甲级	甲测资字11002001
2	建设综合勘察研究设计院有限公司	甲级	甲测资字11002032
3	中兵勘察设计研究院有限公司	甲级	甲测资字1100410
4	北京时正兴测绘工程技术有限公司	甲级	甲测资字11001033
5	北京鼎春德正测绘中心	甲级	甲测资字1101040
6	北京新兴华安智慧科技有限公司	甲级	甲测资字11001042
7	北京华星勘查新技术有限公司	甲级	甲测资字1100264
8	航天建筑设计研究院有限公司	甲级	甲测资字1100453
9	中航勘察设计研究院有限公司	甲级	甲测资字11001024
10	苍穹数码技术股份有限公司	甲级	甲测资字11001008
11	北京市地质工程勘察院	甲级	甲测资字11001022
12	北京金房兴业测绘有限公司	甲级	甲测资字1101272
13	北京城建勘测设计研究院有限责任公司	甲级	甲测资字11001019
14	北京市测绘设计研究院	甲级	甲测资字11001010
15	北京帝测科技股份有限公司	甲级	甲测资字1100140
16	北京国政恒信测绘技术服务有限公司	甲级	甲测资字1101158
17	北京道济测绘有限公司	甲级	甲测资字11002111
18	北京力佳图科技有限公司	甲级	甲测资字1100237
19	北京勘察技术工程有限公司	甲级	甲测资字11000660
20	北京海地人资源咨询有限责任公司	甲级	甲测资字1111030
21	中勘天成（北京）科技有限公司	甲级	甲测资字1101194
22	九成空间科技有限公司	甲级	甲测资字1100017
23	北京伟泽测绘股份有限公司	甲级	甲测资字1101301
24	沐城测绘（北京）有限公司	甲级	甲测资字1101310
25	同创数字空间（北京）有限公司	甲级	甲测资字1100708
26	北京新兴环宇信息科技有限公司	甲级	甲测资字1101400
27	北京北斗星地科技发展有限公司	甲级	甲测资字1101167
28	北京中勘迈普科技有限公司	甲级	甲测资字11110389
29	北京市通州区住房和城乡建设委员会测绘所	乙级	乙测资字11012001

（续表9-6）

序号	测绘企业名称	资质等级	资质证书编号
30	北京京密鸿图测绘有限公司	乙级	乙测资字11016001
31	北京中瑞嘉业测绘有限公司	乙级	乙测资字11005007
32	北京龙泰经纬测绘有限公司	乙级	乙测资字11005011
33	北京威远图易数字科技有限公司	乙级	乙测资字11007011
34	北京京昌工程测绘技术有限公司	乙级	乙测资字11013002
35	北京通图信息科技有限公司	乙级	乙测资字1110022
36	北京大地宏图勘测科技有限公司	乙级	乙测资字1111442
37	北京中天路通工程勘测有限公司	乙级	乙测资字11013005
38	北京中海地理信息测绘有限公司	乙级	乙测资字1112126
39	北京大地万川测绘有限公司	乙级	乙测资字1111409
40	北京富地勘察测绘有限公司	乙级	乙测资字11012004
41	北京地矿工程建设有限责任公司	乙级	乙测资字11007013
42	北京三友宇天测绘有限公司	乙级	乙测资字11009003
43	北京市勘察设计研究院有限公司	乙级	乙测资字11005045
44	北京市房山区测绘所	乙级	乙测资质11010002
45	北京国测信息科技有限责任公司	乙级	乙测资字11005088
46	中兆恒基（北京）工程管理有限公司	乙级	乙测资字1110281
47	北京亿科瑞土规划设计有限公司	乙级	乙测资字1110777
48	北京瀚博林遥感测图信息工程研究院	乙级	乙测资字1111300
49	中测新宇（北京）信息科技有限公司	乙级	乙测资字1111596
50	北京万兴宏盛建筑勘测技术有限公司	乙级	乙测资字1110957
51	北京汇达城数科技发展有限公司	乙级	乙测资字1112315
52	北京意诚远耀勘测设计有限公司	乙级	乙测资字1110362
53	北京华测测绘有限公司	乙级	乙测资字1112592
54	北京奥腾岩石科技有限公司	乙级	乙测资字1112135
55	众信成勘测设计（北京）有限公司	乙级	乙测资字1112321
56	北京市通州区城乡测绘所	乙级	乙测资字1112144
57	北京迅联图业科技有限公司	乙级	乙测资字1112664
58	北京鑫测科技有限公司	乙级	乙测资字1113001
59	北京万维世创测绘科技有限公司	乙级	乙测资字1111389

（续表9-6）

序号	测绘企业名称	资质等级	资质证书编号
60	北京市朝阳区房屋测绘事务所	乙级	乙测资字1111706
61	北京天时地利测绘科技有限公司	乙级	乙测资字1113314
62	北京京建元勘测科技有限公司	乙级	乙级资字1112862
63	北京国电天瑞工程勘测设计有限公司	乙级	乙测资字1113348
64	北京中土凯林设计咨询有限公司	乙级	乙测资字1113456
65	北京荣盛伟业测绘技术有限公司	乙级	乙测资字1113161
66	北京中安经纬工程技术有限公司	乙级	乙测资字1111049
67	北京伟晟科技有限公司	乙级	乙测资字1113735
68	北京爱地地质勘察基础工程公司	乙级	乙测资字1113339
69	北京新益安工程咨询有限公司	乙级	乙测资字1113726
70	北京信环诚勘测设计有限公司	乙级	乙测资字1114000
71	北京首钢国际工程技术有限公司	乙级	乙测资字1110086
72	北京众合兴成科技发展有限公司	乙级	乙测资字1113799
73	北京房勘金地工程勘察设计有限公司	乙级	乙测资字11511679
74	北京墨矩盛兴智慧科技有限公司	乙级	乙测资字11512990
75	北京市西城区房地产测绘一所	丙级	丙测资字11002001
76	北京市东城区房屋管理局测绘二所	丙级	丙测资字11004001
77	北京市丰台区房屋经营管理中心测绘队	丙级	丙测资字11006001
78	北京海测易达有限公司	丙级	丙测资字1120136
79	北京市石景山区房地产测绘队	丙级	丙测资字11008001
80	北京市顺义区住房和城乡建设委员会测绘所	丙级	丙测资字11014001
81	北京市大兴区房地产测绘所	丙级	丙测资字11011001
82	北京天地鸿图测绘有限公司	丙级	丙测资字11010001
83	北京京怀信房产测绘有限公司	丙级	丙测资字11017001
84	北京华夏经纬测绘技术有限公司	丙级	丙测资字11005002
85	北京中兴兆业房屋面积测绘有限公司	丙级	丙测资字11007012
86	北京昌房房地产测绘技术服务有限责任公司	丙级	丙测资字11013001
87	北京京恒实测绘技术有限公司	丙级	丙测资字11011002
88	北京首益佳房地产经纪有限公司	丙级	丙测资字11019005
89	北京赛博时代测绘有限公司	丙级	丙测资字11010003

（续表9-6）

序号	测绘企业名称	资质等级	资质证书编号
90	北京慧智蓝图测绘有限公司	丙级	丙测资字11017004
91	北京首佳联诚房地产测量有限公司	丙级	丙测资字11019002
92	北京望唐数码测绘有限公司	丙级	丙测资字11017003
93	北京华夏合众土地科学技术有限公司	丙级	丙测资字1120557
94	北京鑫海厦测绘有限公司	丙级	丙测资字11007007
95	北京浩宇天地测绘科技发展有限公司	丙级	丙测资字11007028
96	北京智环成测绘有限公司	丙级	丙测资字11011008
97	中泽嘉汇（北京）测绘中心	丙级	丙测资字11006004
98	北京檀州经纬测绘有限公司	丙级	丙测资字1120520
99	北京粤富华地理信息技术有限公司	甲级	甲测资字1101254
100	北京经纬久度测绘有限公司	丙级	丙测资字11005034
101	北京泾渭冠宇测绘有限公司	丙级	丙测资字11009004
102	北京市怀柔测绘所	丙级	丙测资字11017002
103	北京君仁慧智测绘有限公司	丙级	丙测资字1120539
104	中材地质工程勘查研究院有限公司	丙级	丙测资字1120223
105	北京智慧宏图勘察测绘有限公司	丙级	丙测资字1120505
106	北京宇达同盛勘测技术有限公司	丙级	丙测资字1120476
107	北京京电文华勘测设计有限公司	丙级	丙测资字1120604
108	北京科远广宇勘测技术有限责任公司	丙级	丙测资字1120737
109	北京红坊工程测量有限公司	丙级	丙测资字1120674
110	北京久城测绘科技有限公司	丙级	丙测资字1120712
111	北京市阜汇房地产测绘信息咨询中心	丙级	丙测资字1120629
112	北京腾辉通达房地产测绘有限公司	丙级	丙测资字1120458
113	北京恒创新颖信息技术有限公司	丙级	丙测资字1120728
114	北京中都三力勘察测绘有限公司	丙级	丙测资字1120154
115	北京市东城区房屋管理局测绘一所	丁级	丁测资字11019004
116	北京市西城区房地产测绘二所	丁级	丁测资字11003001
117	北京市门头沟区房地产测绘所	丁级	丁测资字11009001
118	北京市延庆区房地产勘察测绘所	丁级	丁测资字11018012
119	北京市平谷区房地产测绘队	丁级	丁测资字11015001

（续表9-6）

序号	测绘企业名称	资质等级	资质证书编号
120	北京市房屋面积计量站	丁级	丁测资字11005004
121	北京赛杰新时代房屋测绘有限公司	丁级	丁测资字11005005
122	北京源恒天地测绘有限公司	丁级	丁测资字11006003
123	北京泰达克房地产测绘咨询有限公司	丁级	丁测资字11013004
124	北京中鼎衡测绘事务所	丁级	丁测资字11007008
125	海天方圆（北京）科技有限公司	丁级	丁测资字11007020
126	北京国勘房地产测绘有限公司	丁级	丁测资字11007025
127	北京中天新图测绘有限公司	丁级	丁测资字1130027
128	北京阳光华翰测绘有限公司	丁级	丁测资字11004002
129	北京天天友联测绘有限公司	丁级	丁测资字11015003
130	北京京海纵横测绘有限公司	丁级	丁测资字11005016
131	北京荣驰测绘技术有限公司	丁级	丁测资字11007031
132	北京永佳达测绘有限公司	丁级	丁测资字11007042
133	北京丰华方圆测绘工程技术有限责任公司	丁级	丁测资字11005014
134	北京欣通佳信测量有限公司	丁级	丁测资字11012003
135	北京京建恒信房地产测量技术有限公司	丁级	丁测资字11007044
136	北京世规测量技术咨询有限公司	丁级	丁测资字11007047
137	北京创天烨测绘有限公司	丁级	丁测资字11011013
138	北京百星达测绘工程有限公司	丁级	丁测资字11010005
139	北京新兴宏图测绘有限公司	丁级	丁测资字11005026
140	北京米拉测绘有限公司	丁级	丁测资字11009005
141	北京顺至宏图测绘有限公司	丁级	丁测资字1130513
142	北京金伟诚业测绘有限公司	丁级	丁测资字1130574
143	北京森源宏勘测科技发展有限公司	丁级	丁测资字1130199
144	北京集美勘察设计有限公司	丁级	丁测资字1130349
145	北京万德博诺测绘有限公司	丁级	丁测资质1130628
146	北京京延翰盛测绘服务有限公司	丁级	丁测资字1130655
147	环球经纬测绘（北京）有限公司	丁级	丁测资字1130011
148	北京恒兴远辉勘测技术有限公司	丁级	丁测资字1130664

第四节　房地产评估行业

一、房地产估价机构情况

2022年，全市执业的房地产估价机构142家。其中，一级估价机构65家；二级估价机构35家；三级估价机构26家；三级（暂定）估价机构7家；外地一级机构在京设立分支机构9家。详见下面列表：

表9–7　2022年北京市三级（暂定）房地产估价机构列表

序号	机构名称	备案等级	住所
1	佳美华审房地产土地评估（北京）有限公司	三级暂定	北京市大兴区欣雅街16号院7号楼9层902室
2	北京中金浩房地产土地评估有限责任公司	三级暂定	北京市东城区广渠门内大街90号A座311室
3	德致御景（北京）房地产土地资产评估有限公司	三级暂定	北京市房山区枣园路27号院1号楼4层425
4	北京国京汇得房地产土地资产评估有限公司	三级暂定	北京市海淀区复兴路2号41幢3层311号
5	北京戴德梁行房地产土地资产评估有限公司	三级暂定	北京市朝阳区光华路1号（商业写字楼）14层1405
6	创宏国际房地产土地资产评估有限公司	三级暂定	北京市朝阳区慧忠路5号18层C1806
7	北京德晟永铭房地产土地资产评估有限公司	三级暂定	北京市朝阳区建国门外大街17号28号楼二层229室

表9–8　2022年北京市三级房地产估价机构列表

序号	机构名称	备案等级	住所
1	北京金凯博雄房地产土地评估有限公司	三级	北京市昌平区城北街道南关路西广武路北8号楼3层313室
2	北京昌房房地产评估有限责任公司	三级	北京市昌平区西环路31号（昌平体育局大门北侧）3层办公楼
3	北京富地宏业房地产评估有限公司	三级	北京市大兴区兴华大街三段61号1至3层61
4	北京富川房地产土地资产评估有限公司	三级	北京市东城区灯市口大街74号5号楼3层308室
5	北京普阳房地产土地评估事务所（普通合伙）	三级	北京市东城区地安门东大街70–1号
6	北京鑫泰房地产估价有限公司	三级	北京市东城区东直门南大街9号华普花园B座902室
7	北京天兴房地产评估事务所（普通合伙）	三级	北京市东城区后永康胡同17号4号楼C206

（续表9-8）

序号	机构名称	备案等级	住所
8	北京中海盛房地产资产评估有限公司	三级	北京市东城区建国门内大街28号4幢16层1801-5单元
9	北京奥隆房地产评估有限责任公司	三级	北京市丰台区马连道卫强校甲40号中都雅润D座二层西侧209号
10	北京德润恒道土地房地产资产评估有限公司	三级	北京市海淀区紫竹院路116号九层A座1008-1
11	创麦国际房地产土地资产评估有限公司	三级	北京市门头沟区金沙西街19号院6号楼17层1702
12	北京永信达泽房地产估价有限责任公司	三级	北京市门头沟区雁翅镇田庄办事处院内67号
13	北京海基伟业房地产评估事务所（普通合伙）	三级	北京市密云区京承路长城环岛西南侧（华冠大厦五层507室）
14	北京数圣房地产土地评估有限公司	三级	北京市顺义区仁和地区太平村北北环路90号4幢101室
15	北京岳华中天房地产评估有限公司	三级	北京市西城区北礼士路甲98号1幢309室
16	北京正平房地产评估有限公司	三级	北京市延庆区延庆镇百泉街9号1幢7层1-708-5
17	中天成土地房地产资产评估（北京）有限公司	三级	北京市朝阳区八里庄北里129号院9号楼14层3单元1401
18	北京新博智胜房地产土地资产评估有限公司	三级	北京市朝阳区八里庄西里100号1号楼西区2107号
19	北京中天华腾房地产评估有限公司	三级	北京市朝阳区大郊亭中街2号院5号楼5-17C
20	北京德祥长江房地产评估有限责任公司	三级	北京市朝阳区东大桥路关东店北街1号2幢15层1503室
21	北京世邦魏理仕房地产评估有限公司	三级	北京市朝阳区光华路5号院2号楼11层1201内1105
22	北京大通兴业房地产评估有限公司	三级	北京市朝阳区建国路99号9层99-24-1内902室
23	北京宇恒土地房地产评估有限公司	三级	北京市朝阳区立清路7号院8号楼2单元102室
24	和睿达（北京）房地产土地资产评估有限公司	三级	北京市朝阳区清河营东路2号院3号楼8层805
25	北京中恒永兴房地产评估事务所有限公司	三级	北京市朝阳区石佛营西里12号楼8层02房间
26	北京建和信房地产土地资产评估有限责任公司	三级	北京市朝阳区朝外大街19号华普国际大厦602A室

表9-9　2022年北京市二级房地产估价机构列表

序号	机构名称	备案等级	住所
1	北京屹城房地产土地评估有限责任公司	二级	北京市大兴区黄村镇黄桂路临甲8号
2	北京瑞华腾房地产评估有限公司	二级	北京市大兴区双高路213号213
3	北京兴远房地产土地评估有限公司	二级	北京市大兴区兴华大街三段73号2层73号（2层）

（续表9-9）

序号	机构名称	备案等级	住所
4	北京诚达信房地产评估有限公司	二级	北京市大兴区瀛海镇玉璟园（办公楼）1号楼2层202室
5	北京瑞德联盟房地产估价有限公司	二级	北京市大兴区振兴路2号院中国气象科技园5号楼东侧513
6	北京房兴土地房地产评估有限公司	二级	北京市房山区良乡凯旋大街建设路18号-D1892
7	北京开元恒基房地产土地评估有限公司	二级	北京市房山区良乡政通路19号
8	北京瑞欧房地产评估咨询有限责任公司	二级	北京市房山区青龙湖镇大苑村村民委员会南485米
9	北京世纪方廉房地产评估事务所（普通合伙）	二级	北京市丰台区大成路6号院1号楼8层B802
10	北京友诚房地产土地评估有限公司	二级	北京市丰台区东铁匠营苇子坑138号1037-2
11	保诚联合（北京）房地产土地评估有限公司	二级	北京市丰台区广安路9号院4号楼5层512
12	北京国诚房地产土地资产评估有限公司	二级	北京市丰台区石榴园北里42号楼2单元406
13	北京国土永业房地产土地评估有限公司	二级	北京市丰台区西直门北大街32号院2号楼16层1802
14	北京中盛行房地产土地评估有限公司	二级	北京市丰台区小屯路8号紫金园B613、B615
15	沃克森（北京）国际房地产土地评估有限公司	二级	北京市海淀区车公庄西路19号37幢3层307
16	北京金典天平房地产评估有限责任公司	二级	北京市海淀区清河安宁庄东路18号7号楼四层426
17	北京海创房地产土地评估有限公司	二级	北京市海淀区温泉镇创客小镇社区配套商业楼17#楼一层180室
18	北京国土联房地产评估中心有限公司	二级	北京市海淀区学院南路68号吉安大厦4012室
19	北京中创伟业房地产评估有限责任公司	二级	北京市海淀区远大路20号E-1604室
20	北京海评兴业房地产土地评估有限公司	二级	北京市海淀区中关村南大街34号3号楼307室
21	北京中地联合房地产评估有限公司	二级	北京市怀柔区凤翔东大街9号101室
22	北京恒浩房地产评估有限公司	二级	北京市顺义区仓上小区37号楼1单元302室
23	北京金地房地产土地评估有限公司	二级	北京市通州区滨惠南三街38号15层2001室
24	北京中恒房地产评估有限公司	二级	北京市通州区张家湾镇南许场村东（保罗生物园科技股份有限公司）2幢3层
25	北京西域房地产价格评估有限公司	二级	北京市西城区车公庄大街乙5号2号楼五层G室
26	中联房地产评估有限公司	二级	北京市西城区复兴门内大街28号凯晨世贸中心东座F4层769室
27	北京宣房房地产评估有限公司	二级	北京市西城区广安门外南街甲59号二层南门201
28	北京鸿天涉外房地产土地估价有限责任公司	二级	北京市西城区黄寺大街26号院4号楼10层1109
29	北京申和天成房地产评估有限公司	二级	北京市西城区西单横二条2号702A
30	北京浩诚业房地产评估有限公司	二级	北京市西城区西直门内大街132号4幢二层201

（续表9-9）

序号	机构名称	备案等级	住所
31	北京兴庆房地产土地评估有限公司	二级	北京市西城区新兴东巷15号9号楼一层
32	北京高力国际土地房地产资产评估有限公司	二级	北京市朝阳区建国路91号院8号楼5层507单元
33	北京华城房地产土地评估有限公司	二级	北京市朝阳区麦子店街78号1幢一层105室
34	北京中海城房地产评估有限公司	二级	北京市朝阳区西大望路27号［2-1］119幢1-408
35	北京中坤房地产土地评估有限公司	二级	北京市朝阳区小黄庄北街2号10号楼三层301室

表9-10　2022年北京市一级房地产估价机构列表

序号	机构名称	备案等级	住所
1	北京金诚立信房地产土地评估有限公司	一级	顺义区龙湾屯镇府前街12号201
2	北京瀚鼎房地产土地评估有限公司	一级	北京市朝阳区西大望路1号1号楼19层2206室
3	北京北方房地产咨询评估有限责任公司	一级	北京市西城区金融大街27号投资广场A601
4	北京中资房地产土地评估有限公司	一级	北京市西城区西直门外大街18号楼13层6单元1603
5	北京宝孚房地产评估事务所有限公司	一级	北京市东城区青龙胡同1号6层605B
6	北京中土源房地产土地资产评估有限公司	一级	北京市海淀区北三环西路48号1号楼12至13层B座12-13M
7	北京华天通房地产评估有限公司	一级	北京市海淀区甘家口21号楼7层
8	北京京都房地产土地评估有限公司	一级	北京市朝阳区建国门外大街22号（赛特广场）3号楼十层30509室
9	北京鼎春德房地产土地评估有限公司	一级	北京市门头沟区滨河南路3号415室
10	顺建投申洋（北京）房地产土地评估有限公司	一级	北京市顺义区光明南街20号1幢3层313
11	北京中盛行房地产土地评估有限公司	一级	北京市丰台区小屯路8号紫金园B613、B615
12	北京汇盛信达房地产土地评估有限公司	一级	北京市顺义区怀昌路北石槽段1号4幢
13	北京市中恒业房地产评估有限责任公司	一级	北京市朝阳区东土城路8号A座21层21F
14	北京安泰祥土地房地产评估有限公司	一级	北京市石景山区苹果园南路69号院1号楼14层1416
15	北京圣元房地产评估咨询有限公司	一级	北京市朝阳区东四环中路78号楼3层309内03
16	北京潞通房地产土地评估有限公司	一级	北京市通州区翠景北里1号楼5层606室
17	北京高地经典房地产评估有限责任公司	一级	北京市西城区太平桥大街98号院5号楼1门101
18	北京华瑞行房地产评估咨询有限公司	一级	北京市朝阳区安慧里四区15号楼院2号楼1-14层2-4号6层601室
19	北京中锐行房地产土地评估有限公司	一级	北京市丰台区郭公庄中街20号院1号楼3层301

（续表9-10）

序号	机构名称	备案等级	住所
20	北京银通安泰房地产评估有限公司	一级	北京市朝阳区朝阳北路199号1811室
21	北京统信房地产土地资产评估有限公司	一级	北京市通州区北皇木厂街1号院1号楼4层406
22	北京安兴润房地产土地评估有限公司	一级	北京市大兴区黄村镇清澄名苑北区27号楼7层2-809
23	名洋灏正房地产土地评估（北京）有限公司	一级	北京市朝阳区北辰东路8号院1号楼27层2701内2715号
24	北京京城捷信房地产评估有限公司	一级	北京市朝阳区芍药居甲2号院1-4号403室-411室
25	北京吉翔房地产土地评估有限公司	一级	北京市海淀区亮甲店130号21号楼四层A416
26	北京明鉴永兴房地产土地资产评估有限公司	一级	北京市顺义区顺通路西侧办公楼二层
27	瑞盈京都房地产土地资产评估（北京）有限公司	一级	北京市朝阳区八里庄北里129号院9号楼14层3单元1402
28	中财宝信（北京）房地产土地资产评估有限公司	一级	北京市海淀区玲珑路9号院东区8号楼16层1608
29	北京国众联土地房地产评估有限公司	一级	北京市大兴区旧桥路1号院6号楼11层1205
30	北京新兴宏基房地产土地评估有限公司	一级	北京市朝阳区麦子店街78号1幢一层102室
31	北京大信中和房地产土地评估有限公司	一级	北京市海淀区知春路6号锦秋国际大厦10层A07
32	北京植地通诚房地产评估有限公司	一级	北京市怀柔区于家园二区30号楼12号1层
33	北京京港房地产土地资产评估有限公司	一级	北京市海淀区西三环北路100号金玉大厦1101室
34	北京百成首信房地产评估有限公司	一级	北京市朝阳区农展馆南路12号1号楼2层2003室
35	仲量联行（北京）房地产资产评估咨询有限公司	一级	北京市朝阳区建国路乙118号8层01A/01B/01C/01D/02A
36	北京市国盛房地产评估有限责任公司	一级	北京市海淀区中关村南大街2号A座13层1615
37	北京华中兆源房地产土地评估有限公司	一级	北京市大兴区黄村镇兴政街甲23号2幢5层502室
38	北京中企华土地房地产资产评估有限公司	一级	北京市朝阳区工体东路18号2号楼三层东南侧
39	中安盛世（北京）土地房地产资产评估有限责任公司	一级	北京市朝阳区将台路6号丽都饭店内7层O-702室
40	北京中海城房地产评估有限公司	一级	北京市朝阳区西大望路27号［2-1］119幢1-408
41	北京银地联合房地产土地资产评估有限公司	一级	北京市通州区通胡大街25号10幢三层302
42	北京中地华夏土地房地产评估有限公司	一级	北京市西城区闹市口大街1号院2号楼5A1、5A2室
43	北京建正合生房地产评估有限公司	一级	北京市朝阳区朝阳路67号9号楼5层1单元604
44	北京世诚嘉业房地产土地资产评估有限责任公司	一级	北京市海淀区北小马厂6号14层1401
45	杜鸣联合房地产土地资产评估（北京）有限公司	一级	北京市西城区广安门外大街168号1幢7层2-819E

（续表9-10）

序号	机构名称	备案等级	住所
46	北京北方亚事房地产土地评估有限公司	一级	北京市丰台区南四环西路186号三区3号楼-1至9层101内6层09室
47	北京东华天业房地产评估有限公司	一级	北京市朝阳区朝外雅宝路12号22层2205
48	中瑞国际房地产土地资产评估有限公司	一级	北京市海淀区西直门北大街32号院1号楼15层1809-1
49	北京中鼎联合房地产土地资产评估有限公司	一级	北京市朝阳区东四环中路39号13层B单元1605
50	北京国地房地产土地评估有限公司	一级	北京市海淀区中关村南大街17号韦伯时代中心3号楼1401室
51	北京国信达房地产土地评估有限公司	一级	北京市朝阳区吉庆里14号楼3层302
52	中兴华咨（北京）房地产评估工程咨询有限公司	一级	北京市丰台区万泉寺北路10号院4号楼2层8205室
53	博文房地产评估造价集团有限公司	一级	北京市西城区宣武门外大街20号6层办公0713
54	北京盛华翔伦房地产土地评估有限责任公司	一级	北京市朝阳区东三环南路58号2号楼701室
55	北京大地盛业房地产土地评估有限公司	一级	北京市朝阳区和平街西苑甲12号楼二层203室
56	北京建亚恒泰房地产评估有限公司	一级	北京市丰台区南三环西路88号1022室
57	宝业恒（北京）土地房地产资产评估咨询有限公司	一级	北京市东城区藏经馆胡同17号1幢2165室
58	北京康正宏基房地产评估有限公司	一级	北京市丰台区芳城园一区16号楼2层2门配套公建01
59	中建银（北京）房地产土地资产评估有限公司	一级	北京市丰台区丰台北路18号院4号楼9层901内902室
60	北京华信房地产评估有限公司	一级	北京市西城区安德路83号4层办公01-401室
61	北京仁达房地产土地资产评估有限公司	一级	北京市西城区车公庄大街9号院五栋大楼B座1-401室（德胜园区）
62	北京华源龙泰房地产土地资产评估有限公司	一级	北京市丰台区南四环西路186号三区3号楼-1至9层101内8层06室
63	北京首佳房地产评估有限公司	一级	北京市海淀区紫竹院路116号嘉豪国际中心B座7层
64	北京市金利安房地产咨询评估有限责任公司	一级	北京市西城区大安澜营胡同31号及旁门、后门、东南园胡同32号5号楼2层211房间
65	北京中地联合房地产评估有限公司	一级	北京市怀柔区凤翔东大街9号101室

表 9–11　2022 年外地房地产估价机构在京分支机构列表

序号	机构名称	备案等级	住所
1	广州第一太平戴维斯房地产与土地评估有限公司北京分公司	分支机构	北京市朝阳区建国路81号12层12办公1T01内05B号
2	国众联资产评估土地房地产估价有限公司北京分公司	分支机构	北京市大兴区旧桥路1号院6号楼10层1105
3	厦门均达房地产资产评估咨询有限公司北京分公司	分支机构	北京市东城区王府井大街99号A811A
4	深圳市戴德梁行土地房地产评估有限公司北京分公司	分支机构	北京市朝阳区光华路1号（写字楼）14层1429–1430单元
5	深圳市国策房地产土地资产评估有限公司北京分公司	分支机构	北京市朝阳区东四环中路62号楼2705
6	深圳市国房土地房地产资产评估咨询有限公司北京分公司	分支机构	北京市朝阳区酒仙桥路13号科研楼十六层2087号
7	深圳市融泽源资产评估土地房地产估价有限公司北京分公司	分支机构	北京市东城区绿景馨园东区12号楼8层8035室
8	深圳市世联土地房地产评估有限公司北京分公司	分支机构	北京市朝阳区西大望路15号4号楼13层1301号001室
9	深圳市同致诚土地房地产估价顾问有限公司北京分公司	分支机构	北京市丰台区汽车博物馆东路8号院3号楼9层903

第五节　房屋安全鉴定行业

一、房屋安全鉴定机构情况

2022 年，全市新增 1 个业务范围不限的房屋安全鉴定机构备案（中塔建设科技有限公司），鉴定机构备案注销 2 个（北京市怀柔区房屋安全鉴定站、中国建筑科学研究院有限公司）。截至 2022 年底，备案鉴定机构总数达 36 个，其中业务范围不限 23 个，中小型 4 个，小型 9 个（见表 9–12）。

业务范围不限的鉴定机构可以受理各种房屋建筑的安全评估与鉴定业务。

业务范围中小型的鉴定机构可以受理的业务有：（1）一般公共建筑工程，（a）单体建筑面积 20000 平方米及以下，不含钢结构；（b）建筑高度 50 米及以下。（2）住宅宿舍，20 层及以下一般标准的居住建筑工程，不含钢结构。（3）地下工程，（a）总建筑面积 10000 平方米及以下地下空间；（b）防护等级五级及以下附建式人防工程。（4）其他类，（a）使用住宅专项维修资金鉴定；（b）变动房屋建筑主体和承重结构认定。

业务范围小型的鉴定机构可以受理的业务有：（1）使用住宅专项维修资金鉴定。（2）变动房屋建筑主体和承重结构认定。（3）平房（文物古建筑房屋除外）。（4）跨度小于12米的单层空旷砖房。（5）六层及以下砖混、砖木结构楼房。

表9–12 北京市房屋安全鉴定机构一览表

序号	备案编号	机构名称	机构地址	联系电话	业务范围
1	京鉴字01002	北京紫衡轩建筑工程检测有限公司	北京市房山区城关街道顾八路东方1956文化创意园内	69376993	不限
2	京鉴字01007	北京市朝阳区房屋安全鉴定站	北京市朝阳区三里屯南56号	64186051	不限
3	京鉴字01008	北京市海淀区房屋安全鉴定站	北京市海淀区东王庄小区16甲楼	62525745	不限
4	京鉴字01012	北京市建设工程质量第三检测所有限责任公司	北京市西城区百万庄大街3号	88373018	不限
5	京鉴字01016	北京众鑫云工程质量检测有限公司	北京市密云区河南寨镇工业开发区	88426983	不限
6	京鉴字01018	北京市建设工程质量第六检测所有限公司	北京市丰台区南苑新华路1号	87148751	不限
7	京鉴字01021	北京市建设工程质量第二检测所有限公司	北京市西城区南礼士路62号10号楼	68048508	不限
8	京鉴字01023	北京市建设工程质量第一检测所有限责任公司	北京市海淀区复兴路34号	88223802	不限
9	京鉴字01025	北京科远智恒鉴定检测技术有限公司	丰台区大井东里甲2号	63812390	不限
10	京鉴字01028	奥来国信（北京）检测技术有限责任公司	北京市顺义区高丽营镇顺于路高丽营段138号	81700898	不限
11	京鉴字01029	北京市建设工程质量第五检测所有限公司	北京市朝阳区南三环成寿寺路甲135号2号楼5层504室	67731836	不限
12	京鉴字01030	中国国检测试控股集团股份有限公司	北京市朝阳区管庄东里1号CTC结构部	80896652	不限
13	京鉴字01031	中电投工程研究检测评定中心有限公司	北京市海淀区西四环北路160号	88194105	不限
14	京鉴字01032	北京三茂建筑工程检测鉴定有限公司	北京海淀区马甸东路19号9层1026	62912726	不限
15	京鉴字01033	清华大学/清华大学结构工程检测中心	北京市海淀区清华大学土木工程系	62794828	不限
16	京鉴字01034	中大智能科技股份有限公司北京分公司	北京市密云区经济技术开发区康宝路12号	61096100	不限
17	京鉴字01038	北京康桥隆盛工程检测有限责任公司	北京市大兴区兴华大街（二段）19号院23号楼1–109	69269124	不限

（续表9-12）

序号	备案编号	机构名称	机构地址	联系电话	业务范围
18	京鉴字01039	北京环安工程检测有限责任公司	北京市朝阳区向军北里9号楼	62258860	不限
19	京鉴字01041	中冶检测认证有限公司	北京市海淀区西土城路33号55号楼307房间	82227228	不限
20	京鉴字01042	中宏检验认证集团有限公司	北京市海淀区北四环中路229号海泰大厦11层1107-4	0311-85296688	不限
21	京鉴字01043	北京建业通工程检测技术有限公司	北京市大兴区西红门镇星光视界3-B-316室	60214780	不限
22	京鉴字01044	建研院检测中心有限公司	北京市朝阳区北三环东路三十号检测中心113	64517235	不限
23	京鉴字01045	中塔建设科技有限公司	北京市顺义区裕曦路9号院14号楼9层2-2913	50934868	不限
24	京鉴字02001	北京首华建设经营有限公司房屋安全鉴定室	北京市朝阳区芍药居2号院	56353244	中小型
25	京鉴字02004	北京德源佳宁安信房屋安全鉴定有限公司	北京市西城区西四东大街49号	66026813	中小型
26	京鉴字02014	北京房地集团有限公司房屋安全鉴定室	北京市朝阳区芍药居甲2号院1号楼北楼一层	84631858	中小型
27	京鉴字02040	中震（北京）工程检测股份有限公司	北京市大兴区鼎利路10号院14号楼1至4层	68845221	中小型
28	京鉴字03003	北京市门头沟区房屋安全鉴定站	北京市门头沟区滨河路18号	69822760	小型
29	京鉴字03009	北京市昌平区房屋安全鉴定站	昌平区南环东路36号302室	69746096	小型
30	京鉴字03010	北京天岳恒房屋经营管理有限公司房屋安全鉴定室	北京市丰台区右安门外西三条甲2号	63295296	小型
31	京鉴字03015	北京石房投资管理有限公司房屋安全鉴定室	石景山区古城东街103号	68867438	小型
32	京鉴字03017	北京市平谷区房屋安全鉴定站	北京市平谷区府前街31号	80916037	小型
33	京鉴字03019	北京市东城区房屋安全鉴定管理所	北京市东城区东花市二区3号楼底商	64023166	暂停营业
34	京鉴字03020	通州区房屋安全鉴定站	通州区玉桥南里24号楼	81587316	小型
35	京鉴字03026	北京市延庆区房屋安全管理中心	北京市延庆区东外大街89号城建大厦11楼1106	69182090	小型
36	京鉴字03037	北京广安融创房屋安全鉴定有限公司	西城区珠市口西大街253号	83551191	小型

注：1.中大检测（湖南）股份有限公司北京分公司更名为中大智能科技股份有限公司北京分公司

二、2022年房屋安全鉴定和评估业务完成情况

全市36个鉴定机构在2022年共完成涉及建筑面积4969.36万平方米的房屋安全鉴定、安全评估、修缮定案鉴定（详见表9-13）。

表9-13 各鉴定机构2022年鉴定和评估业务完成情况统计表

序号	机构名称	建筑面积（万 m^2）								
		小计	安全鉴定（楼房）	安全鉴定（平房）	综合安全性鉴定（楼房）	综合安全性鉴定（平房）	修缮定案鉴定（楼房）	修缮定案鉴定（平房）	安全评估（楼房）	安全评估（平房）
1	北京紫衡轩建筑工程检测有限公司	178.94	121.24	2.72	47.02	3.80	3.71	0	0	0
2	北京市朝阳区房屋安全鉴定站	41.42	0	0	0	0	0	0	41.42	0
3	北京市海淀区房屋安全鉴定站	591.49	51.45	0.19	18.89	0.21	519.22	0	1.53	0
4	北京市建设工程质量第三检测所有限责任公司	196.91	89.16	0.88	29.44	1.62	55.32	0	20.49	0
5	北京众鑫云工程质量检测有限公司	48.47	31.79	0	5.29	0	11.24	0	0.15	0
6	北京市建设工程质量第六检测所有限公司	218.73	160.74	0.03	43.57	0.06	12.46	0	1.87	0
7	北京市建设工程质量第二检测所有限公司	324.51	214.04	0.14	63.07	0.80	17.34	0	29.04	0.08
8	北京市建设工程质量第一检测所有限责任公司	161.94	128.51	0.01	33.42	0	0	0	0	0
9	北京科远智恒鉴定检测技术有限公司	230.5	5.24	0.27	21.72	0	203.27	0	0	0
10	奥来国信（北京）检测技术有限责任公司	77.53	35.22	3.01	18.57	1.50	19.23	0	0	0
11	北京市建设工程质量第五检测所有限公司	511.65	38.22	0.07	7.01	0.55	428.30	0	37.50	0
12	中国国检测试控股集团股份有限公司	129.8	103.34	0	3.32	0	17.84	0	5.30	0
13	中电投工程研究检测评定中心有限公司	807.73	502.84	0.09	180.84	0.31	114.36	0	9.29	0
14	北京三茂建筑工程检测鉴定有限公司	76.98	47.58	0	22.73	0	0	0	6.67	0

（续表9–13）

序号	机构名称	建筑面积（万 m^2）								
		小计	安全鉴定（楼房）	安全鉴定（平房）	综合安全性鉴定（楼房）	综合安全性鉴定（平房）	修缮定案鉴定（楼房）	修缮定案鉴定（平房）	安全评估（楼房）	安全评估（平房）
15	清华大学／清华大学结构工程检测中心	19.75	0	0	9.88	0	0	0	9.87	0
16	中大智能科技股份有限公司北京分公司	11.69	0.25	0.38	3.50	2.23	5.09	0.24	0	0
17	北京康桥隆盛工程检测有限责任公司	81.29	53.23	0.02	26.87	0.02	0	0	1.15	0
18	北京环安工程检测有限责任公司	117.29	78.87	0.03	28.67	0	1.84	0	7.88	0
19	中冶检测认证有限公司	180.61	40.48	0	137.25	0.21	0	0	2.67	0
20	中宏检验认证集团有限公司	0	0	0	0	0	0	0	0	0
21	北京建业通工程检测技术有限公司	0.5	0.30	0.20	0	0	0	0	0	0
22	建研院检测中心有限公司	490.76	376.7	0.30	88.29	0.2	16.26	0	9.01	0
23	中塔建设科技有限公司	1.24	0	0	1.24	0	0	0	0	0
24	北京首华建设经营有限公司房屋安全鉴定室	349.73	0	0.2	10.44	0.39	338.51	0	0.19	0
25	北京德源佳宁安信房屋安全鉴定有限公司	57.5	0.22	0.75	1.50	0.36	54.67	0	0	0
26	北京房地集团有限公司房屋安全鉴定室	13.37	2.53	0	8.88	0.28	1.68	0	0	0
27	中震（北京）工程检测股份有限公司	0	0	0	0	0	0	0	0	0
28	北京市门头沟区房屋安全鉴定站	0	0	0	0	0	0	0	0	0
29	北京市昌平区房屋安全鉴定站	17.43	0	0	0	0	17.43	0	0	0
30	北京天岳恒房屋经营管理有限公司房屋安全鉴定室	0	0	0	0	0	0	0	0	0
31	北京石房投资管理有限公司房屋安全鉴定室	0.11	0	0	0	0.11	0	0	0	0

（续表9-13）

序号	机构名称	建筑面积（万 m^2）								
		小计	安全鉴定（楼房）	安全鉴定（平房）	综合安全性鉴定（楼房）	综合安全性鉴定（平房）	修缮定案鉴定（楼房）	修缮定案鉴定（平房）	安全评估（楼房）	安全评估（平房）
32	北京市平谷区房屋安全鉴定站	0	0	0	0	0	0	0	0	0
33	北京市东城区房屋安全鉴定管理所	0	0	0	0	0	0	0	0	0
34	通州区房屋安全鉴定站	24.2	0	0.07	0	0	24.13	0	0	0
35	北京市延庆区房屋安全管理中心	0	0	0	0	0	0	0	0	0
36	北京广安融创房屋安全鉴定有限公司	7.74	0.84	0.33	0	0	6.57	0	0	0
合计		4969.36	2082.79	9.6	811.41	12.65	1868.47	0.24	184.03	0.08

附录一

业界观点

一、2022 年度北京市房地产市场和土地市场发展报告

北京链家研究院

第一篇　新房市场

供应降低，结构趋稳。2022 年北京市新房供应量为近四年以来最低水平。随着土地端供给结构调整，商品住宅供应占比连续三年上升，2022 年市场份额达到八成；刚需产品仍为供应主力但呈下降态势，随着"70/90"地块数量减少，改善产品占比逐步提升。

量降价升，市场触底。受疫情及基数影响，新房成交降幅达 20%，成交水平处于近四年以来的最低。成交均价则连续四年上涨，创历史新高。市场结构趋稳，指导价住宅从供销两端完全占据市场主力地位。

区域轮动，价值凸显。受整体市场下行影响，各区县成交整体下降，海淀、东城核心地段优质房产受市场青睐，海淀项目成交表现最突出。丰台、朝阳、石景山受供需影响较大，承销轮动，且均价涨幅较大，对新房市场价格上涨起到突出拉动作用。平原新城低总价优势，承接产业外溢区域成交表现为"以价换量"。

房企集中，项目分化。国、央企在当前市场中具有强竞争优势，市场份额大幅提升，中海、中建、城建成交排名位居前三；项目成交分化较大，海淀学府壹号院、中建壹品学府公馆，东城区天坛府三盘销售过百亿，滞销项目受居住配套影响较大。

库存高位，去化走弱。可售存量仍处高位水平，去化周期超 20 个月，较 2021 年拉长近半年，多数区域去化承压，市场饱和度较高。

一、供给情况

（一）供应量：2018 年以来最低水平

2022 年，北京新建商品住宅（含共有产权）新增供应同比减少 8.3%、14.2%，为近四年以来最低位水平。从月度供应来看，4 月为全年供应顶峰。（各月情况见图附 1–1）

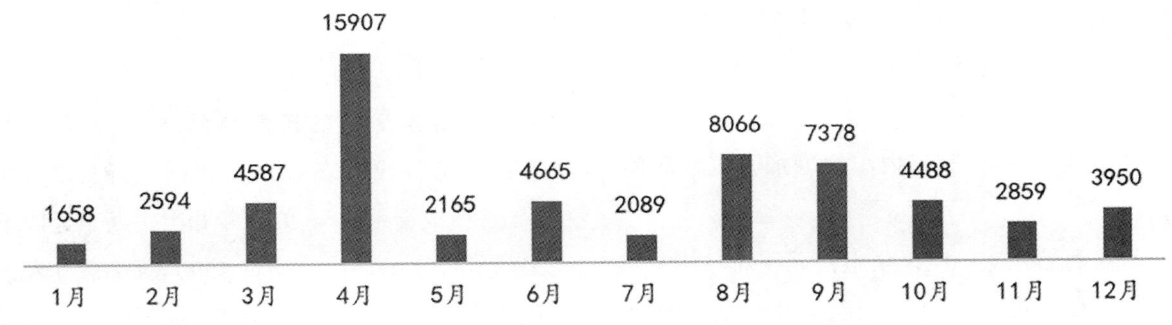

图附 1–1　2022 年北京市新建商品住宅月度供应情况（供应量：套）

数据来源：天朗数据、北京链家研究院

2022 年全年，北京市共发放 123 个新建商品住宅预售证（含共有产权），期房供应占比 95.2%。较 21 年预售证个数减少 33 个、项目数减少 20 个。

（二）供应结构：改善产品增加，平原新城为主

1. 供应面积段："70/90"地块减少，60–90平方米仍为主力但有所下降，90–120平方米市场份额超三成

从供应面积段来看，供应主力面积段仍为 60–90 平方米，同比回升 4 个百分点，但整体仍为下降趋势；90–120 平方米占比 33%，整体呈上升趋势。且 2022 年集中供地成交的 55 宗地中仅有 14 宗地执行套内"7090"政策，2021 年成交的 57 宗地中有 26 宗执行套内"7090"政策，未来新房套均面积将进一步扩大，改善住宅持续增量。（见表附 1–1）

表附 1–1　2022 年北京市新建商品住宅各面积段供应情况

面积段	2021年供应量（套）	占比	2022年供应量（套）	占比
60㎡以下	2103	3%	1249	2%
60–90㎡	20443	31%	21042	35%
90–120㎡	18211	28%	19669	33%
120–150㎡	14006	21%	9474	16%
150–180㎡	4367	7%	4233	7%
180–220㎡	2589	4%	2182	4%
220㎡以上	4168	6%	2557	4%

数据来源：天朗数据、北京链家研究院

2. 空间分布：平原新城为主，昌平增幅最大

从空间分布来看，昌平、大兴、顺义供应量位居前三，昌平增幅最大。此外，门头沟、丰台、海淀、东城、平谷供应占比较去年有所增加，其余区县供应占比较去年小幅下降，降幅均在 5% 以内。

3. 环线分布：五环内小幅增加，五六环间主力

新建商品住宅供应仍集中在五环外，其中，五至六环最为集中，供应占比达 50.6%；六环外次之，但供应占比较去年出现大幅下降，降幅达 11 个百分点；四至五环供应占比 12.9%，上升 6.3 个百分点；四环内供应占比小幅上升，且为二至三环项目占比提升。

二、成交情况

2022 年，北京新建商品住宅呈现量降价升的态势，成交套数和面积同比降低 24.8%、24.1%，成交水平与 2019 年相当，处于近四年以来的低位水平。成交均价 55004 元 / 平方米，同比上涨 7.3%，连续四年上涨，创历史新高。2 月、

5月受疫情因素影响较大，成交低迷；10月为全年顶峰，单月成交7434套，占比13.7%，全年有6个月超过4469套水平（五年月均成交值）。受政策利好影响，下半年市场信心逐步恢复，成交表现优于上半年。6月为全年成交价格顶峰，单月成交均价63888元/平方米；10月单月成交价格最低，主要受共产房集中成交的结构性因素影响。下半年，受房企推盘节奏影响，部分项目推出“特价房”、“折扣房”等活动，积极营销“以价换量”，住宅项目销售均价较上半年小幅回落。

（一）区域特征：主力四城拉动均价

受市场总体成交水平降低影响，全年区域市场亦有较大程度降幅。城六区中，东城上新，丰台、朝阳、石景山等区域受供需影响较大，销售表现分化轮动。平原新城低总价优势，能承载产业外溢住宅需求的区域成交表现较为突出，大兴、顺义、昌平供销两旺。远郊区县市场饱和度较高，长期低位运行，受结构性因素影响较大。大兴、顺义、昌平成交量位居前三位，大兴区连续三年成交居于首位，朝阳、海淀、大兴成交金额超过400亿元。东城区受天坛府单一项目影响，成交量放大、成交价格小幅提升。

从成交绝对值来看，朝阳、门头沟、怀柔、延庆逆市增长，成交量同比增长41%、48%、24%、14%；从成交占比的相对值来看，朝阳、海淀、门头沟、顺义、通州、怀柔、延庆呈现增量态势，朝阳市场成交份额提升最大、占比提升6个百分点，大兴市场份额降幅最大、下降6个百分点。

从成交均价来看，中心四区均价突破6.5万元/平方米，海淀、朝阳、丰台三区成交均价同比涨幅均超过10%，对新房市场起到突出拉动作用。平原新城中，昌平、大兴成交均价涨幅在6%左右，通州、顺义“以价换量”、成交均价分别下降3%、5%，房山则为唯一量价齐降区域。（各区情况详见表附1-2）

表附1-2　2022年北京市商品住宅各区市场成交特征

区县	趋势	2022年			2021年			量同比	价同比
		成交量（套）	量占比	成交均价（元/㎡）	成交量（套）	量占比	成交均价（元/㎡）		
东城区	量价齐升	993	2%	107861	291	0%	105372	2%	2%
朝阳区	量价齐升	5092	12%	78965	3612	6%	71055	6%	11%
海淀区	量价齐升	3876	9%	89545	4208	7%	80778	2%	11%
丰台区	量降价升	3179	7%	78919	5241	8%	71432	−1%	10%
石景山区	量降价升	1712	4%	65363	3910	6%	63301	−2%	3%
通州区	量升价降	4098	9%	49446	5170	8%	50727	1%	-3%
大兴区	量降价升	7228	16%	50436	13929	22%	47639	−6%	6%
房山区	量价齐降	3075	7%	33402	5912	10%	33753	−3%	−1%
门头沟区	量升价稳	1526	3%	50655	1032	2%	50466	2%	0%
昌平区	量稳价升	4480	10%	51148	6023	10%	48167	0%	6%

（续表附1-2）

区县	趋势	2022年			2021年			量同比	价同比
		成交量（套）	量占比	成交均价（元/㎡）	成交量（套）	量占比	成交均价（元/㎡）		
顺义区	量升价降	5630	13%	44417	7251	12%	46960	1%	-5%
怀柔区	量升价降	776	2%	34658	625	1%	36045	1%	-4%
平谷区	量稳价升	534	1%	24578	729	1%	23905	0%	3%
密云区	量降价升	1169	3%	22433	3572	6%	21370	-3%	5%
延庆区	量升价降	753	2%	24760	662	1%	26037	1%	-5%

数据来源：天朗数据、北京链家研究院

（二）特征：结构刚需比例下降，改善需求比例上升。

从面积档位看，2022年普通商品住宅市场成交主力仍为70-90平方米，但整体呈现下降趋势，累计跌幅29%。自2020年来，改善市场逐步打开，小户型低市占率之下持续收缩，70平方米以下面积段成交占比仅为5%、仍下降2个百分点；90-120平方米面积段成交增幅最大、累计增幅16%；120-150平方米面积段次之、累计增长7%；此外，150平方米以上大户型成交有所放大，150-200平方米面积段累计增长6%，200平方米以上面积段亦增长2个百分点。2022年成交的户型以三居为主，成交占比47%；四居首次超过两居，成交占比达25%。

从交叉分析来看，刚需客群成交集中在70-90平方米两至三居，500万为价格敏感的分水岭；改善客群成交集中在90-150平方米三至四居，800万为价格敏感的分水岭（详见表附1-3和表附1-4）。

表附1-3　2022年北京市普通住宅户型与面积段交叉分析统计

户型	70㎡以下	70-90㎡	90-120㎡	120-150㎡	150-200㎡	200㎡以上	合计
一居	1319	259	44	2	1	0	1625
两居	669	6093	939	286	32	4	8023
三居	0	5690	9643	2958	984	90	19365
四居	0	0	681	5257	3388	934	10260
五居+	0	0	11	381	459	748	1599
合计	1988	12042	11318	8884	4864	1776	40872

数据来源：天朗数据、北京链家研究院

表附 1-4　2022 年北京市普通住宅户型与总价段交叉分析统计

户型	300万以下	300-500万	500-800万	800-1000万	1000-1500万	1500万+	合计
一居	944	535	122	23	0	1	1625
两居	2201	3737	1785	128	152	20	8023
三居	2533	5627	7092	2145	1250	718	19365
四居	41	1175	2625	1822	1904	2693	10260
五居+	98	281	331	159	214	516	1599
合计	5817	11355	11955	4277	3520	3948	40872

数据来源：天朗数据、北京链家研究院

三、库存情况

2022 年，北京新建商品住宅可售存量 92760 套、1266.7 万平方米，处于市场高位水平。去化周期为 20.5 个月，较 2021 年拉长 5.7 个月。

随着土地供应端趋于稳定，项目转化入市速率提升，潜在供应量逐步降低，截至目前，潜在供应体量约 673.4 万平方米，按当年成交的套均面积计算，房源量约为 5.6 万套。

（一）多数区域去化承压，海淀供不应求

顺义、大兴、朝阳可售存量较大，市场饱和度较高；远郊区去化周期较长；房山、丰台、门头沟去化周期超过 30 个月，去化难度极大；顺义、昌平、朝阳、通州去化周期超过全市平均水平；大兴、石景山受供应端缩量影响，去化速度超过全市平均水平；海淀供不应求，去化周期仅为 7.9 个月，去化速度较均值快 12.6 个月。

（二）项目去化分化，滞销项目受居住配套影响较大

从项目来看，2022 年内北京市库存量最大的项目为国誉燕园，存量套数 1788 套。入市超过 30 天、销售率不足一成、库存量超 500 套的滞销项目为硅谷 ONE、京能西山印、和悦璞云、中建学府印悦二期、中骏云景台限竞房、北京城建宸知筑、熙湖悦著限竞房、春和印象、西山金茂府，均位于板块配套较差的区域。

第二篇　二手住房市场

一、交易规模显著下降

2022 年北京市二手住宅网签量为 142387 套，同比下降 26.3%。成交总面积为 1287.45 万平方米，同比下降 26.4%。本年度成交规模与疫情前（2019 年）水平相当，成交量降幅显著一方面是受疫情影响，另一方面为高基数效应所致。从历史走势看，本年度成交量与 2017-2019 年相当（见表附 1-9）。**年内成交量走势起伏明显，多数月份同比下降。**受季节性因素和疫情等突发事件影响，2 月、5 月和 12 月网签量均有明显下降，其他常规月份成交量也较去年同期有所下降。

二、成交均价小幅上涨

2022 年北京二手住宅成交均价为 65573 元 / 平方米，与去年相比上涨 1.4%。近两年二手住宅成交均价总体保持平稳，价格波动幅度处于合理运行区间（见图附 1–2）。**年内价格呈高位企稳态势，个别月份出现结构性回调**。截至 2022 年 12 月，北京链家二手住宅成交均价为 63099 元 / 平方米，较 2022 年 1 月份下降 4.9%。1 月份成交均价为年内最高，接近历史最高水平。从月度价格走势看，多数月份成交均价处于 66000 元 / 平方米附近水平，其他月份受春节假期和疫情因素影响出现结构性下行，尤其是 5、11、12 月，疫情影响较为显著。（详见表附 1–5）

表附 1–5　2022 年北京市二手住宅成交量占比（按规划区域分布）

月份	东西城	朝海丰石	副中心和平原新城	生态涵养区	总计
202201	9.1%	58.6%	30.4%	1.9%	100.0%
202202	8.2%	56.5%	33.6%	1.7%	100.0%
202203	7.8%	57.6%	33.0%	1.7%	100.0%
202204	8.7%	57.4%	31.8%	2.1%	100.0%
202205	8.6%	52.8%	35.8%	2.9%	100.0%
202206	8.2%	57.3%	32.2%	2.2%	100.0%
202207	8.8%	55.6%	33.6%	2.0%	100.0%
202208	8.7%	56.5%	32.8%	2.1%	100.0%
202209	8.6%	55.6%	33.1%	2.7%	100.0%
202210	9.5%	54.3%	33.9%	2.3%	100.0%
202211	8.4%	53.2%	35.9%	2.4%	100.0%
202212	8.4%	54.8%	34.0%	2.8%	100.0%

数据来源：北京链家研究院

三、供需关系为买房市场

与过去两年相比，2022 年供需关系更偏向买方。受疫情、市场风险上升和宏观经济承压等多重因素影响，本年度各方市场预期均趋于保守。经过数月相持，买方优势确立。从新增供需趋势看，今年以来新增客房比（统计周期内新增客源量 / 新增房源量）整体呈下行趋势。1 月份延续去年四季度恢复态势，新增客房比达到 5.4，为年内最高水平。随后受春节假期影响，该指标出现季节性回落，并于 5 月份疫情之后进入缓慢下行过程。新增客房比下降表明需求端增速低于供给端，供需平衡逐步向需求端迁移。**供需态势转变导致房屋销售难度上升，直接表现便是二手住房库存房源高企**。通常市场预期好、成交量高的时期库存量总体较低，而市场预期转弱、成交量低的时期库存量相对较高。今年上半年库存量总体延续去年四季度走势，自 6 月起市场预期转弱，库存规模开始缓慢上升。**库存规模上升伴随需求转弱，导致卖方预期持续下行**。从年内售房业主调价动作频次看，上半年卖方预期整体处于低位平稳状态，到下半年，买方优势逐步凸显，卖方预期持续走弱，11 月调价房源涨价次数占比仅为 8.5%，达到近年最低水平。年底随着疫情因素逐步消减，卖方预期有所恢复，但实际仍处于极低位。

四、疫情改变市场节奏

2022 年北京二手住房市场经历两轮疫情冲击，第一轮发生在二季度，第二轮在四季度。两轮冲击改变正常市场节奏，导致成交量下降，成交价结构性回调，加速供需态势转变。

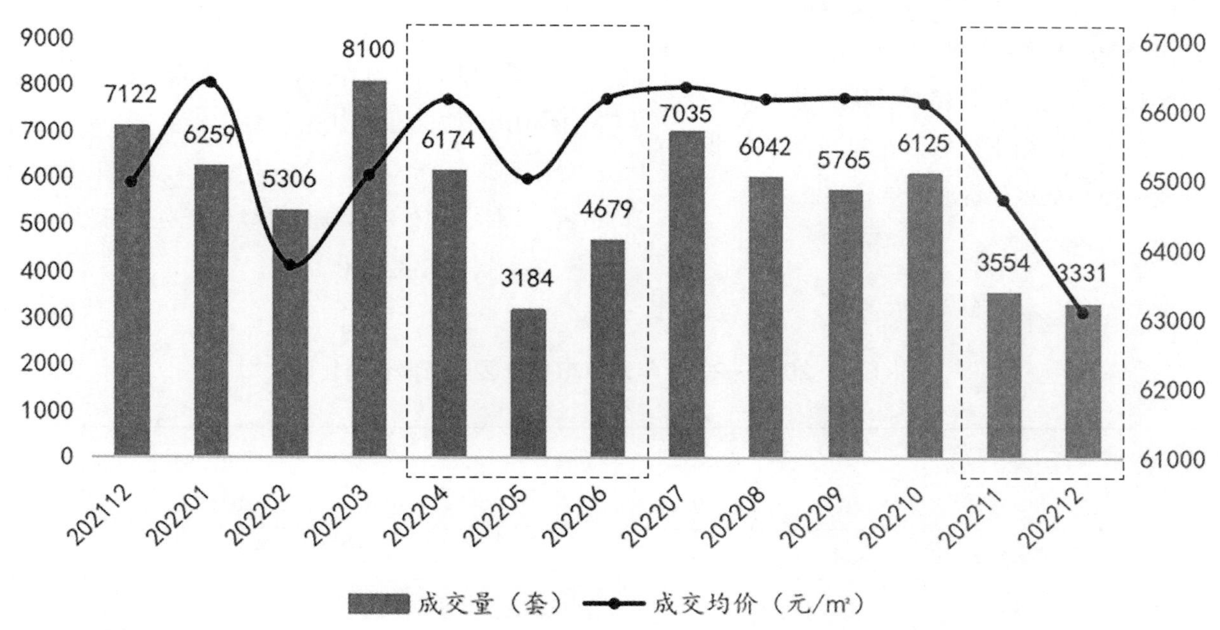

图附 1-2　2022 年北京链家二手住宅成交量价月度走势图

数据来源：北京链家研究院

如图附 1-2 所示，第一轮疫情影响始于 4 月下旬，到 6 月上旬进入收尾阶段，因此二季度各月份成交量均非正常水平，其中 5 月份受影响程度最深。据统计，2022 年 5 月北京链家二手住宅成交量为 3184 套，环比下降 48.4%，环比降幅仅次于 2020 年 2 月，5 月份成交量为近两年来最低水平。

第二轮疫情影响始于 11 月中下旬，到 12 月下旬进入恢复阶段，因此 11、12 月两月成交量均大幅低于正常月份，与 5 月份水平相当。12 月 7 日国务院联防联控机制公布“新十条”，疫情影响由此进入逐步消解通道。

各区成交量受冲击程度与本区疫情严峻程度亦有关联，中心城区和昌平、大兴等人口密集区域在两轮疫情中均受到严重冲击。5 月份朝阳、丰台、西城、海淀等城区成交量环比降幅超 50%，东城、石景山、昌平、大兴等城区成交量环比降幅亦超 40%。因此，2022 年各区域成交量呈现出明显的中心 – 外围分化，相关数据详见表附 1–10。

2022 年为应对疫情冲击和宏观经济风险，中央和地方陆续出台多项支持性政策确保房地产市场的健康平稳发展。此类政策对市场具有积极意义，得益于此，北京市二手住房市场可以在较短时间内摆脱第一次疫情冲击的影响，完成市场修复，并形成 7–10 月份的相对稳定期。

除此之外，一季度各月成交量价总体表现正常，走势符合一般季节性规律。综合来看，本年度二手住房市场本应有相对平稳的走势，但受突发因素影响两次向下，后期在利好政策对冲下有所恢复，使得全年量价波动性较强。

五、空间特征：区域分化长期存续

2022 年，北京市各区房地产市场量价水平受区域人口结构、城市规划和发展水平差异影响，区域量价水平延续分化态势。区域分化特征已长期存在，并可能长期持续。

从 2022 年各区二手住房成交均价看，亦庄开发区、东城、海淀、西城等产业和资源聚集区涨幅明显较高。朝阳、昌平、丰台、大兴、石景山等中心城区和近郊区价格涨幅低于 4%，总体处于合理运行区间。门头沟、房山、通州、顺义、密云、怀柔等外围区域成交均价仍处于下跌通道。（各区情况详见表附 1–6）

表附 1–6　2021—2022 年北京市各分区成交量价对比表

序号	城区	成交量（套）		成交量同比	成交均价（元/㎡）		价格同比（降序）
		2021	2022		2021	2022	
1	亦庄开发区	681	528	−22.5%	49814	58027	16.5%
2	东城区	4110	2885	−29.8%	99342	108937	9.7%
3	海淀区	12542	8829	−29.6%	90620	95957	5.9%
4	西城区	6327	4209	−33.5%	118753	125457	5.6%
5	朝阳区	25427	17650	−30.6%	67955	70390	3.6%
6	昌平区	7511	5404	−28.1%	45330	46844	3.3%
7	丰台区	11793	8190	−30.6%	56990	58681	3.0%
8	大兴区	6100	4937	−19.1%	41680	42719	2.5%
9	石景山区	3656	2783	−23.9%	51755	52858	2.1%
10	门头沟区	1073	902	−15.9%	36382	36193	−0.5%
11	房山区	2262	2000	−11.6%	32553	32027	−1.6%
12	通州区	5633	4929	−12.5%	42101	41387	−1.7%
13	顺义区	1952	1590	−18.5%	38339	36554	−4.7%
14	密云区	256	320	25.0%	21081	19436	−7.8%
15	怀柔区	52	112	115.4%	29122	26403	−9.3%

数据来源：北京链家研究院

从下表的区域价格指数呈现分化加剧趋势。亦庄开发区、东城、西城、海淀等城区的价格指数整体呈上行姿态，而外围区域则保持平稳或小幅阴跌，区域间差距逐渐拉大。以年初和年末的价格指数为例，2022 年 1 月份，亦庄开发区和房山区的指数差值为 31.0，而到 12 月差值扩大为 47.6，即使采用较为正常的 10 月份数据，差距也达到 43.7。

值得一提的是 11 月 8 日划归开发区管理的通州台湖、马驹桥地区解除“双限购”，使得该地区二手住房成交量上升，导致通州区成交均价结构性下降，因此涨幅排名总体靠后。

六、置换链条加速后移

2022 年北京链家成交的二手住宅户型和面积结构总体保持稳定，大中户型成交占比略有提升，改善性需求逐年增加。具体看：三居室成交占比为 21.2%，同比提升 0.5 个百分点；四居及以上成交占比为 3.6%，同比提升 0.4 个百分点。

从面积段位分布看，2022 年北京二手住宅成交中 120–140 ㎡户型占比为 5.9%，同比提升 0.1 个百分点；140 ㎡以上户型占比为 7.1%，同比提升 0.6 个百分点。

从不同户型房屋年度成交均价看，2022 年中等以上户型成交均价上涨幅度总体高于小户型和全市平均。具体看：三居室户型成交均价同比上涨 3.4%，而四居及以上超大户型价格总体平稳（见表附 1–7）。

从面积角度看，价格涨幅较高的面积段位主要集中在 90–120 ㎡和 120–140 ㎡段位，中等面积房屋明显更受青睐。出现这一现象的原因可能有两方面：一是受疫情影响，人们对房屋的功能性要求有所提高，两居换三居的改善需求增加，导致中等面积的三居室受到追捧。二是大、中户型房屋的成交规模基数不高，因此个别高端商品房楼盘成交量增加易引发该段位房屋成交价格结构性上涨（见表附 1–8）。

表附 1–7 2021—2022 年北京市各户型房屋成交均价对比

户型	2021年均价（元/㎡）	2022年均价（元/㎡）	价格同比
一居	70624	71089	0.7%
二居	63507	64202	1.1%
三居	64055	66201	3.4%
四居及以上	63811	63592	−0.3%
总计	64717	65662	1.5%

数据来源：北京链家研究院

表附 1-8　2021—2022 年北京市各面积段房屋成交均价对比

面积段	2021年均价（元/㎡）	2022年均价（元/㎡）	价格同比
60㎡以下	76910	76392	−0.7%
60−90㎡	63995	64171	0.3%
90−120㎡	58941	61184	3.8%
120−140㎡	59881	62502	4.4%
140㎡以上	64855	66203	2.1%
总计	64767	65709	1.5%

数据来源：北京链家研究院

2022 年高总价房屋和高单价房屋成交占比均有显著提升，房屋置换链条持续向后迁移。从总价段位看，1000 万以上房屋成交占比为 8.1%，增长 1.5 个百分点；800–1000 万段位占比为 7.2%，增长 0.2 个百分点；600–800 万段位占比为 16.0%，增长 0.1 个百分点。

从单价段位看，10–12 万段位和 12 万以上段位成交占比分别增加 1.1 和 1.2 个百分点，核心资产依然更受市场认可。

从不同总价段位房屋的年度成交均价涨幅看，800–1000 万价位段和 1000 万以上价位段的房屋价格涨幅相对较高。由此可以判断，改善性需求对应段位的房屋需求量较高，佐证核心资产更受市场认可判断（见表附 1–9）。

从下表数据可以推断，800 万以上的核心资产多为中等户型高单价房屋或大户型中等单价高品质商品房，2022 年这两类房屋成交占比均有一定程度提升（见表附 1–10）。

表附 1–9　2021—2022 年北京市各总价段房屋成交均价对比表

总价段位	2021年均价（元/㎡）	2022年均价（元/㎡）	同比
200万以下	29995	28488	−5.0%
200−400万	46713	45716	−2.1%
400−600万	60730	60925	0.3%
600−800万	75599	75884	0.4%
800−1000万	83501	84312	1.0%
1000万以上	92346	95651	3.6%
总计	64767	65709	1.5%

数据来源：北京链家研究院

表附 1-10 2022 年北京市各单价段和总价段交叉分布表

对比项	200万以下	200万-400万	400万-600万	600万-800万	800万-1000万	1000万以上	总计
≤2万	0.8%	0.1%	0.0%	0.0%	0.0%	0.0%	0.9%
2-4万	3.2%	10.0%	2.1%	0.4%	0.1%	0.1%	15.8%
4-6万	0.8%	16.1%	12.3%	2.8%	0.7%	0.4%	33.1%
6-8万	0.1%	4.9%	8.7%	4.5%	1.7%	1.3%	21.2%
8-10万	0.0%	0.8%	4.9%	3.4%	1.7%	2.3%	13.1%
10-12万	0.0%	0.1%	2.3%	2.9%	1.5%	1.8%	8.7%
≥12万	0.0%	0.4%	1.1%	1.9%	1.5%	2.2%	7.1%
总计	4.8%	32.5%	31.3%	16.0%	7.2%	8.1%	100%

数据来源：北京链家研究院

从各价位段房屋在不同环线的分布情况看，高价值资产多分布在二环至四环区域，资产价格按环线呈现出中心高外围低的分布特点（见表附 1-11 和表附 1-12）。

表附 1-11 2022 年北京市各总价段房屋成交占比环线分布表

对比项	200万以下	200万-400万	400万-600万	600万-800万	800万-1000万	1000万以上	总计
二环内	0.0%	0.4%	1.3%	1.7%	1.0%	1.0%	5.4%
二至三环	0.0%	2.9%	5.4%	3.5%	1.6%	1.9%	15.3%
三至四环	0.1%	4.5%	5.8%	3.7%	1.7%	2.1%	17.9%
四至五环	0.4%	6.4%	6.2%	3.5%	1.7%	1.8%	19.9%
五至六环	1.8%	14.4%	12.2%	3.7%	1.4%	1.5%	34.9%
六环外	1.9%	3.6%	0.8%	0.2%	0.1%	0.1%	6.7%
总计	4.1%	32.2%	31.6%	16.3%	7.4%	8.4%	100%

数据来源：北京链家研究院

表附 1-12　2022 年北京市各单价段位房屋成交占比环线分布表

对比项	≤2 万	2-4万	4-6万	6-8万	8-10万	10-12万	≥12万	总计
二环内	0.0%	0.0%	0.0%	0.1%	0.8%	1.9%	2.5%	5.4%
二至三环	0.0%	0.0%	1.8%	3.8%	3.5%	3.2%	3.1%	15.3%
三至四环	0.0%	0.1%	4.4%	5.9%	3.8%	2.4%	1.3%	17.9%
四至五环	0.0%	1.3%	7.5%	6.1%	3.4%	1.2%	0.4%	19.9%
五至六环	0.1%	9.2%	17.9%	5.3%	2.1%	0.3%	0.1%	34.9%
六环外	0.6%	4.5%	1.5%	0.0%	0.0%	0.0%	0.0%	6.7%
总计	0.7%	15.0%	33.1%	21.3%	13.6%	9.0%	7.3%	100%

数据来源：北京链家研究院

2022 年低楼龄住房成交占比有所上升，其中 5-10 年内建成的次新房屋成交占比提升幅度最大，达到 2.2 个百分点。

次新房屋主要分布在五环外区域，基本符合本年度成交案例的空间分布规律。

七、购房年龄继续延后

（一）品质和养老改善群体增加

2022 年购房者平均年龄为 39 岁，中位数年龄为 36 岁，年龄众数为 33 岁，其中平均年龄比 2021 年增长 1 岁，可能提示购房人群仍与原人群基本相同，无新需求补充。中位数年龄和年龄众数与 2021 年持平。从购房人年龄分布曲线看，30-39 岁年龄段人数最多，占总人数的 49.0%，与 2021 年相比减少 4.2 个百分点。

2022 年，40-49 岁和 60 岁以上年龄段客户占比分别较 2021 年提升 2.5 和 3.2 个百分点，这两个年龄段分别对应品质和养老类改善性住房需求，中老年人群体占比增加使得平均购房年龄整体后移。

（二）中青年男性占比有所提升

2022 年购房人群中男性占比为 50.5%，女性占比为 49.5%。不同于往年，本年度男性购房者占比整体高于女性，与 2021 年相比提升 3.2 个百分点，女性购房者占比相应下降。

从年龄分布看，本年度 30-60 岁中青年男性客群成交占比较 2021 年有显著上升，其中 30-50 岁各年龄段男性占比均超过女性，但在 50 岁以上人群中，女性成交占比仍保持优势地位。由此可以判断，随着时间推移，女性在家庭购房过程中的话语权逐步提升。

（三）主力客群随年龄出现分层

2022 年，主力客群仍为 30-50 岁年龄段的中青年群体，但各年龄段客群在不同属性段位的房屋中的聚集度有明显差异。30-34 岁客群处于成家立业的初始阶段，其住房需求基本可以代表典型的刚需和刚改家庭，他们的购房预算在 200-600 万区间，房屋建筑面积一般低于 90 平米，房屋位置处于三环和六环之间，对楼龄的要求不高。

35 岁以后，购房者住房需求开始呈现新的特点：一是逐渐产生投资性的二套住房需求，二是部分家庭需要进行教育或品质方面的改善。因此 35-39 岁年龄段客群在 200 万以下和 600-800 万段位的房屋中占比较高，对高单价房屋的接受度明显提高，三环内房屋占比增加，对楼龄的要求依然不高。

40–49 岁客群拥有相对更高的支付能力，同时也会有更大空间、更高品质的实际需求，因此这类客户在 800 万以上的房屋成交中占据主力位置，也更为青睐 120 ㎡以上的中大户型房屋，同时对楼龄也有更高的要求。

第三篇　土地市场

供应缩量。2022 年北京市完成四批土地出让，住宅用地成交 55 宗、244.6 万平方米，较 2021 年三批次成交体量下降两成左右，仅完成年计划 81.5%，土地市场成交规模系 2017 年以来最低。经营楼面价突破 3.5 万，为历史高点，流拍率、溢价率、房地价差等市场指标触底回升，市场企稳修复。

时空均衡。土地出让时间间隔、出让体量相对均衡，可售商品住宅面积比例提升，居住属性更纯粹。近郊区主力供应区域，城四区供应提升，侧重“职住平衡”。

周转提速。2022 年土地转化率在 2021 年高周转速率基础上提升 9.7 个百分点，平均入市周期缩短 43 天，最短入市周期仅为 45 天，土地入市速度再次刷新。

民企渐退。国、央企市场份额达八成，大量民企退出，中海、城建、中建成为北京市场“地主”，拿地策略各有侧重。开发企业在竞地环节的联合意愿明显降低，部分企业独立拿地后寻求项目开发营销环节的合作机会。

一、2022年北京市土地市场运行概况

2022 年北京市完成四批次土地集中出让，供应住宅用地 59 宗、271 万平方米；成交 55 宗、245 万平方米，同比下降 12.7%、26.5%，按年度住宅用地供应计划下限 300 公顷计算，仅完成计划的 81.5%，成交规模是 2017 年以来最低水平。

成交金额 1615 亿元，同比下降 23.5%；经营楼面价 36286 元 / 平方米，同比上涨 3.7%，创历史新高；预申请制度落地，流拍率大幅降低；溢价率 6.5%，同比上涨 0.5%；房地价差 32699 元 / 平方米，每平米扩大 4226 元（见图附 1–3）。

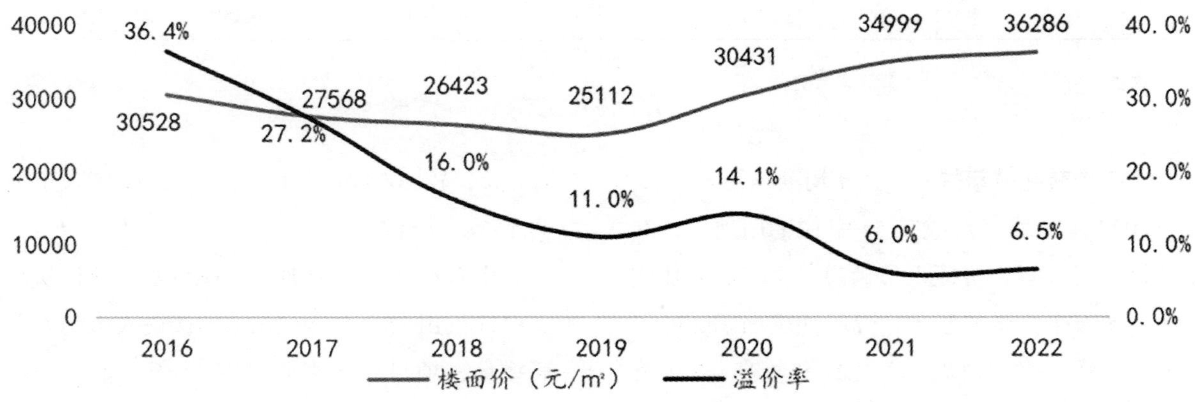

图附 1–3　2016—2022 年北京市住宅用地楼面价与溢价率走势情况

数据来源：天朗数据、北京链家研究院

二、成交特征

（一）供地节奏调整，市场缓慢修复

基于上一年首次集中挂地抢光，二次挂地放量、大批土地流拍，三次挂地体量锐减的历史经验。2022 年土地出让在时间节奏及出让体量方面更加均衡，已完成的四批次土地时间间隔在三月一次（2 月、6 月、9 月、11 月），前三批次出让土地规划建筑面积 150 万平方米左右、成交金额在 500 亿元左右。多指标触底回升，土地市场缓慢修复（见表附 1-13）。

2022 年住宅用地面积转化比提升 20.2 个百分点，居住属性更加纯粹。2022 年地上建筑物规划建筑面积 585 万平方米，可售商品住宅 516 万平方米、占比 88.2%；而 2021 年地上建筑物规划建筑面积 682 万平方米，可售商品住宅 457 万平方米、占比 67%。

表附 1-13　2021—2022 年北京市住宅用地成交情况表

供地批次	宗数	流拍率	规划建筑面积	成交金额	经营楼面价	溢价率
单位	宗	%	万㎡	亿元	元/㎡	%
非集中	6	0%	84	212	27870	11%
21年一批次	30	0%	345	1110	36365	6.4%
21年二批次	17	60.5%	162	513	38639	4.0%
21年三批次	10	16.6%	91	277	31876	1.0%
合计	57	44.4%	682	2112	34999	6.0%
22年一批次	17	5.6%	161	480	34717	4.5%
22年二批次	14	17.6%	145	500	36324	5.4%
22年三批次	18	0%	148	500	36186	6.1%
22年四批次	6	0%	132	135	43515	10.0%
合计	55	6.8%	585	1615	36286	6.5%

数据来源：天朗数据、北京链家研究院

（二）转化效率提升，入市周期缩短

2022 年，北京市成交 55 宗住宅用地中，34 宗地块取得预售许可证入市销售，可售商品住宅面积 415 万平方米，已入市商品住宅面积 256 万平方米，转化率 63.7%，较 2021 年提高 9.7 个百分点（2021 年转化率为 54%），平均入市周期 120 天，较 2021 年缩短 43 天（2021 年入市周期为 163 天）。

中海汇智里、和锦华宸悦境两个项目从拿地到取证仅用 45 天，较 2021 年最快入市的龙湖北辰揽境，项目入市周期缩短 21 天，再度刷新土地周转速率（详见表附 1-14）。

表附 1–14　2022 年北京市住宅用地分批次入市周期

出让批次	宗数	入市（宗）	可售面积（万㎡）	已入市面积（万㎡）	转化率	入市周期（天）
首批	17	15	122	110	90.4%	129
二批次	14	14	129	129	100%	124
三批次	18	5	133	26	19.5	80
四批次	6	0	32	0	0%	0
合计	55	34	416	265	63.7%	120

（三）中心城区加量，助力职住平衡

从区域分布来看，近郊区为土地市场主力供应区域，占比从 44% 提升至 52%；中心城区连续两年供应占比稳定在四成左右；远郊区则出现明显回落。

从行政区域来看，顺义、昌平、丰台三个区县土地供应居首，顺义、石景山、昌平增量明显，石景山区为全年唯一一个连续四批均有供应的区域，朝阳土地供应降幅较大，土地出让贴合实现“职住平衡”目标（详见表附 1–15 和 1–16）。

表附 1–15　2022 年北京市各区分批次土地出让情况统计表

行政区	建设用地面积（万㎡）							
	一批	占比	二批	占比	三批	占比	合计	占比
朝阳区	41	24%	3	4%	23	52%	67	23%
海淀区	11	6%	17	22%	0	0%	28	10%
丰台区	17	10%	13	16%	0	0%	29	10%
石景山区	4	2%	1	2%	0	0%	5	2%
中心城区	73	43%	34	44%	23	52%	130	45%
通州区	27	16%	3	3%	0	0%	30	10%
大兴区	25	15%	13	16%	0	0%	38	13%
房山区	4	2%	11	15%	5	10%	20	7%
门头沟区	5	3%	3	3%	5	12%	13	5%
昌平区	12	7%	11	14%	0	0%	22	8%
开发区	4	2%	0	0%	0	0%	4	1%
顺义区	0	0%	0	0%	0	0%	0	0%
近郊区	77	46%	40	52%	10	22%	127	44%
怀柔区	12	7%	0	0%	0	0%	12	4%

（续表附1-15）

行政区	建设用地面积（万㎡）							
	一批	占比	二批	占比	三批	占比	合计	占比
平谷区	0	0%	3	4%	0	0%	3	1%
密云区	6	3%	0	0%	10	23%	16	6%
延庆区	2	1%	0	0%	1	3%	3	1%
远郊区	19	11%	3	4%	12	26%	34	12%

表附 1-16　2022 年北京市各区分批次土地出让情况统计表

行政区	建设用地面积（万㎡）											
	首批	占比	二批	占比	三批	占比	四批	占比	合计	占比	计划	完成
朝阳区	8	10%	15	20%	0	0%	7	47%	30	12%	25	118%
海淀区	0	0%	0	0%	15	20%	0	0%	15	6%	11	134%
丰台区	8	10%	13	17%	12	16%	0	0%	33	13%	41	80%
石景山	9	11%	3	4%	8	11%	3	21%	23	10%	24	97%
中心区	25	31%	30	41%	35	47%	10	68%	100	41%	101	99%
通州区	3	4%	0	0%	3	3%	3	17%	8	3%	21	39%
大兴区	18	23%	0	0%	3	4%	0	0%	21	9%	48	44%
房山区	3	4%	0	0%	7	9%	0	0%	10	4%	21	47%
门头沟	0	0%	0	0%	0	0%	0	0%	2	1%	112	2%
昌平区	9	11%	21	29%	3	4%	0	0%	33	14%	23	143%
开发区	5	6%	0	0%	2	3%	0	0%	7	3%	13	52%
顺义区	9	12%	20	27%	16	21%	0	0%	45	18%	34	132%
近郊区	47	59%	41	55%	33	44%	3	17%	126	52%	272	46%
怀柔区	8	10%	0	0%	0	0%	0	0%	8	3%	8	103%
平谷区	0	0%	3	4%	0	0%	0	0%	3	1%	9	36%
密云区	0	0%	0	0%	7	9%	0	0%	7	3%	3	220%
延庆区	0	0%	0	0%	0	0%	0	0%	0	0%	7	0%
远郊区	8	10%	3	4%	7	9%	0	0%	18	7%	27	67%

数据来源：天朗数据、北京链家研究院

三、拿地主体特征

（一）国企市场份额超过八成

从参与竞买情况来看，年内北京活跃房企稳定在20家左右，国、央企参与比重越来越大，自二批土拍以来，国、央企参与竞买占比持续超过80%，大量民企退出北京市场，由最初16家降至3家。华润置地、中海地产、中国建筑三家拿地意愿最强烈，参与超过20宗土地竞买。

从竞买结果来看，按照联合拿地出资比例拆分后，在京拿地体量最大的为中海地产、北京城建、中国建筑；拿地金额最高的为中海地产、华润置地、中国建筑，中海地产成为最坚定的在京拿地开发的企业。（详见表附1–17）

表附1–17　2021—2022年企业参与土地竞买变化情况

类别	21年首批	二批次	三批次	22年首批	二批次	三批次	四批次
国企	17	11	5	8	11	14	7
央企	13	6	6	8	11	9	6
占比	65%	77%	79%	73%	81%	88%	81%
民企	16	5	3	6	5	3	3
占比	35%	23%	21%	27%	19%	12%	19%

数据来源：天朗数据、北京链家研究院

二、2022年度中国房地产百强企业研究报告

中指研究院中国房地产 TOP10 研究组

中国房地产 TOP10 研究组自 2004 年以来开展中国房地产百强企业研究，已连续进行了二十年。研究组把握行业发展脉搏，深入揭示房地产企业经营规律，为促进房地产行业健康发展发挥了重要作用。

在 2023 中国房地产百强企业研究中，中国房地产 TOP10 研究组根据近 5 年百强企业实际状况，初选了 500 家符合要求的开发企业，依据企业规模与运营效率相结合、成长潜力与经营稳健相结合、盈利能力与社会责任相结合、融资能力与综合实力相结合的原则，运用因子分析法及相关数学模型，对全国 500 家房地产企业（集团）的规模性、盈利性、成长性、稳健性、融资能力、运营效率和社会责任等 7 个方面的 35 个指标和其他数据信息进行深入地分析研究，科学全面地计算出房地产企业的综合实力指数，研究产生了 2023 中国房地产综合实力百强企业，该评价结果仅适用于 2023 年。

一、百强企业整体发展特点分析

（一）业绩规模：销售额同比下降，央企份额逆势提升

2022 年，房地产市场成交保持低迷态势，全国商品房销售额下降至 13.3 万亿元。在行业内整体信心不足的情况下，百强企业整体销售额也出现了负增长。百强企业投资继续聚焦核心热点城市，择机拓展优质土地储备，为未来业绩储备资源。

1.销售额同比下降30.3%，市场份额下降2.4个百分点

（1）销售额同比下降 30.3%，部分优质房企逆势增长。

2022 年，房地产政策不断优化，但政策效果尚不明显，房地产市场供需两端均未明显恢复，全国商品房销售额为 13.3 万亿元，同比下降 26.7%，销售面积为 13.6 亿平方米，同比下降 24.3%。

随着房地产市场下行压力持续，百强企业虽积极推进保交付工作，集中资源挖掘高能级城市潜力，加大线上营销力度，但也难抵销售规模出现下滑态势。2022 年，百强企业销售总额、销售面积分别达 63301 亿元、36313 万平方米，同比下降 30.3% 和 36.2%（见图附 1–5）。

（2）市场份额下降 2.4 个百分点，央国企逆势提升。

2022 年市场下行更加明显，房地产行业进入缩表出清、优胜劣汰阶段，百强企业市场份额持续下滑。2022 年，百强企业市场份额为 47.5%，较上年下降 2.4 个百分点。伴随着房地产供给端政策的持续发力，房地产企业的经营模式、竞争格局均发生变化，不同类型房企销售均不同程度承压，**企业分化现象逐渐加剧**（见图附 1–6）。

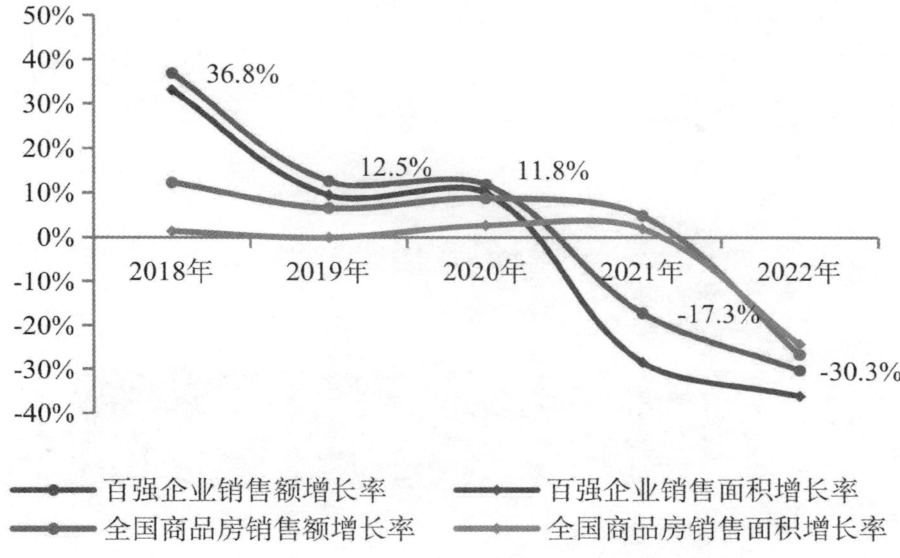

图附 1-4　百强企业 2018—2022 年销售增长情况

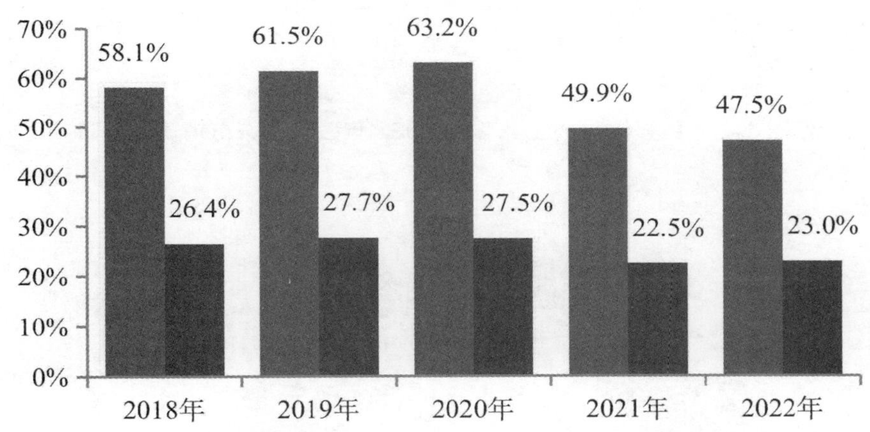

图附 1-5　百强及综合实力 TOP10 企业 2018—2022 年市场份额

2.三大城市群成交贡献七成，140平米以上需求占比增涨

（1）加大高潜力城市深耕力度，核心城市销售贡献提升

2022 年，百强企业继续深耕重点城市，一线城市销售贡献占比提升，二线城市仍是主要销售来源。从 50 家百强代表企业重点项目销售情况来看，一线城市市场韧性强，销售额占比上升 6.0 个百分点至 28.9%；二线城市占比下降 2.9 个百分点至 54.0%，但仍是主要销售来源；三四线城市销售额占比持续下降至 17.1%（见图附 1-7）。

2022 年，百强企业聚焦核心城市群，长三角、粤港澳、京津冀三大城市群销售贡献突出，合计占比近七成。百强代表企业销售结构中，五个主要城市群销售占比合计达 80.5%，同比微增 0.6 个百分点。其中，长三角、粤港澳大湾区与京津冀销售占比均实现增长，合计占比达 69.0%（见图附 1-8）。

（2）刚需产品表现疲软，改善及高端型占比超三成

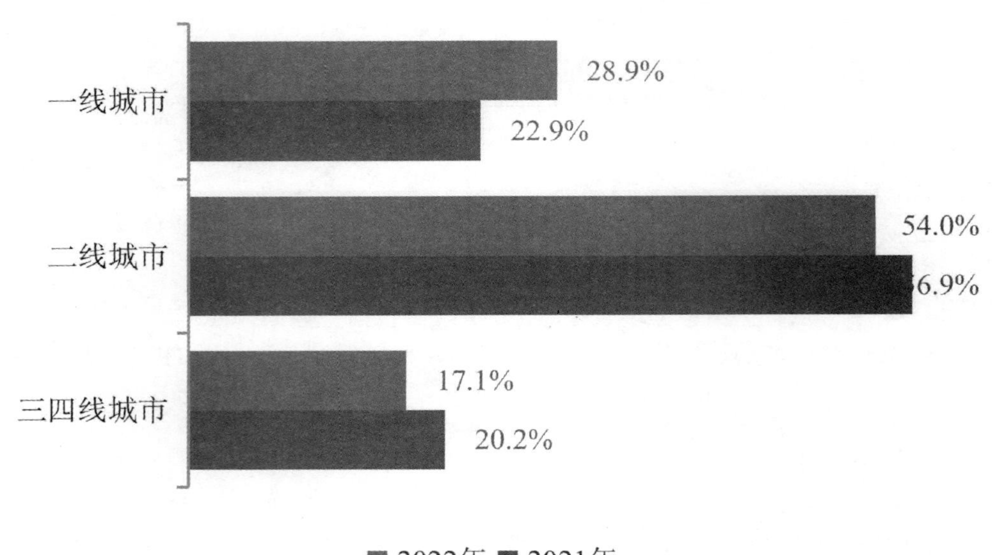

图附 1-6　百强代表企业 2021、2022 年各等级城市销售额分布

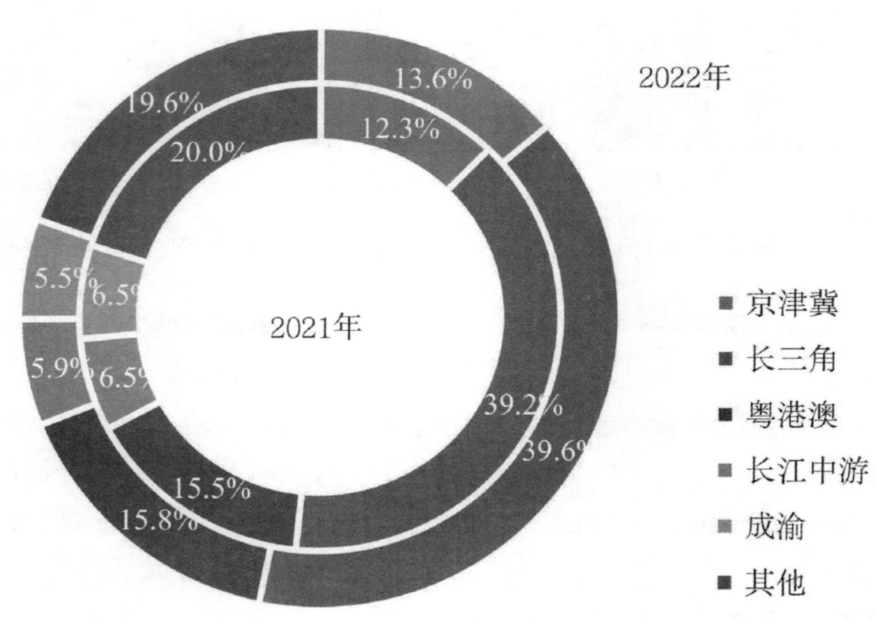

图附 1-7　百强代表企业 2021、2022 年城市群销售额分布

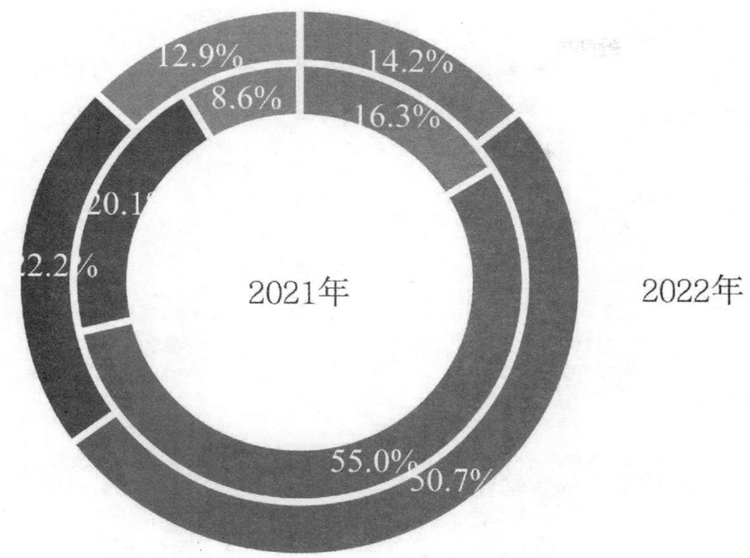

图附 1-8　百强代表企业 2021、2022 年重点项目各面积段销售占比

2022 年，我国宏观经济面临较大下行压力，刚需购房者观望情绪较重，而改善客户预期整体好于刚需客户，同时近年来新房供给逐步向改善产品转变，带动新房供应高端化，面积段出现一定增大趋势，改善型需求持续释放。百强企业顺势而为，加大改善类产品推出比例。从 50 家百强代表企业重点项目各面积段产品的销售额占比来看：90 平米以下首置类产品的销售额占比为 14.2%、维持了 2021 年下降趋势；90–140 平米首改类产品销售额虽然较上年下降 4.3 个百分点，但占比仍然过半，达 50.7%；140–200 平米改善类及 200 平米以上高端类产品销售额贡献率较上年出现较大提升，合计增加 6.4 个百分点（见图附 1–9）。

（3）保交付为企业经营基石，多措并举助力营销升级

2022 年，百强企业在行业各方信心受挫的时期更加注重保交付工作，以实际行动确保客户信心，夯实企业品牌，进一步反哺销售；同时通过线上平台搭建、爆点事件引流，线下促销活动组合助力项目去化。

3.投资聚焦核心城市，提高业绩保障程度

（1）持续量入为出，拿地规模腰斩

从拿地力度来看，百强企业坚持量入为主，拿地力度显著减弱。受融资环境趋紧和市场调整压力影响，2022 年 50 家代表企业招拍挂拿地金额占全国 300 城住宅用地成交出让金的比重为 22.8%，较上年下降 11.3 个百分点；50 家百强代表企业拿地销售比下降 12.4 个百分点至 20.3%（见图附 1–10）。

（2）投资布局集中于核心城市，22 城拿地占比超七成

百强企业布局更趋集中，核心一、二线城市成为主要布局城市。从城市等级分布来看，百强企业加速向一、二线城市收缩，50 家百强代表企业的新增土储权益面积中超八成位于一二线城市，其中一线、二线城市占比分别同比增长 13.2、11.7 个百分点，三四线城市占比则锐减至

不足20%，为五年来最低水平。从城市群占比来看，50家百强代表企业五大城市群新增土储权益面积合计占比为57.7%，较上年提升7.9个百分点，其中，长三角、粤港澳大湾区、京津冀新增土储权益面积占比分别为33.4%、14.5%和9.7%，同比分别增长1.9个、4.6个和1.4个百分点。

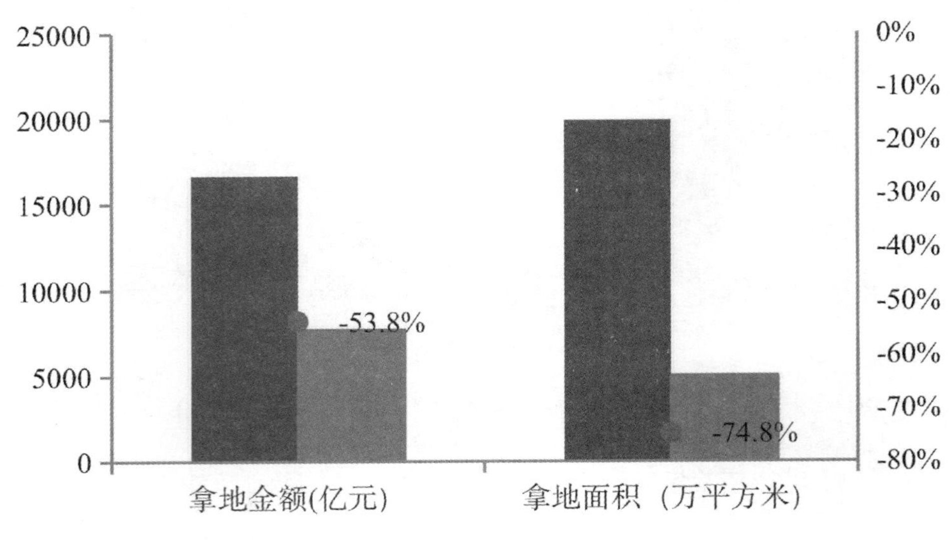

图附 1-9　百强代表企业 2021—2022 年拿地总量及同比增速

（二）运营表现：营收净利同比下降，盈利水平降至低位

2022年，随着房地产市场进入下行通道，叠加疫情多点散发，百强企业盈利水平降至近年低位，营收增速下降，部分房企出现亏损，利润空间持续收窄，百强企业不断修练内功以迎战周期低谷，促企业高质量发展。

1.盈利水平降至近年低位，结转少毛利降导致利润下行

（1）营收净利步入下降通道，盈利能力降至近五年最低点

2022年百强企业营业收入同比下降，净利润下降显著，部分企业由盈转亏。竣工和结转增速不利导致营业收入和净利润均走低，百强企业营业收入均值达371.6亿元，净利润均值达21.9亿元，分别同比下降25.2%、54.4%，增速较上年减少13.3、24.9个百分点（见图附1-12）。

2022年，百强企业净利润率、净资产收益率均值分别为6.4%、4.5%，盈利能力继续下降，降至近五年来最低点。百强企业净利润率均值、净资产收益率均值较上年分别下降3.1、3.4个百分点。近年来受新冠疫情、市场下行、土地成本等各类成本居高不下等多重因素影响，百强企业净利率持续下降，趋势未有缓解（见图附1-13）。

（2）结转少毛利降压缩盈利空间，物业减值加剧利润下行

结转规模减少导致营收和净利润下降。受竣工结转规模下降影响，百强企业周转率较上年略有下滑，存货周转率、总资产周转率较上年均下降0.01。此外，购物中心的租金受疫情反复及消费需求不振影响，部分持有物业占比较高的百强企业收入和利润增长不利。

结转毛利率下降导致百强企业盈利规模下降。结转区域结构向一二线集中加剧了盈利水平下行。2022 年一线、二线代表城市住宅用地楼面均价占新建住房销售均价比重分别为 53.6%、42.9%，高于同期三四线代表城市 15.8、5.1 个百分点，销售结转结构性抬升将导致多数房企盈利压力更趋严峻（见图附 1–14）。

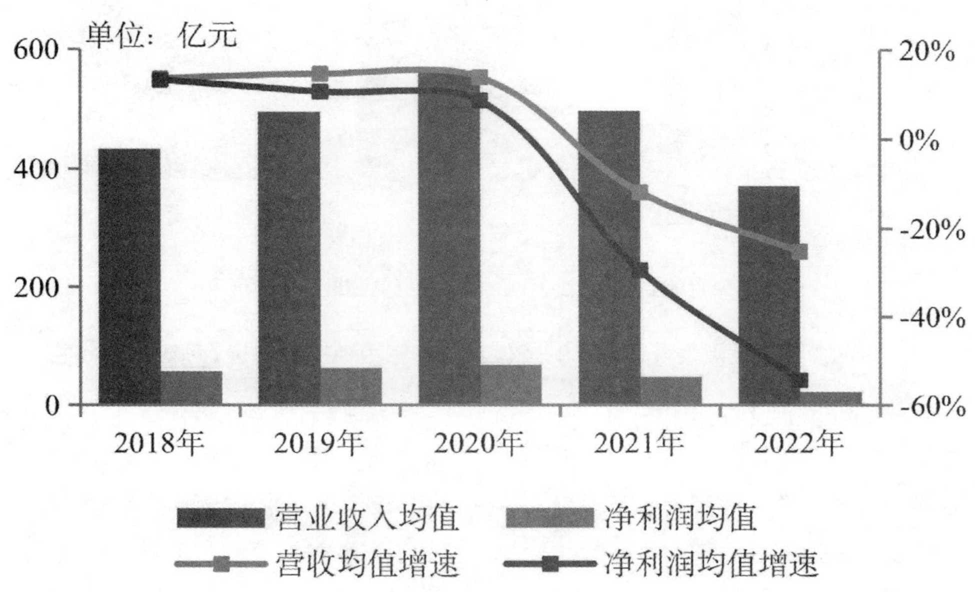

图附 1–10　百强企业 2018—2022 年营业收入与净利润均值变化情况

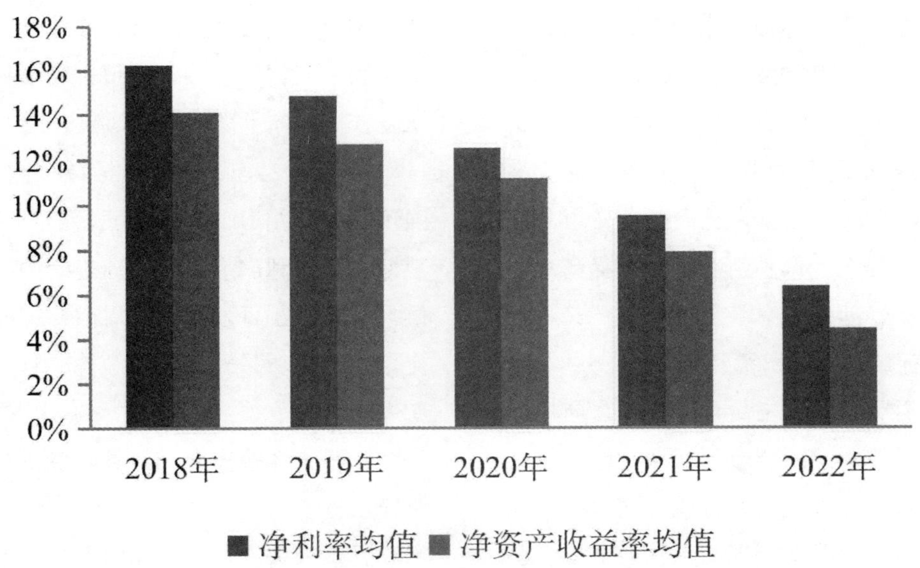

图附 1–11　百强企业 2018—2022 年净利润率及 ROE 情况

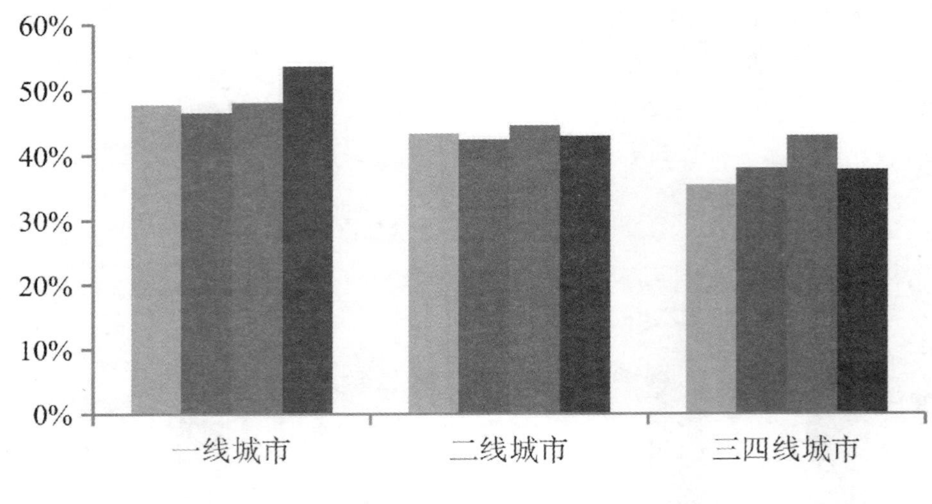

图附 1-12　不同城市等级代表城市 2019—2022 年住宅用地楼面均价 / 新建住房销售均价情况

同时，售价下滑趋势促使企业加大物业减值计提力度，百强企业本年净利润受到显著影响。多数房企进行了资产减值压力测试，对存货、长期股权投资、投资性房地产等进行计提减值准备，从而削弱了当期盈利水平。

三项费用率稳中有降。2022 年以来，受市场下行影响，多数房企加强营销力度，导致销售费用率略有抬升，同时 2022 年受金融环境宽松和融资向央国企和高信用民企倾斜影响，财务费用率略有降低，2022 年百强企业债券发行成本较上年下降 0.5 个百分点。为适应行业变革和市场环境变化，百强企业调整组织架构，提高人员资源配置效率，管理费用率略有下降。

2.保交付促结转，改善盈利状况

中长期来看，受新房增量规模见顶、向房地产发展新模式过渡影响，企业利润率在市场回暖后的提升幅度仍存在天花板，行业利润率在房地产金融化势头被遏制的新周期回到社会平均利润水平。因此，面向新周期如何维持有利润的发展成为百强企业必须面对的课题。

首先，新房销售"保交楼"已成为行业当下核心关注点，企业交付力变得愈发重要，交付力也将成为企业未来能够赢得购房者、金融机构、政府等各方信任的核心能力。2023 年百强企业可抓住资金环境回暖期和疫情防控政策转向时期，做好交付结转工作，并适时开展去化困难项目处置工作，提升行业整体周转效率。在保交付的基础上，百强企业应吸取本轮暴雷企业盲目投资、高估回报等教训，谨慎判断市场环境和投资风险，做到向下防流动性风险，向上追求利润。

展望 2023 年，企业如何在行业"弱复苏、强预期"中寻找确定性成为百强企业重要的议题。短期内企业利润表仍在复苏进程中，乍暖还寒时候最难将息，百强企业仍需内修产品服务、销售交付等基本功，外调资产结构，以适应初破冰的新周期。

（三）经营安全：财务隐忧仍在，多渠道增厚安全垫

展望未来，新房市场向上动力不足，市场复苏不确定性仍在，百强企业仍需坚持对经营安全的警惕性，内外兼修、增厚安全垫，对内顺应周期调整财务结构，保持充足的偿债能力，打造风险缓冲垫；对外充分利用政策资源，发挥自身优势，抓住窗口期及时补充融资资金，借助政策工具优化资产负债表，为适应行业新周期提前做好准备。

1.杠杆率保持合规水平，短期偿债能力恶化

百强企业严格遵守“三道红线”要求，指标均值均已合规，但现金短债比有所下滑。2022年，百强企业严控杠杆率，“三道红线”明显优于合规值。百强企业剔除预收账款的资产负债率均值为67.8%，较上年下降0.6个百分点，净负债率均值为82.9%，较上年上升0.7个百分点；现金短债均值比为1.6，较上年下降0.2（见图附1–15）。

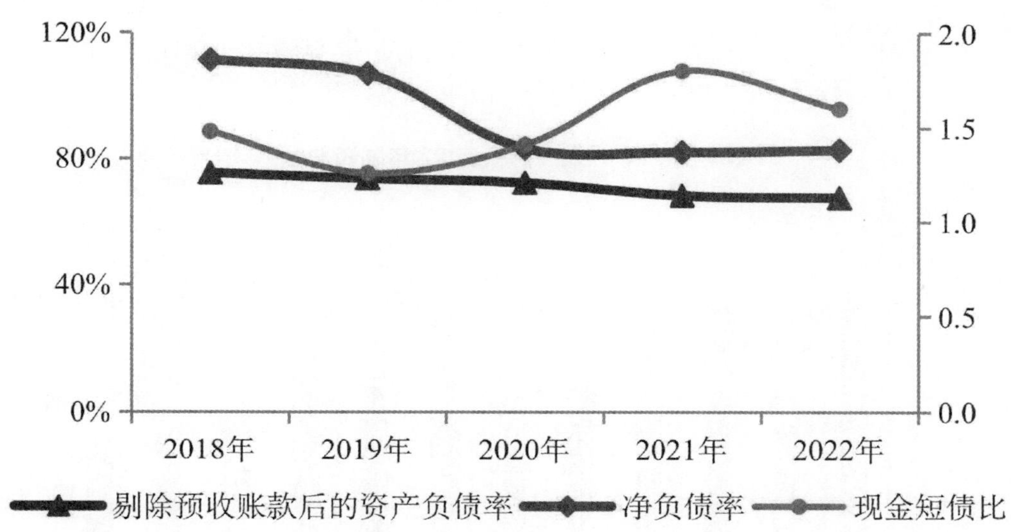

图附1–13 2018—2022年百强企业“三道红线”情况

2.融资规模大幅下滑，政策支持有望缓解偿债压力

（1）融资环境持续收紧，利好政策助力年末翘尾

行业融资规模同比大幅下滑，信用债、ABS成为主力。2022年，房地产行业共实现非银类融资8457.4亿元，同比下降50.7%。其中信用债融资4654.6亿元，海外债发行仅176.1亿元，信托融资972.1亿元，ABS融资2654.6亿元。各渠道同比均出现下降，其中海外债、信托降幅超八成，信用债成为融资主力（见图附1–16）。

（2）开年即为偿债高峰，到期压力有望暂缓

全年到期余额近万亿，信用债、海外债均有望展期，可暂部分房企流动性压力。2023年债券余额为9579.6亿元，其中信用债占比65.9%，海外债占比34.1%，境内债务偿债压力较大（见图附1–17）。

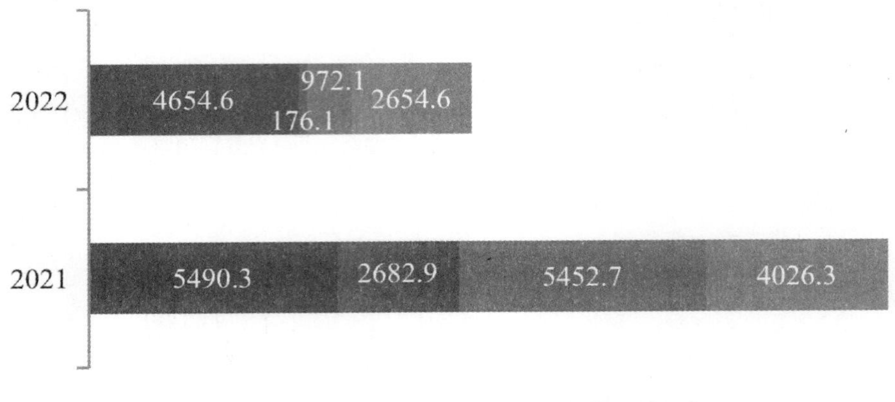

图附 1-14　2021 年—2022 年融资总额

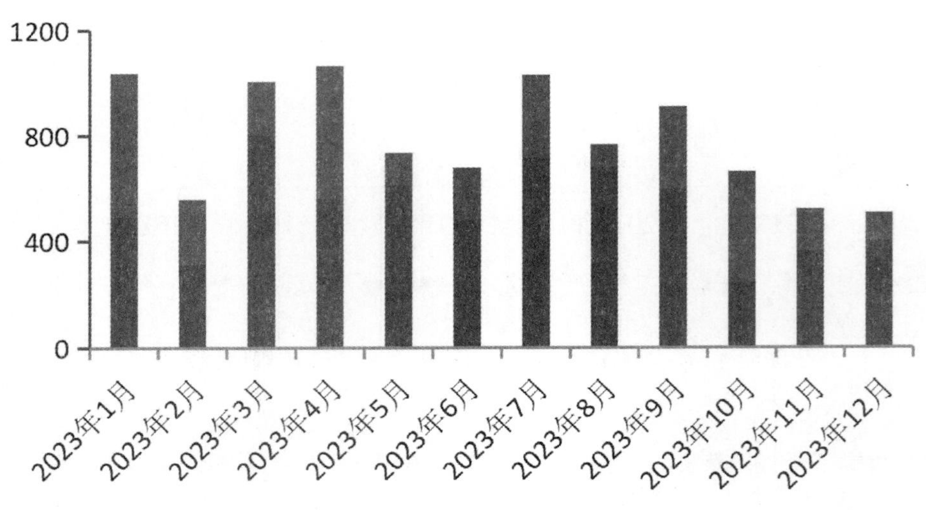

图附 1-15　2023 年 1-12 月到期债券余额构成

3.抓住政策契机，多渠道增厚安全垫

改善资产负债表成为房企抵御风险、稳健发展的重要手段。通过债权、股权的合理融资支持，房企将提升资产的流动性，在资产端体现出整体优化，进而实现资产负债表的全面改善。

（1）资产激活，盘活房企存量资产，快速补充流动性

加速存货去化、盘活自持物业，增强房企资产流动性。过去一年销售市场低迷，百强企业销售总额降幅达 30.3%，导致存货出清速度大幅降低。盘活存量、加速去化有利于提升房企资产的流动性，快速补充经营性现金流。

（2）负债接续，缓解流动性紧张局面

利用政策便利，结合自身需求做好债务流入、流出端的接续工作，进而优化债务结构。房企可从融资资金的流入、流出两端做好负债接续工作：

流入端，满足房企的合理融资需求，始终保持适度的债务规模。近期融资利好政策呈现渠道多样、覆盖广泛、资金持续的特征，百强企业抓住政策窗口期，积极与金融机构沟通，通过发行增信债券、加强银企战略合作等方式获取融资机会。流出端，遵循“金融16条”中提出的到期债务可做出合理展期，暂缓房企短期偿债压力。

（3）权益补充，优化资产负债结构

股权融资实现补充资金、提升权益双重目标。股权融资直接拉升权益资本，是最直接有效的改善资产负债表行为。当前政策已开放上市房企股权再融资、允许符合条件的房地产企业通过重组“借壳上市”，百强企业可根据实际情况主动开展融资行为，如上市房企可通过增发配股补充权益资本，非上市房企可通过“借壳上市”实现盘活优质资产，通过资本市场的认证开辟股权融资这一新的融资渠道。

（4）预期提升，修复行业信心

作为行业领先企业，百强企业的稳健经营有助于行业回暖，修复市场信心。百强企业首先要持续完成“保交付”任务，维护企业守信形象；其次要抓住政策窗口期，灵活应用政策工具应对自身问题，提升资产负债表的抗压性，保证经营预期的稳定；在此基础上，协同行业逐步修复信心，推动市场销售拐点和信用拐点早日出现；最后顺应行业发展趋势，结合市场需求探索行业发展新模式，提升未来发展预期，推动行业重归上升周期。

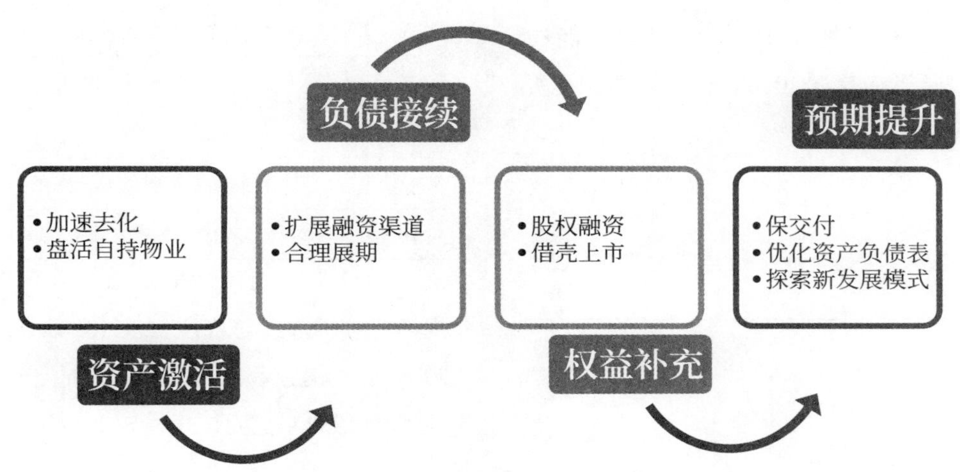

图附1–16　改善房企资产负债表计划四项行动

（四）社会责任：尽职尽责保交付，多方回馈社会

2022年，百强企业积极履行企业公民责任，一方面积极响应高质量发展号召，强化责任担当，扎实落实“保交付、保民生”的企业使命；另一方面，履行纳税义务，积极投入到公益慈善、绿色可持续性发展等领域，践行回报社会理念。

1.尽职尽责保交付，稳预期强信用

百强企业积极履行企业公民责任，一方面积极响应高质量发展号召，强化责任担当，扎实落实“保交付、保民生”的企业使命。同时，百强企业利用线上渠道，提供便捷高效的交付服务；围绕项目交付建立完整的交付流程，从机制建设方面保证交付进度与质量；加强交付力建设，打

造全新交付力体系。

2.积极依法纳税，多方回馈社会

2022年，百强企业积极依法纳税。百强企业纳税额均值为39.1亿元，其中税金及附加均值为33.6亿元，所得税均值为5.5亿元。同时，百强企业积极投入到公益慈善、绿色可持续性发展等领域，践行回报社会理念。

二、2023中国房地产百强企业TOP10研究

中国房地产TOP10研究组在百强企业研究的基础上，基于对企业规模性、盈利性、成长性等方面的深入研究，评价产生了2023中国房地产百强企业"综合实力TOP10"、"规模性TOP10"、"盈利性TOP10"、"成长性TOP10"、"稳健性TOP10"、"融资能力TOP10"、"运营效率TOP10"和"年度社会责任感企业"。

表附1–18 2023百强企业"综合实力TOP10"

排名	公司名称
1	保利发展控股集团
2	万科企业股份有限公司
3	中海地产（中国海外发展）
4	华润置地有限公司
5	碧桂园控股有限公司
6	招商局蛇口工业区控股股份有限公司
7	绿城中国控股有限公司
8	龙湖集团控股有限公司
9	金地（集团）股份有限公司
10	新城控股集团股份有限公司

2022年，房地产市场成交保持低迷态势，全国商品房销售规模回落到五年前。综合实力TOP10企业顺应市场变化，积极推进保交付工作，布局聚焦核心城市，行业地位稳固。

表附1–19 2023中国房地产百强企业"规模性TOP10"

排名	公司名称
1	碧桂园控股有限公司
2	万科企业股份有限公司
3	保利发展控股集团
4	中海地产（中国海外发展）
5	绿城中国控股有限公司
6	招商局蛇口工业区控股股份有限公司
7	华润置地有限公司
8	龙湖集团控股有限公司
9	金地（集团）股份有限公司
10	建发房地产集团有限公司

2022年，规模性TOP10企业的资产和销售规模持续扩大，总资产均值10285亿元，同比下降6.7%，销售额及营业收入均值分别为3121.0亿元和2582.9亿元，规模效应凸显。

表附1–20 2023中国房地产百强企业"盈利性TOP10"

排名	公司名称
1	中海地产（中国海外发展）
2	万科企业股份有限公司
3	保利发展控股集团
4	招商局蛇口工业区控股股份有限公司
5	华润置地有限公司

（续表附1-20）

排名	公司名称
6	中冶置业集团有限公司
7	龙湖集团控股有限公司
8	杭州滨江房产集团股份有限公司
9	金地（集团）股份有限公司
10	中国金茂控股集团有限公司

2022年，盈利性TOP10企业的净利润小幅下降，净利润均值同比下降9.6%至207.9亿元，是同期百强企业净利润均值的9.6倍，降幅小于百强企业44.8个百分点。同时，盈利性TOP10企业拥有较好盈利质量，净利率均值为11.8%，高出百强企业均值5.4个百分点。

表附1-21　2023中国房地产百强企业“成长性TOP10”

排名	公司名称
1	绿城中国控股有限公司
2	中交地产股份有限公司
3	华润置地有限公司
4	中国铁建房地产集团有限公司
5	招商局蛇口工业区控股股份有限公司
6	金地（集团）股份有限公司
7	杭州滨江房产集团股份有限公司
8	珠海华发实业股份有限公司
9	保利置业集团有限公司
10	河南信友置业集团有限公司

2022年，成长性TOP10企业销售额均值同比下降13.2%，营业收入均值同比下降5.6%，降幅低于同期百强企业均值17.1、19.6个百分点，在市场下行周期降幅好于行业均值。成长性TOP10企业抓住市场低点择优获取优质土储，畅通融资渠道，为未来发展注入强劲动力。

表附1-22　2023中国房地产百强企业“稳健性TOP10”

排名	公司名称
1	中海地产（中国海外发展）
2	上海中建东孚投资发展有限公司
3	中冶置业集团有限公司
4	绿城中国控股有限公司
5	重庆华宇集团有限公司
6	大悦城控股集团股份有限公司
7	上海城建置业发展有限公司
8	天地源股份有限公司
9	上海陆家嘴（集团）有限公司
10	京投发展股份有限公司

2022年，稳健性TOP10企业净负债率均值为76.5%，低于同期百强企业均值6.4个百分点，杠杆率低于行业平均水平；稳健性TOP10企业在2022年的现金短债比均值为1.6，显著高于同期百强企业平均水平，短期偿债能力较强。

表附1-23　2023中百强企业“融资能力TOP10”

排名	公司名称
1	保利发展控股集团
2	华润置地有限公司
3	中海地产（中国海外发展）
4	招商局蛇口工业区控股股份有限公司
5	绿城中国控股有限公司
6	金地（集团）股份有限公司

（续表附1-23）

排名	公司名称
7	大悦城控股集团股份有限公司
8	龙湖集团控股有限公司
9	新城控股集团股份有限公司
10	越秀地产股份有限公司

2022 年，在行业融资规模大幅缩减的背景之下，融资能力 TOP10 企业凭借一贯的财务稳健性与较好信用资质，抓住政策窗口，持续获得资金支持，坚持探索新型融资渠道，为企业稳定发展提供强有力保障，为重塑行业信心贡献力量。

表附 1-24　2023 百强企业"运营效率 TOP10"

排名	公司名称
1	万科企业股份有限公司
2	金地（集团）股份有限公司
3	华润置地有限公司
4	中国金茂控股集团有限公司
5	中国铁建房地产集团有限公司
6	联发集团有限公司
7	珠海华发实业股份有限公司
8	越秀地产股份有限公司
9	中建信和地产有限公司
10	众安集团有限公司

2022 年，运营效率 TOP10 企业充分利用线上平台加快去化；以其较高的安全经营边际和信用评级，做好保交付工作，提高竣工结转效率。

表附 1-25　2023 年度社会责任感企业

排名	公司名称
1	保利发展控股集团
2	绿城中国控股有限公司
3	中海地产（中国海外发展）
4	大悦城控股集团股份有限公司
5	中冶置业集团有限公司
6	上海中建东孚投资发展有限公司
7	珠海华发实业股份有限公司
8	广州城投地产
9	天地源股份有限公司
10	上海陆家嘴（集团）有限公司

2022 年，年度社会责任感企业履行纳税义务，积极投身长租房市场，参与保障房建设，在公益捐款和乡村振兴等多领域开展公益活动，同时探索绿色发展道路，全方位践行企业公民责任。

表附 1-26　2023 中国房地产百强之星

公司名称
中能建城市投资发展有限公司
广州城投地产
陕西建工房地产开发集团有限公司
河南信友置业集团有限公司
北京泽信控股集团有限公司

2022 年，中国房地产百强企业研究中涌现出一批进阶明显的企业。在行业调整期，这些企业顺应市场发展形势，深耕核心城市，业绩上升强劲，成为百强企业新势力，如广州城投地产等。

三、2022 年度北京市写字楼租赁市场运行情况调研报告

北京市城建研究中心房屋租赁室

2022 年北京市写字楼市场表现低迷，净吸纳量大幅下降，空置率处于高位，平均租金不断下调。随着生产生活秩序逐步恢复，各项稳经济政策持续落地发力，租赁市场有望加快复苏。

一、总体情况

（一）净吸纳量[a]下降明显，市场表现低迷

据五大行监测，2022 年北京甲级写字楼租赁市场净吸纳量约为 12.27 万平方米，同比下降 87.2%。从租赁面积看，超过万平米以上租赁成交仅 20 余宗，比上年减少一半。决策周期更短、使用更灵活的2000平方米以下交易更容易落地，成为需求主力。从租赁类型看，新签占比继续下滑，2022 年新签面积占全年所有成交类型的比例为 74%，分别较 2021 年、2020 年下降 6.4%、7.7%。从交易时间看，大部分实际成交集中于第一季度，二季度后出现明显下滑（见表附 1–29）。

（二）平均租金持续下调，仍居一线城市首位

2022 年四季度全市甲级写字楼平均租金为 321.5–352 元 / 平方米·月，环比下降 0.5%–2.8%，同比下降 0.5%–3%，在一线城市中仍居首位。上海、广州、深圳分别为 285.3 元、166.5 元、203.5 元 / 平方米·月（见图附 1–4）。

表附 1–27　2022 年度五大行对北京市甲级写字楼净吸纳量监测情况

机构名称	净吸纳量（万平米）						
	一季度	二季度	三季度	四季度	2022年吸纳量	2021年总吸纳量	同比变化
戴德梁行	18.51	7.36	2.6	−8.8	19.67	83.95	−76.57%
第一太平	9.55	−1.08	0.84	−1.18	8.13	101.29	−91.97%
高力国际	4.59	−8.34	−0.65	4.2	−0.2	113.19	−100.18%
仲量联行	15.69	4.67	1.44	−2.77	19.03	100.16	−81.00%
世邦魏理仕	5.55	1.33	4.74	3.11	14.73	108.23	−86.39%
平均值	10.78	0.79	1.79	−1.09	12.27	101.36	−87.22%

a　净吸纳量 = 新租面积 + 扩租面积 − 退租面积。

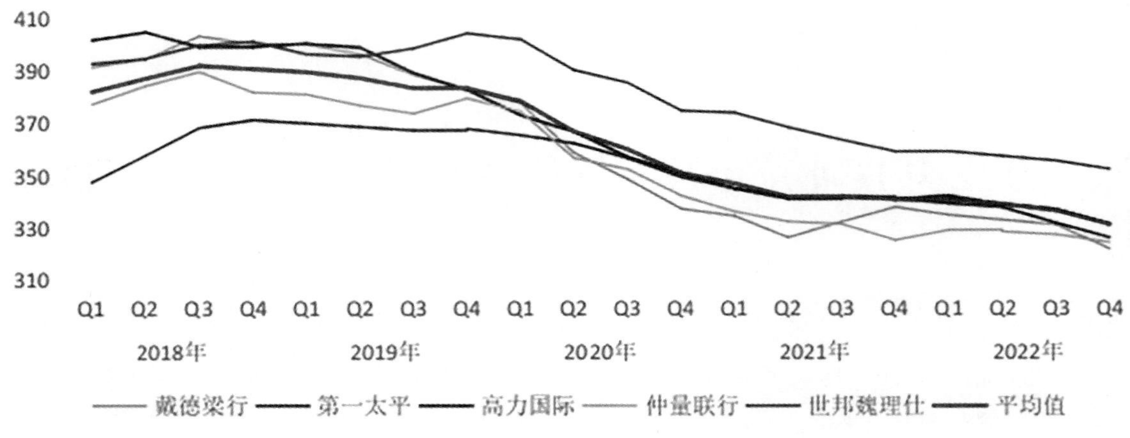

图附 1–17　近五年来五大行对北京市甲级写字楼租金监测情况
（单位：元 / 平方米・月）

（三）空置率高位波动

2022 年四季度本市甲级写字楼平均空置率为 15.8%，环比上升 0.5%。虽处相对高位，但相比疫情前已出现明显回落，且低于 20.6% 的全国平均水平，在一线城市中保持低位。

（四）外资租户租赁面积占比收缩

从 2019 年的 41% 下降至 2022 年的 28%，且逐步由新签为主转为续签为主，近三年外资租户续租面积占其总签约面积比例分别为 35.9%、46.6% 和 66.3%。

二、主要商圈表现

（一）CBD 区域表现坚挺

平均空置率 10.7%，比 2020 年、2021 年分别降低 3.5 个、6.3 个百分点。平均租金 356.6 元 / 平方米・月，同比下降 0.3%。该区域租赁需求主要分布在金融业（42.3%），专业服务（12.6%）、信息技术（8.4%）及医药健康（8%）等。这种多元化的行业分布有助于市场压力的分散，加上近期头部金融集团及关联企业不断扩张，以及基于该区域未来新增供应稀缺的预期，都助推该区域办公面积的去化周期。如，中金公司承租 CBD 中国人寿金融中心 2 万平方米等。

（二）中关村、望京承压最大

中关村区域空置率突破 10%，四季度达 11.6%，同比上升 4.4 个百分点，平均租金 367.2 元 / 平方米・月，同比下降 4.6%。望京 – 酒仙桥区域空置率 16.2%，同比上涨 7.3 个百分点。平均租金 246.6 元 / 平方米・月，同比下降 11.6%。主要是中关村、望京写字楼出租对互联网行业依存度较高（租赁面积占比为 64.7%、38%），由于互联网行业进入转型期，主力租户租赁需求不断调整，释放出大量空置面积。如，快手提前退租中关村软件园板块的互创中心、协同中心和孵化加速器等办公场所，约 2.03 万平方米；爱奇艺搬离整租的鸿诚拓展大厦，约 3.1 万平方米；腾讯、京东的部分部门也离开了中关村。

（三）金融街商圈罕见遇冷

金融街仍是北京空置率最低、租金最高的区域市场。但是，部分租户出于降本增效以及集中扩充办公场所的需求，外迁或扩租至丽泽等新兴区域，该商圈承压遇冷，平均空置率上升至约 5% 左右，平均租金也出现罕见下滑，四季度为620.4元/平方米·月，环比下降3.5%，同比下降4.3%。如，中国再保险集团、平安证券、中化商务中心入驻丽泽平安金融中心，分别新租3200平方米、2700平方米和6000平方米。

（四）丽泽商务区逆势去化

目前，丽泽区域平均空置率已降至36.7%，与核心商务区之间的差距进一步缩小。全年平均租金187.8元/平方米·月，同比上涨5.7%，成为2022年唯一平均租金没有出现下滑的区域市场。目前，丽泽区域已成为其他商务区外溢需求的主要落脚点，成长潜力逐步释放。如，苏成空间、金融界杂志社分别新租平安幸福中心4060平方米、2000平方米；在远洋锐中心，懋澌地产扩租6730平方米，兴合基金、超聚变（华为）等分别新租1000平方米、3150平方米；中企云链新租平安幸福中心4000平方米等。

（五）通州运河商务区任重道远

空置率69%，为全市最高。租金报价155元/平方米·月左右，处于较低水平。

三、主要行业分布

互联网高科技和金融业已成为北京写字楼租赁市场需求“双引擎”，两大行业租赁成交面积占比接近六成；专业服务、新型能源、医药健康等领域逆势布局，逐渐成为新兴租户力量。

（一）互联网科技行业结构化调整

租赁成交面积占比31%，同比下降6个百分点，全年退租超过20万平方米，市场遭遇明显波动。仅个别软件开发、大数据企业保持活跃换租、扩租。如，北森云计算新租华瑞大厦4000平方米，Veritas数据管理公司新租清华科技园4606平方米，Micro Focus软件科技公司新租环球金融中心1500平方米等。

（二）金融行业抗风险能力凸显

交易面积占比28.8%，同比上升6.8个百分点。多家大型金融机构逆势扩张，持续释放租赁需求。如，国开金融新租金融街中心1.7万平方米；华泰联合证券承租亚洲金融中心1.2万平方米；中信建投承租泰康保险大厦1.7万平方米；民生加银基金新租东二环天润财富中心8000平方米。

（三）专业服务业保持稳定需求

2022年成交占比约10%，仍居第三。事务所业务量增加，扩租、搬迁活跃。如道科特律师事务所、浩天信和律师事务所分别在CBD北京财富中心扩租1300平方米、2200平方米；林汉达知识产权事务所在环球贸易中心新租3100平方米。其他专业服务企业如，智联招聘在首开广场新租8000平方米等。

（四）新兴能源行业表现亮眼

在大力发展“碳达峰”和“碳中和”目标背景下，能源行业迎来低碳转型期，2022年度租赁成交占比从4.3%提升至6%，跃居行业第四。如，北京天润新能新租中建财富中心5000平方米，中电建新能源新租茅台大厦1583平方米，国宁睿能绿色能源新租民生金融中心6000平方米。

（五）医药健康行业增长显著

在疫情背景和老龄化大趋势影响下，医药健康行业租赁需求显著增长，2022年租赁成交占比约4%，跃升第五位。如，拜耳医药在侨福芳草地承租1万平方米，为该行业近期最大面积成交，也是年内最大外资租赁成交。爱康国宾承租光华路soho2179平方米，云南白药承租望京soho3890平方米，百洋医药承租东方广场2189平方米等。

四、租户规模分析

（一）头部企业集聚优势明显

承租面积在1万平方米以上的甲级写字楼租户数量从2019年的48家上升至2022年的79家，

占比从 2019 年的 2% 上升至 3%。除拜耳医药外，鼎晟创新（北京）在东方广场扩租 9,000 平方米，小红书在中海国际中心扩租 9,600 平方米，量子之歌承租融新科技中心 14900 平方米等。

（二）中等规模租户成长较快

1000–10000 平方米面积段占比从 2019 年的 32% 上升至 39%。相比头部租户，这部分租户具有选择范围更广、决策流程更短等特点，逐步成为市场的中坚力量。如，北京天润新能投资有限公司新租中建财富中心 5000 平方米，猎聘网在融新科技中心续租 5000 平方米等。

（三）小规模租户占比收缩明显

1000 平方米以下租户抗压能力较弱，租赁甲级写字楼数量占比从 2019 年的 66% 下降到了 2022 年的 58%。

表附 1–28　2019 和 2022 年度甲级写字楼租户数量按租赁面积段分布图

年度	各面积段（平方米）占比					
	0–499	500–999	1,000–1,999	2,000–4,999	5,000–9,999	≥10,000
2022年	33%	25%	19%	15%	5%	3%
2019年	40%	26%	18%	11%	3%	2%

四、我国大城市长租房市场规范发展面临的困境和政策选择 *

中央财经大学管理科学与工程学院
贝壳研究院

党的十九届五中全会通过的《中共中央关于制定国民经济和社会发展第十四个五年规划和二〇三五年远景目标的建议》首次提出要完善长租房政策。2020 年底中央经济工作会议将“解决好大城市住房突出问题”作为 2021 年国家发展重点任务之一，并特别提出“加快完善长租房政策、规范发展长租房市场”。我国城市化进程中，人口进一步向大城市集聚，在大城市房价高企的背景下，租房将成为居民解决住房需求的重要途径之一。大城市长租房市场发展得到了社会各界的高度重视，并获得国家和地方政府的政策助力，但仍存在诸多问题需要解决。因此，本文基于对多个大城市的调研和贝壳研究院住房租赁数据分析长租房发展的现实困境，并提出有针对性的政策建议，为政府提供决策参考，同时为市场主体理性决策提供支持。

一、大城市住房租赁市场发展亟需解决的问题

2014 年 11 月，《国务院关于调整城市规模划分标准的通知》明确指出，城区常住人口 100 万以上 500 万以下的城市为大城市，城区常住人口 500 万以上 1000 万以下的城市为特大城市，城区常住人口 1000 万以上的城市为超大城市。这里将大城市、特大城市和超大城市作为广义的大城市。作为人口主要流入地的大城市，其住房问题突出，主要表现为数量短缺和过度拥挤、质量不足、产权不安全和不稳定、可支付性不够等。住房租赁市场的发展是解决大城市住房问题的重要途径。目前，住房租赁市场存在供需失衡等问题，表现为供求结构不匹配、与当地居民的可支付能力不匹配、质量缺陷、服务短缺和权益难保障等，致使住房租赁需求无法得到有效满足。

（一）大城市供需总量不匹配问题尚存

近年来，我国大城市租房人数逐渐增加，住房租赁需求继续增加，但住房租赁市场供给增长较为缓慢，造成部分城市供不应求。从上述测算结果来看，我国大城市存在着供求总量的不匹配，但供不应求的程度不高。从实际调研来看，很多城市反映总体供求平衡，租金平稳，在新冠肺炎

* 基金项目：国家自然科学基金面上项目“基于城市网络视角的都市圈住房市场时空演化机理、效应和引导策略”（No.72174220）；中国房地产估价师和经纪人学会“增加租赁住房的有效供给研究”；中央财经大学标志性科研成果培育项目。

疫情暴发以来租金一直在下降。但也同时发现，大城市供给端实际上有一些不符合出租要求的房源，“城中村”等房源分流了租房需求，导致符合要求的出租房源少于需求。因此，随着人口继续涌入大城市，由于租赁住房新建供给的滞后性，可能会造成供不应求。

（二）大城市供需结构不匹配问题突出

小面积、一居室房源供不应求是城市租赁供求失衡的突出表现。根据具体数据特征，以成交面积来看，无论是超大城市还是中型城市，60平方米以下以及60~90平方米房源都供不应求，而90平方米以上的房源却存在市场剩余，特别是120平方米以上的房源更是供给远大于需求。这说明租赁群体对于小面积的租赁房源更为青睐，而对于大面积的租赁房需求不高。从租赁房源的户型成交比例差值来看，在所有城市中，一居室和二居室均供不应求，其中，一居室供求失衡最为突出，二居室次之。相反，对于三居室和四居室而言，则存在供大于求的剩余状态，且三居室相对于四居室而言，其供应剩余情况更为明显。

（三）部分大城市租赁住房存在可支付性问题

住房租金支付能力在不同城市差异化较大。参考美国联邦可支付住宅法案规定的可支付房租不能超过可调整收入的30%，以及黄奇帆提出的房租不超过收入的1/6作为适宜比例来度量租房的可支付性。从租赁群体的支付能力来看，城市间的租房可支付性差异较大，如上海、北京和深圳的租金收入比例超过了30%，属于不可支付，呼和浩特、长春、哈尔滨、廊坊、烟台、常州等16个等级规模相对较小的城市租金收入比低于1/6，其租房可支付性较强，而其他城市的租金收入比大部分维持在20%左右，处在房租支出较高但可以接受的水平。

（四）租赁住房还存在质量缺陷以及服务权益难保障等问题

租赁住房以私人房源为主，主要有房改房、拆迁安置房和农民自建房三类，此外还有地下室、小产权房等非正规住房，安全性、宜居性等存在明显的不足。房改房建成年代较久远，很大一部分是“老房”“破房”，缺乏必要的装修和维护服务，而且在社区服务和居住环境方面也存在不足；拆迁安置房的市政配套设施不完善；非正规住房建筑质量不高，普遍存在失修、失养、失管问题，居住环境恶劣。我国中央和城市政府规定了出租房屋需要满足消防安全、人均居住面积等方面的要求，但市场依然存在不符合规定要求的租赁住房。由于这些不符合规定要求的租赁住房通常租金低廉，吸引了不少“捡便宜”的租客。但在城市政府进行租赁市场清理整顿时，这些不合规定的租赁住房首当其冲，租客被迫搬家，权益很难得到保障。此外，还存在住房租赁群体不能和购买住房群体享受同等权益等问题，如有些学校排位通常要求在学区有房且居住一定年限，这实际上是业主优先，造成了租客排位靠后，甚至其子女无法上学等问题。

二、大城市长租房市场规范发展面临的困境

2020年底中央经济工作会议提出，“加快完善长租房政策，逐步使租购住房在享受公共服务上具有同等权利，规范发展长租房市场”，这就需要供给侧改革，解决上述供需失衡等问题，然而其发展面临着一些现实困境。

（一）政策层面的困境

1.长租房的类别很多，政策针对性不强

长租房可以按照不同的标准进行分类。一是按照规划设计用途分类，包括居住用地上建设的集体宿舍、非成套和成套住宅，以及非居住用地

上建设或者改建的长租公寓。目前，对于居住用地上建设的集体宿舍、非成套和成套住宅，其规划设计、建设运营的程序是前后连贯的。而很多城市的长租公寓是商业、工业用房改造的租赁住房，其实际用途发生了改变，但规划设计的土地性质并未发生变更，需要进行规划调整、土地性质变更和报建审批等。

二是按照需求特点和产品类型分类，通常分为提供一张床、一间房、一套房的租赁房屋。集体宿舍为一间房屋内提供了几张床位，并且需要集中管理。长租公寓的产品类型多样，包括提供非成套的一间房和成套的一套房。住宅主要是成套的一套房，但也有非成套的住宅。而且成套住宅既可以整套出租，还可以按间出租。对于新建的集体宿舍和住宅，规划设计和运营要求都很明确。新建的长租公寓多是参考酒店的规范，但并不完全一致，需要国家和城市层面的建设和运营标准提供指导。但是对于改建的集体宿舍、长租公寓，则会存在规划修改、土地性质变更、报建审批等要求。

三是按照经营模式分类。根据住房产权主体、出租主体和运营主体关系的分类模式，将住房租赁经营模式分为自营、代管、包租三种。自营是住房产权所有人直接出租和运营，代管是住房产权所有人委托运营主体出租和运营，包租是住房产权所有人将住房租赁给运营主体，然后运营主体对外出租和管理。目前，长租房的格局仍然是以个人房东自营为主导，包租模式为次，代管模式极少。这需要有住房租赁条例来提供统一的规范，约束参与方的关系，还需要专门出台针对代管和包租模式的政策设计。

四是按照能否享受政策扶持来分类，这包括了长期出租的公租房、保障性租赁房和商品租赁房。公租房享受了土地费用和税费等减免，保障性租赁房的扶持政策还未出台，一些地方在实践中参照公租房的优惠政策。长期出租的商品租赁房中只有一部分符合中央和地方政府出台的优惠政策，达到了出租年限、规划设计用途以及建设运营标准、租赁平台登记等要求，其他的则不符合出租要求，或者没有完成政策必需的报批程序等。长租商品房和保障性租赁住房存在一些区别，保障性租赁住房按照低于市场租金的价格租给符合政策扶持条件的特定群体，长租商品房则是按照市场价格出租，对租赁群体没有限定。此外，一些城市将租赁商品房用作保障性租赁住房，并且提供补贴和政策扶持。因此，需要对不同类型的住房进行区分和政策设计。

2.租赁关系多样化，市场秩序规范难度大

从长租房的三种经营模式上看，其租赁关系存在不同的问题。第一，个人出租模式法律关系简单，但是租赁关系稳定性差，包括房东随意涨价、驱赶租客、存在“二房东”“黑中介”等。第二，包租模式是租赁企业主要经营模式，一手“托房东”，一手“托租客”，但是存在租金贷、骗取装修款等金融风险。“放管服”改革后，住房租赁行业准入门槛低，大量新增企业进入市场，出现了一些住房租赁运营企业收取租客的租金和押金，但没有及时支付房东租金的情况。2018年以来，北京、深圳、杭州等热点大城市住房租赁企业相继“爆雷”，部分不法企业从成立到爆仓的周期越来越短，有些甚至不到2个月。第三，代管模式是比较规范的企业运营管理模式，住房租赁企业是独立于房东和租客签订的住房租赁合同之外的负责房源的运营维护等日常管理的第三方，采取提供增值服务的轻资产模式，不存在挤占资金的问题，因而经营风险最小。但是，它目前占比极低，并且一些企业和房主签订的合同是代管，实际上运营采取的包租，导致纠纷。由于我国众多的个人房东并没有在房管部门租赁平台登记，一些经营不规范的住房租赁企业也是如此，一些出租的非正规住房也不在租赁平台登记，因此，城市政府通常缺乏住房租赁市场的供需基础数据，摸不清市场底数，仅仅是在发生纠纷之后才知晓，而平时难以监管。此外，对于违法违规行为，主管部门缺乏相应处罚依据，这给监管部门的管理工作带来巨大的挑战。

3.租赁住房建设改造运营标准和流程不健全，参与主体推进项目难

一是国家层面已经出台了《关于集中式租赁住房建设适用标准的通知》，但是租赁住房运营标准没有出台，城市政府制定地方标准缺乏上位法的依据。然而，国家层面的建设运营标准需要从全国层面考虑各地的巨大差异和可操作性，快速出台相关标准存在困难。二是部分城市试点出台了租赁住房建设运营标准，但在实际推行中遇到了一些现实难题。已经出台了标准的城市参照的技术规范不一，有些不符合改建的实际要求。一些在此标准出台之前的改建项目如果要符合此标准，则会增加企业的建设运营成本，这些微薄利润的租赁企业没有动力按照规定的标准去改建，也就导致这些企业没有合法合规的租赁住房身份。三是由于没有运营标准，城市政府没有依据进行审批，而没有完成审批的租赁住房项目无法享受相应的政策优惠。四是地方政府各部门对于住房租赁项目权责不一，分工不明确，存在信息不联通的“信息孤岛”和审批不协同现象。例如，2016 年国务院颁布的《关于加快培育和发展住房租赁市场的若干意见》明确了可以“商改租”“工改租”，但是没有明确给予改建的标准和细则。然而，新的政策和有些相关规定并不兼容，有些改建违反了规划的强制标准，导致审批会造成违法和违反政策等而无法审批，这造成改建的长租公寓没有租赁住房的身份，后续验收、落实优惠政策、办理证照、享受公共服务都存在障碍。例如，“商改租”项目无法修改规划和土地性质，无法享受政策许可的民水、民电，只有部分城市项目是特批的民水、民电标准。此外，还有“商改租”的用电增容问题，租客的用电层级不一样，也就导致收费标准不一致，引起不少租户的投诉和不满。

此外，特别是对于改建项目，涉及多个政府部门的审批，但部门间并不协同，需要租赁企业每个部门单独审批，而部门间审批是串联机制，需要按照规定的流程进行部门间审批，审批周期较长。例如，对于“商改租”项目，住房租赁企业按照正常审批时间预期为 4 个月，但实际上很可能达到 6 个月以上。

（二）租赁企业层面困境

根据 2019 年中国房地产估价师和经纪人学会组织的住房租赁企业调查问卷结果统计分析，20% 的企业将收益率低列为目前发展面临的主要问题。从上海易居房地产研究院发布的《2019 年四季度 50 城租金收益率研究报告》来看，2019 年第四季度 50 城租金收益率为 2.4%，低于当期的银行三年期存款基准利率。造成这一情况的主要原因如下。

1.赋税较高，难以获得财政补贴

对于自持住房租赁经营的企业，涉及税费包括增值税、房产税、城镇土地使用税等。除去不盈利不缴纳的 25% 企业所得税，自持住房租赁企业出租自有住房承担整体税负约达 20%，不利于自持型租赁住房企业发展。对于包租的经营企业，因为个人住房出租名义上交的房产税是租金的 4%，但是实际上绝大多数个人是不报备、不纳税的，甚至有些城市为了提高纳管率，直接宣布个人出租不纳税。但是，企业包租不仅需要垫付适当的装修费用，还要纳税 9% 的增值税，而部分税收的税基是租客缴纳的租金，而不是租客缴纳的租金扣除租赁机构包租的租金成本所剩余的增值部分。同样，对于代管是 6% 的增值税，税基也是租客缴纳的租金，这无疑增加了租赁企业的回本周期，在一定程度上不利于发展规模化、机构化租赁企业。

为了促进租赁市场的发展，中央政府选择了24个租赁试点城市，并且提供了财政奖补资金，这些资金将用于租赁住房建设、运营和租赁平台建设，但是地方政府对于补贴资金的发放较为慎重。一是由于蛋壳公寓等轻资产企业“爆雷”，部分城市投鼠忌器，不敢给轻资产模式的住房租赁企业发放补贴。二是对于无法提供原始项目的产权证明，难以通过联合验收的租赁项目，地方政府不能发放相应的财政补贴。三是虽然部分城市意图合规使用中央财政奖补资金支持新建租赁住房，但当前中央财补资金的使用期限是3年，后期是否还有后续的补贴尚未确定，然而租赁项目从审批、建设、验收、运营周期很有可能不只3年，这造成了企业可能无法领取奖补资金，且领取的奖补资金需要专款专用，但大多数是事后补偿，很难弥补前期建设的投入。

2.新建住房土地供应方式与租赁住房运营模式不匹配

对于新建租赁住房项目，企业用地须一次性缴纳70年土地出让金，并且按照商品住宅的地价出让，而承租人一般按月缴纳房租，这造成了该类项目资金投入大和回收周期长，企业盈利困难，积极性较低。目前，新建的长租房项目至少20年以上才能收回成本。因而，民营企业等社会资本根本没有意愿新建租赁住房，即便参与，结果也很可能是“赔本赚吆喝”。而部分大城市的国有企业肩负社会责任，新建租赁住房项目，结果也是亏损，且需要其他盈利项目来支持。

3.融资难、融资贵

对于轻资产模式的住房租赁企业，由于其没有抵押物，银行不会轻易给予贷款，加之部分轻资产企业“爆雷”，更是给轻资产模式企业的融资带来了困难。采取租金收益权模式融资的住房租赁企业通常融资成本比较高。对于中资产模式（改建）和重资产模式（自持）的住房租赁企业，其项目的收益率较低，无法通过金融机构的审批。

4.市场环境欠佳

合规的出租房源需要和大量不合规的出租房源竞争，导致租金上涨困难。合法经营的租赁机构需要和大量的个体房东、不合法经营的租赁机构竞争，后者偷税漏税等更具有成本优势。由于机构出租人的资质与业务范围尚不明确，住房租赁市场管理的法律依据不足，导致政府部门对非法的机构难以监管，反而对合法的机构监管较多和缴纳税费较多，因此规模化、机构化的住房租赁企业偏少，导致合法的机构的带动效应不强。

（三）其他一些困境

目前的住房租赁主流是过渡需求，租户签约的租期较短，还有一些选择非正规租赁住房，主要原因是租住品质不高、投资房产带来的回报率比较可观、租赁权益的不稳定等现实困境。租客希望租金低、居住品质高、产权安全稳定、交通便利，但是符合这些要求的房源很少且通常租金高，租客可能无法承受。为了低租金，租客只能牺牲居住品质、产权安全稳定等，租赁一些不符合出租要求的房屋。政府政策逐步推进淘汰非正规房源，如清理群租、拆除违法建筑、禁止危房和地下室出租等，驱使租客退出，租客需要寻找新的合适居所。即使一些符合出租要求的房屋发生了纠纷，由于缺少住房租赁条例等法律支持导致租客无法维权，而且有些租客也缺少维权意识。

目前，住房租赁市场以个体房东提供的分散房源为主，一些房东宁愿房屋空置，也不愿出租。其主要原因在于市场租金低，而装修成本高，也就是租金收入抵不上装修成本，所以不愿意出租，或者即使出租也不愿意装修。此外，对于个人房东而言，出租住房涉及的运营维护较为烦琐。若选择代管或包租给住房租赁企业，经过租赁企业统一装修改造、配置家具家电，提供共享资源，有较好的服务水平，虽然租金会提高，但房东通常只能得到签约的租金，且可能会面临包租企业“爆雷”而引发的纠纷。

租赁企业缺乏长期、大量、低成本的资金支持，围绕住房租赁的金融产品单一，原因在于金融机构也面临一系列的现实难题。一是住房租赁运营企业的项目投资收益率较低，达不到银行的审核标准；二是有些项目资产属于房东，企业仅有收益权，缺少可以抵押的资产，无法融资。

三、大城市长租房市场规范发展的初步思路。

结合需求和供给的特征，本文认为长租商品房是计划和实际用于长期出租并符合出租要求，按照市场价格出租的居住用途的房屋。在政策认定长租房需要享受的政策优惠时候，可以设定一个合理的计划和实际出租期限，比如3年，并且以该期限内签订的租赁合同作为依据，既可以是一个租客签订3年租赁合同，也可以是3个租客分别签订1年期限的合同。而且，在政策认定长租房需要享受的政策优惠时候，还可以要求租赁合同规范、租赁关系稳定、租金合理、租赁平台登记等要求。

结合国内外经验，本文提出大城市长租房市场规范发展的目标为形成总量平衡、结构合理、渠道多元、服务规范、权益保障、制度健全的住房租赁市场。具体来说，有以下六个特征。

（1）建设运营有标准。长租房的建设与运营应该有政府或行业设定的标准，如长租房建设或改造要满足结构安全、消防安全、空气质量标准等基本要求，以及在运营管理中对于出租信息的规范与报备等。

（2）服务权益有保障。依法维护商品房屋租赁双方当事人的合法权益，不仅要保障承租方在租赁行为上的正当权益，也要促进租购住房在公共资源与服务方面具有同等权利。

（3）企业经营可持续。利润是企业生存的根本，要让市场中的租赁机构合法经营有合理的利润，否则企业就没有动力发展，甚至非法经营。

（4）租金上涨有限制。建设一个总量平衡和结构合理、租金合理波动的住房租赁市场，需要增加有效供给，调整供给结构，对房价、租金和居民收入和房租可支付性进行监测，设定分区域的租金指导价，并对不合理的租金涨幅进行处罚。

（5）房东中介有监管。住房租赁市场供应主体包括房地产开发企业、住房租赁企业、物业管理、中介、个人等多个主体。应形成供应主体多元、经营服务规范、租赁关系稳定的住房租赁市场体系，政府和行业协会等组织要依法依规加强对供应主体和经营行为的监管。

（6）金融风险有管控。目前的代管和包租模式出现了住房产权主体、出租主体和运营主体分离的情况，一些出租运营主体收取租客的租金和押金大于支付给房东的租金以及利用租金贷等形成资金池，在恶意诈骗、经营不规范、快速扩张失败等情况下会形成金融风险，并危及社会稳定。此外，出租运营主体利用房东的房产骗取装修贷款逃之夭夭，也会导致新的纠纷。因此，要防止租金贷、长收短付、骗装修款等金融乱象的发生。

四、借鉴国际经验促进大城市长租房市场规范发展的政策建议

从国际经验来看，住房问题是大城市发展不变的主题，也是永恒的难题，规范发展的住房租赁市场是解决住房问题的重要途径之一。美国、英国、法国、德国和日本等发达国家的城市住房

租赁比例基本为40%~60%，而纽约、旧金山等城市的租赁人口高达60%，租赁房屋占比50%左右。根据我国2000年和2010年人口普查资料，我国大城市住房租赁比例大多在20%~40%，部分城市超过了50%。由此可见，随着人们居住观念的改变，大城市住房租赁市场具有巨大的发展潜力。借鉴国际经验，本文提出以下促进大城市长租房市场规范发展的政策建议。

（一）推动上位法《住房租赁条例》出台

借鉴国际经验，政府需要依法行政，加快推动上位法《住房租赁条例》出台，规范住房租赁活动，维护住房租赁当事人合法权益，构建稳定的住房租赁关系，促进住房租赁市场健康发展。例如，德国颁布《住房租赁法》《住房建设法》等来规范租赁住房的建设、租金水平以及对租赁双方权益的界定，对租赁市场发展起到了很好的指导作用。

当前，我国针对住房租赁行业的部门规章制度法律层级不高，效力不够，各地方的管理办法不一，难以形成行之有效的准绳。特别是体现在地方租赁部门由于没有上位法的支撑，其财权、事权又相对较小，难以一部门之力调动发展长租房的其他政策资源。此外，由于没有明确的上位法，对于住房租赁企业的违规操作，主管部门缺乏相应处罚依据，不能对长租房市场的规范发展进行及时监管。因而，需要出台上位法《住房租赁条例》，对租赁双方及相关利益人的权利与义务进行清晰界定，形成市场规则明晰、政府监管有力、权益保障充分的住房租赁法规制度体系，并给地方住房租赁管理提供法律依据。2020年9月住房和城乡建设部公布了《住房租赁条例（征求意见稿）》，需要加快修改完善和出台相关政策法规。同时，考虑到我国各地区差异巨大，《住房租赁条例》多是一些原则性规定，需要地方政府出台一些配套细则才能落地实施。

（二）出台租赁住房运营管理标准

借鉴国际经验，需要出台租赁住房运营管理标准。例如，德国对“可居性”有严格规定，并建立安全与健康标准的评估体系，包括面积、生活设施、生理心理需求等多个评定标准，有力地维护了租赁权益。现阶段，我国大中型城市住房缺口较大，住房租赁市场发展迅速，但在安全、健康、服务、运营等方面均存在一定问题，缺少对应标准、缺乏管理依据。为针对租赁住房突出问题提出具体要求，填补租赁住房标准空白，规范和指导租赁住房的建设与运营，推动租赁住房市场持续健康发展，引导租赁住房市场高质量发展，需要出台相关标准。

具体而言，租赁住房应符合该标准及相关国家标准中关于建筑、结构、消防、装修等方面的要求，并具备供水、供电等必要的生活条件。由于我国租赁住房来源有新建、改建和盘活存量房源三类，对于不同房源的建设运营标准也应该具有差异性。首先，针对一些城市推出的R4租赁住房地块和集体建设用地建设租赁住房等新建住房、非居住建筑改建的居住建筑以及盘活存量房，需要有相应的建设运营标准。其次，对于不同的类型，如集体宿舍、公寓、非成套住宅和成套住宅的新建可以参考现有的宿舍、酒店和住宅的标准，但是改建的产品则需要参照实际情况，设立相应的运营管理标准。最后，对于改建的集中式和分散式租赁住房，在改建和运营方面也存在一定的差异，因此设定标准也有所不同。此外，住房租赁企业作为生活性服务业，需要具备一定的准入条件。

考虑到我国各地区差异巨大以及各租赁住房项目存在较大的差异，国家层面的标准应该规定一些基本原则和最低要求，各地住房和城乡建设部门应根据具体城市住房租赁管理要求和实际情况制定运营标准。

（三）增加财税政策支持力度

借鉴国际经验，加大对租赁住房的财政补贴和税费减免。例如，德国柏林等城市政府均制定优惠政策，对出租住房进行相应的税收减免。美国在 1970 年以后以租金券的形式给予出租房主减征所得税、财产税等，以刺激个人房东出租住房，减少空置率，促进租房市场的繁荣。日本鼓励发展专业化的住房租赁机构，其运营租赁住宅的比例将近 80%。我国应出台政策鼓励房东将住房出租和发展住房租赁企业，扩大房地产税的试点，提高空置闲置的成本。一是对于个人通过政府租赁平台办理租赁合同网签备案的，其出租住房应缴纳的各项税费在 5 年内采取综合征收方式征收，综合征收率为 0；二是对于企事业单位向住房租赁企业出租住房以及住房租赁企业向企事业单位出租住房的，房产税按照 4% 的优惠税率执行；三是对于以住房租赁为主营业务，租金及服务费、管理费收入占企业总收入 70% 以上的住房租赁企业，经开业报告后，可减按 15% 的税率征收企业所得税，减按 6% 的税率征收增值税或选择简易计税方法减按 1.5% 计算缴纳增值税；四是允许住房租赁企业在后期盈利阶段，增值税可以进项抵扣前期亏损；五是适当延长中央财政支持租赁试点城市的时间和增加试点城市，允许试点期间达到享受补贴条件但未在 3 年试点期间内完成运营的租赁企业在企业运营后依然给予相应的补贴，或者由地方财政给予相应的补贴；六是按照国家政策，非居住建筑改造为租赁房，应享受民用水电价格，但实际上很多城市无法落地实施这一政策，因此可以探索从财政角度向租客或者住房租赁企业提供补贴。

（四）增加金融政策支持力度

借鉴国际经验，加大对租赁住房的金融支持。例如，韩国首尔通过低息贷款等方式刺激租赁住房建设。针对政府住房租赁部门认定的信用好、运营优质的住房租赁企业，鼓励开发性金融等银行业金融机构按照风险可控、商业可持续的原则，加大对租赁住房项目的信贷支持力度，以住房租赁项目或企业为借款主体的贷款利率原则上不得超过当期基准利率的 1.1 倍，鼓励发放 10 年以上的长期贷款。住房租赁项目相关贷款不纳入银行业金融机构房地产贷款集中度管理。同时，拓展住房租赁项目投资主体，引导保险资金、产业基金、信托、公积金等长期投资机构直接投资租赁住房项目，或者持有住房租赁金融产品。稳步推进以租赁住房为底层资产的房地产投资信托基金（REITs），适时出台房地产投资信托基金发行指引。在资产装入环节，满足 80% 以上收入来源于租金的房地产投资信托基金可免征土地增值税及出售差价得利的企业所得税；在持有环节，满足将 90% 以上合并后基金年度可供分配金额以现金形式分配给投资者条件的房地产投资信托基金，对用于分红（或派息）的部分，可免征企业所得税。

支持住房租赁企业发行企业债券、公司债券、非金融企业债务融资工具等公司信用类债券及资产支持证券（ABS），专门用于发展住房租赁业务。积极探索租赁房屋的房东财产险和租客的个人财产和责任险，以及建立对支持租赁住房的金融机构的风险补偿制度，给予财政贴息和税收优惠。

（五）加强规划和土地支持

借鉴国际经验，加大对租赁住房的规划和土地支持。例如，美国纽约等大城市结合税收优惠、容积率奖励等手段扩大住房租赁供给，英国伦敦则降低土地价格以吸引机构投资建设租赁住房。我国在人口净流入且租赁住房存在较大供需缺口的大城市，应增加低成本的租赁住房用地供应，单列租赁住房土地供应计划，如明确国有建设用地单列租赁住房用地、集体土地建设租赁住房用地等供应计划，以及允许企事业单位利用闲置用地建设租赁住房。此外，还可以采取商品房配建租赁住房，并且采取容积率等方面的规划奖励。对于非居住建筑改建租赁住房的，需要修改一些过时的规划标准，适当放松一些规划标准，推进联合验收工作的顺利进行。

（六）加强监管和服务，防范市场风险，稳定租赁关系

借鉴国际经验，政府应加强对长租房市场的监管，将那些不具备经营能力和资金实力的企业逐步淘汰出局，促进住房租赁市场的规范和平稳健康发展。

一是加强市场主体和从业人员动态化监管，逐步实现住房租赁市场主体的平台化管理。实现住房租赁企业、房地产经纪机构及其从业人员以及出租人和承租人在平台的实名备案管理和信用管理，将其诚信记录纳入全国信用信息共享平台，并建立多部门守信联合激励和失信联合惩戒机制，加强行业诚信管理。加大对住房租赁违法违规行为的查处。严厉打击租赁企业、房地产经纪机构垄断房源、“炒租”等违法违规行为，对市场欺诈、投机、不公平交易、不公平竞争、控制市场或者滥用市场势力等进行严格监管，对存在明显“高收低租”“长收短付”行为的高风险企业，房产管理部门应对其进行约谈，并建立多部门联合惩戒机制。对于存在非法集资等违法行为的，将具有严重违规行为的住房租赁企业及其法人代表、实控人、股东列入“黑名单”管理，并实施限制法人变更、限制股东股权转让、限制实控人出境等措施。建立住房租赁企业白名单，发挥规范经营的专业化规模化住房租赁企业的引领、示范和激活作用。

二是加强住房租赁市场监测，探索建立稳定住房租金体制。美国联邦住房与城市发展部每年对 530 个大城市、2045 个县的房价进行评估，并发布市场租金参考价。德国从法律层面侧重于保护承租人权益，只允许房东小幅涨价，而且要有书面说明，对于 3 年内涨幅超过 20% 的，则会判定为违法。我国应借鉴国际经验，住房和城乡建设部应建立全国重点城市租金监测体系，并且将稳租金纳入长效机制试点城市当中。大城市应定期公布不同区域不同类型租赁住房的市场租金水平信息，逐步建立住房租赁指导价格发布制度，引导租赁双方合理确定租金价格，稳定市场预期。强化规模化、专业化住房租赁企业在稳定住房租赁价格方面的示范作用。

三是发挥行业协会规范引导作用。建立住房租赁行业协会，开展行业评估，协助政府制定实施完善的行业规范和有关技术标准，建立健全各项管理制度，加强企业自律管理。完善从业人员行为准则，促进住房租赁企业和人员依法经营、诚实守信、品质服务。加强企业交流和从业人员业务培训，不断提高行业发展水平和从业人员业务素质。

四是做好服务。房地产主管部门要会同有关部门共同搭建政府住房租赁交易服务平台。通过平台建设，提供便捷的租赁信息发布和房源信息核验服务，推行统一的住房租赁合同示范文本，实现住房租赁合同网上备案；建立住房租赁信息发布和审核标准，规范住房租赁交易流程，保障租赁双方特别是承租人的权益。

（七）加强部门间协同，探索高效并联审批

健全专班主管、部门协同的联动工作机制。加强住房和租赁管理机构和人员保障，住房和城乡建设部门设立专门的住房租赁管理机构，负责当地住房租赁市场管理、指导和监督工作。建立住房和城乡建设、自然资源和规划、网信、市场监管、公安、发展改革、金融监管等多部门协同联合的监管体制，明确部门职责分工，建立信息共享和工作联动机制，切实加大对城市住房租赁市场的监管和支持力度。

推进服务下沉、网格覆盖的基层管理机制。充分发挥社区、居民委员会和村民委员会等基层组织以及物业服务企业的作用，将住房租赁管理和服务的重心下移。街道（镇）按照规定职责，负责本辖区内住房租赁市场管理的具体事务，以及协调化解矛盾和协助监督等工作；社区（村）做好所属区域租赁住房的基础性管理。实行住房租赁网格化管理，网格员做好住房租赁信息采集、日常巡查、综合管理等工作。

探索新建和改建租赁房高效并联审批，优化快速审批通道。一是推进公安、卫生、规划、城管、消防、房管、环境等部门对于租赁企业从建设到运营的并联审批机制，让租赁企业少跑路、少跑弯路；二是审批流程应该更加透明，明确审批时间期限。

（八）营造住房租赁的健康消费环境

引导需求，选择白名单的住房租赁企业和正规的租赁住房，营造住房租赁的健康消费环境，完善租购同权导向下的公共服务政策，如保护承租人合法权益，稳定租赁关系，稳定住房租金，使住房租金可以抵扣个人所得税，提取住房公积金、办理居住证更加便利，以实际居住地享受义务教育等基本公共服务，使人们愿意租房住，而不是一味地要买房，推进建立“租购并举”的住房制度。

引导住房租赁企业、房地产经纪机构、网络信息平台建立投诉处理机制。相关行业组织要积极受理住房租赁投诉，引导当事人妥善化解纠纷。房产管理部门应当畅通投诉举报渠道，通过门户网站开设专栏，并加强与市长热线协同，及时调查处理投诉举报。

营造健康的舆论环境，用更开放的心态和更客观的认知来理解长租房市场的商业模式的正当性和合理性。住房租赁企业通过提供市场化的运营管理服务，能够解决以个人业主出租为主的住房租赁供应模式中长期存在的户型、产品、服务“错配”问题，在盘活存量市场、提高住房资源利用率、增加租赁供给、改善租户租住体验等方面发挥积极作用。作为一个关系民生的行业，长租住房服务场景多、服务链条长，加上庞大的用户群体，个体诉求复杂，很容易产生各种问题。部分问题的确存在，理应受到监督改正，但不可否认住房租赁企业依旧面临着多种多样的偏见。要促进长租住房行业健康发展，迫切需要大城市充分运用网络、电视、报刊、新媒体等渠道，加强宣传报道，营造遵纪守法、诚信经营的市场环境。发挥正反典型的导向作用，及时总结推广经验，定期曝光典型案例，发布风险提示，营造住房租赁市场良好舆论环境。

五、新时代好房子标准内涵及指标体系探讨

中国建筑标准设计研究院有限公司
中国建筑设计研究院有限公司

导语

为了适应全面建设社会主义现代化国家新阶段的发展，今年召开的全国住房和城乡建设工作会议指出，“当前人民群众对住房和城乡建设的要求从‘有没有’转向‘好不好’”部署了关于“让人民群众住上更好的房子”和“提升住房品质”的重点工作要求，以新时代好房子作为目标指引，构建适应新阶段的新发展格局。什么是好房子及其基本标准、内涵及指标体系，引发行业内广泛关注和讨论。由于住房发展问题在认知和范畴层面的不同，在理解和认识上尚存在着较大分歧。笔者就我国城镇住宅建设可持续性发展课题、居住满意度需求和住房痛难点问题，归纳分析迈向居住品质时代的国际好房子标准内涵及其可持续住宅建设模式；从新时代好房子标准的视角，对其内涵及框架指标体系进行阐述，并对推动住房高质量可持续建设与新时代好房子标准与创新发展提出建议。

推进我国住房高质量可持续性发展的重要性和必要性

当前，我国住房建设领域正处于大量建设与存量更新并举的新发展阶段，人民群众居住条件显著改善，住房发展取得巨大成就，对推动以人为核心的新型城镇化、促进经济社会发展发挥了重要作用。但是，住房建设不仅存在整体居住环境质量与建筑全寿命周期性能不高、建设质量通病未根治等亟待解决的现状问题，还存在着建设能源资源消耗较高、环境影响较大、绿色低碳发展不平衡的可持续性问题。新时期，我国住房建设亟须在落实国家碳达峰碳中和战略的同时，着力解决人民日益增长的美好生活需要与宜居水平发展之间的矛盾，全面推进住宅建设向绿色、低碳、宜居的高质量发展方向转型升级，使人民的获得感、幸福感变得更加高品质、更可持续。

一是要解决住宅传统建设模式问题。面对当前气候变暖的全球危机，我国做出实现“双碳”目标的重大战略部署。中国建筑节能协会统计数据显示，建筑全过程碳排放总量占全国碳排放总量比重超半数，其中，建筑材料占比28.3%、运行阶段占比21.9%、施工阶段占比1%。作为我国碳排放三大重点领域之一的建筑业，长期以来住房建设所产生的高能耗、高污染、高废物、低利用率持续破坏人与自然和谐关系。基于建筑全寿命周期设计、建造、使用、维护、改造、拆除的研究表明，其对环境的影响一方面表现在建筑生产建造过程中；另一方面表现在建筑投入使用后改造和维护中，将持续消耗资源能源、产生大量建筑垃圾。因此，我国住房亟待全面转变生产建造方式，从而真正实现低碳节能、降低对环境负荷以及资源循环利用的可持续建设。

二是解决住宅建筑短寿命和耐久性的问题。我国住宅建筑的设计使用年限为50年，现实中住宅平均寿命只有30～40年，远低于国外发达国家的建筑寿命水平。住宅呈短寿化，与思想认识、利益驱动等社会经济原因有关，也与结构安全质量、建筑老化、居住生活等原因有必然联系。大拆大建的背后是每年高达万亿元的经济损失。大量既有住房设备管线老化、装修耐久性不足，即便新建项目在使用周期内也会面临内部拆改，大幅降低建筑使用寿命，同样也会严重影响结构安全。特别是当前保障性住房建设，如何解决其短寿命与耐久性问题，将是实现我国建筑领域从资源消耗型向资产持续型转变的重大课题。

三是解决住宅长期品质不佳和更新运维的可持续质量问题。长期以来，我国住房整体建设质量、居住品质与性能得不到有效保障，居室隔音差、厨卫串味和漏水等问题持续困扰百姓的居住生活，甚至影响健康。住宅建设应重点解决建筑全寿命的矛盾，尤其应重视维护使用中高能耗和运维难度大的问题。住宅建设要结合未来生活方式，从长远考虑，建设对社会和每个居住者而言可以作为优良资产和具有长久价值的建筑产品，满足人民对建筑品质更高需求。大力提高建筑产品的长久质量，将提高居民生活质量的产品供给高质量延伸到建筑全寿命期，提高建筑综合性能。

一、以人民为中心的居住满意度需求和住房痛难点调查成果及存在问题

中国建设科技集团股份有限公司（以下简称“中国建科”）作为中央企业，从新中国成立伊始就积极投身我国住房建设与居住建筑领域，开展了广泛的工程实践和科研攻关。为了进一步贯彻落实国家“以人民为中心”的发展思想，促进住房建设由“高数量”向“高质量”转型，实现“住有所居”向“住有宜居”迈进，中国建科在多次参与住建部、学协会相关住房调研基础上，于2020年开展了建国以来规模最大、覆盖面最广、时间跨度最长、涵盖居住类型最多的居住满意度调研，深入挖掘了当下住房痛点、难点问题。

中国建科与中国房地产业协会牵头，联合50余家行业产学研权威机构，集结数百人研究团队开展了《全国绿色宜居住区质量与建筑品质满意度调查》，研究数据涵盖全国34个省级行政区、3万余份调研问卷，以及8个重点城市的近500户入户走访记录。本次研究从百姓的视角挖掘居住建筑的质量和品质问题，从住区质量、住房品质两个维度，构建了15个一级指标和75个二级指标，并对居住者基本情况、家庭结构以及住房类型、面积、年代等进行了细分。同时，基于《影响住宅高品质的典型痛难点分析与技术解决方案研究报告》，通过对中国消费者协会2022年全国消协组织受理投诉情况进行分析，梳理涉及“量大质低”的住房投诉60余条。聚焦居住满意度需求，分析了住房相关痛点、难点问题。

一是工程质量通病问题。根据调研反馈，目前住房存在的质量问题主要表现在以下三个方面：安全方面，既有住房面临很大的主体结构安全和建筑防火安全隐患，同时设备系统安全、卫生防疫安全等问题也逐渐凸显。质量方面，裂缝、渗漏、霉菌滋生普遍存在。长期耐久方面，围护结构材料易脱落、结构构件与内装部品耐久性低，影响住房外观和内在。上述质量问题并非出现在单一环节，而是受建筑全寿命周期中各阶段制约。

二是功能空间单一与适应性问题。单一的供给形式或空间形态无法满足日益多样化的居住需求，导致住房一旦入住就很难随家庭成长周期中不同需求的变化做出适应性调整。

三是居住性能较差问题。根据调研反馈，住房隔音和保温隔热效果不好、空气和水质较差、甲醛超标等问题属于居住满意度较低的项，这些

问题在保障性住房、公寓等类型的居住建筑中尤为突出。

四是维护维修落后问题。根据调研反馈，入住之后房屋需要修补的问题层出不穷，一部分问题关联住房质量，一部分问题是由于不具有可维护更新性造成。例如，管线一旦埋入主体，检修维修极为不便。加之，老旧小区普遍存在物业管理缺失或不当的问题，老旧住房的更新改造面临巨大困难。

五是住区生活环境与配套设施匮乏问题。居住者对于好房子的判断标准有很大一部分因素与居住生活环境相关，包括对住房所在区位地段和住区环境的考虑。住房一旦远离了教育、医疗、商业、交通等配套设施，就很难符合百姓理想居住的好房子标准。这与城市、区域规划设计有关，也受政策和百姓根深蒂固的观念影响。住区内停车难、配套服务设施不齐全、无障碍适老化程度低，也是人民群众对现状住房改善的迫切需求。

二、居住品质时代的国际好房子标准及可持续住宅建设模式

随着国外发达国家迈向住宅品质建设发展时代，为了有效应对经济社会发展带来的大量生产、消耗和废弃问题，缓解气候变暖、资源能源枯竭等地球环境危机，世界各国都在寻求构建可持续社会的顶层设计途径、住房建设政策与对策的同时，制定以提升可持续居住品质为目标的好房子标准。自进入21世纪以来，国际上针对建设废弃物的相应对策以及削减民生部门的碳排放量等问题，制定了相关法律法规，以新一代可持续住宅建设为战略方向，全面发展了提高住宅质量和寿命、降低能源资源消耗并有利于改造再生的新技术产业。居住品质时代的国际好房子标准与建设目标具有层次性：较低层次的建设目标应该是满足基本要求；较高层次的建设目标则是城市与环境的更高要求。其住宅建设理念与内涵通常包括两个维度：一是“减碳”的高质量可持续发展；二是“宜居”的高质量可持续发展，即在建筑全寿命周期内全面减少环境负荷影响的同时，保障宜居品质。

（一）长期优良住宅标准与政策制度

基于品质长久化发展方向的国际好房子标准，日本的长期优良住宅是其中的典型案例。从可持续社会发展出发，为了实现环境负荷降低、建设价值长久的高质量住宅，日本政府于2007年提出了“200年住宅”的构想。为普及200。年住宅，2009年施行《促进长期优良住宅普及的法律》，全面推行长期优良住宅（Long - life Quality Housing，LQH）建设。长期优良住宅认定标准对于新建以及既改集合住宅，设计建造的主要内容包括主体耐久、抗震性能、易于管理和更新、节能对策、居住空间、居住环境、维修计划、灵活可变、高龄者对策。通过建设更多的长期优良住宅，从资源能源角度解决地球环境问题和健康问题，实现经济社会和居住生活的更可持续。

长期优良住宅政策制度可以说是日本政府推动好房子建设的标准与综合性政策制度，是为今后迈向存量型社会、以实现长寿化住宅建设为目标的全新理念转型。为了保证住宅的长期使用，以长远的视角来实施优良品质的住宅建设，有计划性地进行维持管理，提供准确的住宅性能与维护管理信息，推进既有住宅的流通等，将上述措施作为长期优良住宅评定条件进行推广。《长期优良住宅法》基本思想是从“建造后拆除”的资源消费型社会向“建造优良产品、精心维护管理、长期珍惜使用”资产存量型社会转型发展。

图附 1–18　日本东京住宅建设规划政策的目标体系与系统对策

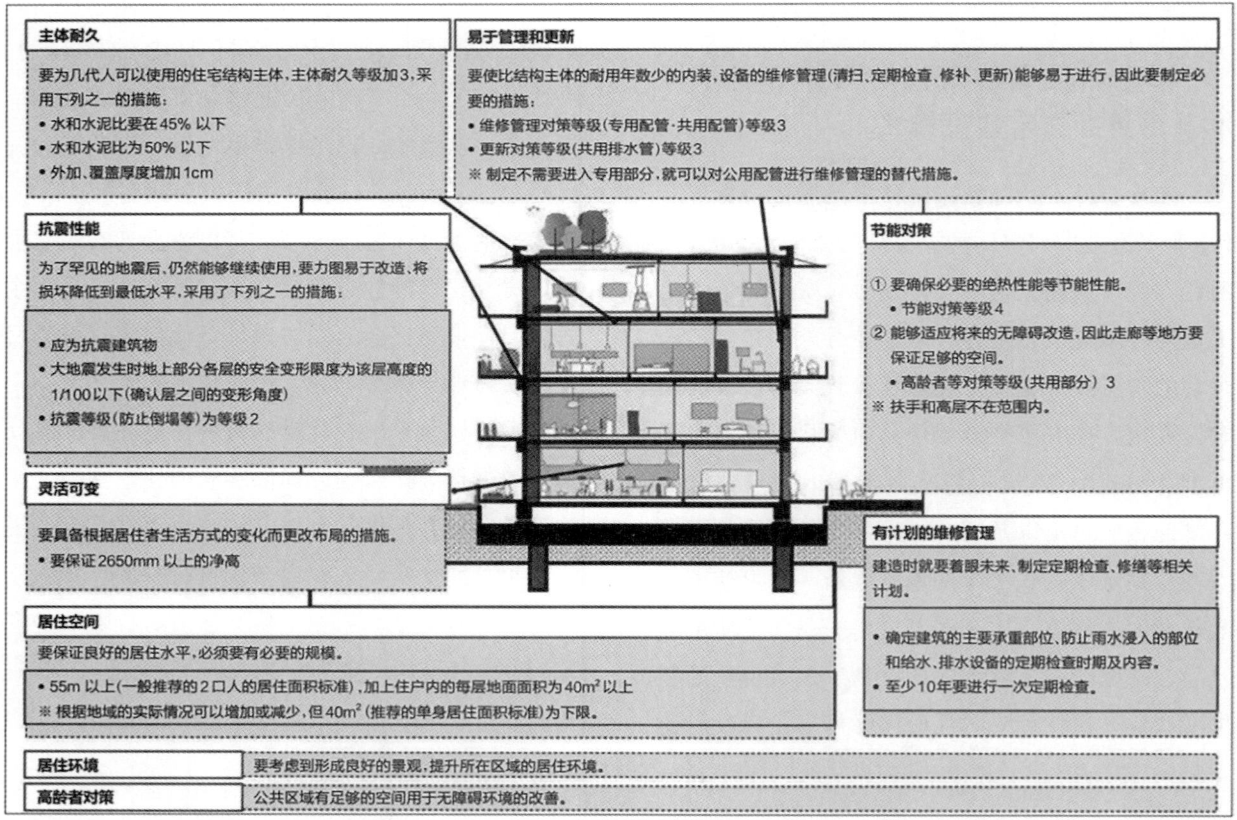

图附 1–19　日本长期优良住宅的标准概念图（集合住宅类型）

方面	要求	说明
1主体耐久	3级 (住房性能指示系统的最高标准级别)	1级:采取《建筑标准法》要求的措施; 2级:采取将住房寿命延长到50-60年(两代人)的措施; 3级:采取将住房寿命延长到75-90年(三代人)的措施; 框架至少连续使用100年的措施。
2抗震性能	满足1级或2级抗震能力或使用地震隔离结构	1级:《建筑标准法》要求的抗震能力; 2级:比《建筑标准法》要求的抗震能力高1.25倍; 3级:比《建筑标准法》要求的抗震能力高1.5倍。
3易于管理和更新	3级运行和维护措施 (住房性能指示系统中的最高标准级别)	1级:除2级和3级以外; 2级:易于管理和更新的基本措施(例如,不将管道嵌入混凝土中); 3级:易于管理和更新的具体措施(例如,安装清洁孔和检查室)。
4节能对策	4级隔热能力 (住房性能指示系统中的最高标准级别)	1级:2-4级以外; 2级:采取节约少量能源的措施(1980年节能标准); 3级:采取节约适量能源的措施(1992年节能标准); 4级:根据《合理使用能源法》的要求,采取节约大量能源的措施(2016年节能标准)。
5居住空间	面积75m²以上	
6居住环境	与地区规划、景观规划、建筑协议等相协调	
7维修计划	制定未来定期检查和维护住房的计划	
8想灵活可变	为未来套内的灵活可变预留条件	针对集合住宅增加的内容
9高龄者对策	公共区域有足够的空间用于无障碍环境的改善	针对集合住宅增加的内容

图附 1–20 日本长期优良住宅认定标准与设计标准内涵及指标

(二)“CHS 住宅与 SI 住宅”标准内涵及指标体系

二战后的大量建造时期过后，日本面临着存量住宅质量提升等问题，加上经济增长期建造的许多住宅在硬件上逐渐老化，以长期持续使用为目标的建筑长寿化技术成为符合日本现代社会需求的重要课题。日本住宅建筑全寿命期维修维护理念及技术对策最早出现于 1980 年，主要源于日本建设省的百年住宅体系（Century Housing System，CHS）和日本国土交通省的建筑支撑体与填充体（SI）住宅体系，通过将具有长期耐久性的建筑支撑体（Skeleton）与具有灵活适应性的建筑填充体（Infill）两部分相分离的方法，来实现建筑长寿化的住宅建设。SI 建筑体系（Skeleton and Infill，SI，支撑体与填充体分离的体系），强调建筑全寿命周期和全产业链的整体设计方法和技术集成，其高耐久性住宅的建造模式、灵活性与适应性的居住方式以及健全的维修管理系统，预示了住房建设将向可持续住宅升级换代，引领新一代住宅建设的未来。

图附 1-21　CHS 住宅的功能耐久性与物理耐久性标准与内涵

CHS 住宅的基本特征包括：空间开放性与可变性；以统一尺寸规则，实现部品部件的互换性；可方便按照使用年限实施部品更换；独立设置管线空间，便于其维修与更换；建筑结构主体的耐久性高；可实现计划性维修管理。通过将具有长期耐久性的建筑支撑体与可自由变换的填充体相分离方式，保证了支撑体的高耐久性与抗震性，不仅易于维修、更换更新，而且其住户内装与设备也具有可变性，长期保持了存量资产的优良使用价值，降低了全寿命周期成本。

四、新时代好房子标准内涵及指标体系构建建议

为了推动新时代好房子的发展，应尽快构建好房子标准体系，全面提升标准水平，发挥高质量标准对住房建设的引领作用。同时，还应基于住宅建筑全寿命周期规划设计、建材部品选用、生产建造、使用维护、改造拆除的一系列系统工程，在各阶段应逐步完善监管制度、标准、技术，才能建设出绿色低碳、品质长久、环境宜居的新时代好房子。

（一）新时代好房子标准构建

新时代好房子标准构建，应以住房高质量可持续发展事关我国社会经济发展与民生保障为根本，构建以“让人民住上更好房子”和“提升住房品质”为核心的新一代高质量住房建设与发展模式，这既是社会经济可持续发展的重要体现，也是住宅建设发展模式转变的必然要求，更是广大居住者高品质生活需求与供给的重大变革。

新时代好房子标准要符合适应高质量发展的需要，以转变建设发展方式为主线，加快建立建筑产业现代化体系和机制，全面提高建筑工程质量、效率和效益水平，实现住房高品质建设与供给模式的根本性转变，促进社会经济、资源环境与城市建设的可持续发展。

第一，绿色低碳的可持续原则。新时代好房子标准构建，应贯彻落实党中央、国务院关于推动高质量发展的决策部署，落实绿色低碳可持续要求，在更好地满足人民群众不断增长的美好居住生活需要的基础上，实现碳中和碳达峰的战略目标。

第二，优良品质的可持续原则。新时代好房子标准构建，必须要从解决“有没有”转向“好不好”的发展阶段，精准满足人民群众的美好生活需要，提高建筑产品的长久质量，将提高居民生活质量的产品供给高质量延伸到建筑全寿命周期环节，全面提高建筑综合性能。

第三，长期维护的可持续原则。新时代好房子标准构建，应系统解决影响城市可持续发展短板，统筹城市宜居发展，关注城市新建可更新性住房、具有长期优良资产价值住房、既有存量可持续再生住房建设。积极应对老龄化、少子化社会变化，提升住区和城镇人居环境整体品质。

（二）新时代好房子标准内涵及指标体系构建

好房子标准是以满足人民日益增长的美好生活需要为出发点，以实现“住有所居”向“住有宜居”迈进为目标，通过明确好房子标准的顶层设计，以适应新阶段，满足新需求，构建我国当代住房建设新发展格局，让人民群众住得放心、安心、舒心。

新时代好房子的定义与内涵为绿色低碳、品质长久、环境宜居的“新型全寿命优质住宅”。发展具有百年大计的新型全寿命优质住房，为国家、社会和人民设计与建设具有长久优良品质的资产。其标准的框架指标体系由一个具有系统性多层级要素构成，包括绿色低碳的宏观层级、品质长久的建筑层级、环境宜居的区域层级三大内涵，以及六个基本方面框架指标构成，即安全耐久、居住适应、健康舒适、生活便利、运维长效、环境友好的新型建筑产品。

新时代好房子六个方面框架指标包括以下几方面内容：一是“安全耐久”。解决住宅工程质量问题、建筑短寿命问题、设计建造与产业化发展问题，构建百年大计的住宅全生命期发展新理念、SI住宅模式新方法，安全性、耐久性好，建筑使用寿命长，工程质量问题得到有效治理。二是“居住适应”属性。满足功能空间的适应性能，针对家庭结构多样、生活方式多元等新需求，研究设计新方法优化功能空间，提高功能空间的灵活性，适配家庭全生命周期内的适老化不同需求。三是“健康舒适”属性。解决住宅综合性能问题和室内健康宜居环境课题，包括适用性能、环境性能、安全性能、耐久性能和经济性能；采用零甲醛、无毒害、无排放、无污染的绿色建材。四是“生活便利”属性。区位地段条件适宜，交通便利，出行便捷；医疗、教育、商业等资源和设施完善，便民生活服务设施、文体活动设施和场地齐全，户外设施齐备，建设完整社区。五是“运维长效”属性。聚焦当前亟待解决的既有住宅建筑与城市更新课题，包括住宅建筑和不可更新难以改造的难题、后期住宅二次装修问题；提高设备管线及部品部件质量，便于维修和更替；提高信息智慧化运维管理，提升既有住宅改造可持续性。六是“环境友好”属性。聚焦新的绿色发展模式课题、解决适老化和适幼化与住区更新发展的短板弱项；实现低碳环保、节能减排和绿色居住生活方式。

在今后系统推进新时代好房子标准建设与创新实践中，应做到发挥创新的支撑作用，抓住新一轮产业变革的机会，通过创新推动传统产业向中高端迈进，发展新模式、新产业，实现高质量可持续发展的住宅建设新理念、新方法和新供给；要深刻把握高质量发展的产业转型升级的课题与内涵、必要性和实现途径的顶层设计，切实厘清我国住房建设高质量发展的目标和重点任务，进一步落实高质量可持续发展的政策制度体制，完善中国住宅建设高质量可持续发展体系；在延长建筑寿命的同时，全面提升建筑耐久性和适应性，发展寿命长久、品质优良、绿色低碳的新型住宅产品，大力推进建筑产业现代化，科技创新引领高质量可持续发展，全面提升工程质量，满足人民群众居住生活高质量产品的需要；应更加注重系统性方法支撑高质量发展，以建设高质量发展标准体系为中心，全面提升发展新理念的新时代好房子标准水平，发挥高质量标准对经济社会发展的引领性作用，以高标准战略促进高质量发展，从而推动我国住宅发展从资源消耗型向优良资产型的转型升级。

六、CAZ 模式引领片区综合性城市更新的实践及启示

北京昊点管理咨询有限公司

CAZ 指中央活动区（Central Activity Zone），源自伦敦，是集商务办公、现代金融、品质休闲、高端消费、特色文创、星级酒店等于一体的都市功能核心区。在推进片区综合更新方面，上海在国内首次提出“CAZ（中央活动区）”概念，推动功能融合和业态多样的大尺度升级，深圳、武汉、成都、重庆均将中心区升级为 CAZ 作为推动片区更新的新模式。北京明确提出“十四五”时期将聚焦 178 个重点街区单元谋划一批成规模、投资大、有影响力的片区综合性城市更新项目，大尺度更新成为新时期城市发展重点议题。本文聚焦国际上首次践行 CAZ 的全球城市伦敦，研究 CAZ 的缘起、特征、模式、政策，结合我市城市更新发展现状，探索符合时代要求、首都特点、人民需要的大尺度综合更新模式，为相关各类主体提供政策参考和实施借鉴。

一、CAZ的提出与特点

回顾百年，城市中心区从前现代商业生活混合的“市中心”1.0 时代，到现代功能分区下商务为主的 CBD 时代，正迈入以活力为核心的 3.0 时代，表现出螺旋上升的发展轨迹，而驱动这个“合分合”的历史运动过程，是外因和内因共同作用的结果。

（一）城市中心的演化迭代

CBD 理念于 1923 年由美国城市社会学家伯吉斯提出，旨在通过现代服务业控制全球经济，包括以金融为代表的资源控制力，以总部为代表的决策控制力和以咨询等为代表的决策影响力，推动全球城市掌控更大范围的经济要素。历经百年，CBD 暴露出诸多问题。一是区域孤岛，飞地效应突出，职住分离明显，易滋生社会隔阂和贫富分化。二是城市失衡，大量资源投入 CBD 导致其他区域中心公共设施和服务供应不足，导致无序蔓延、中心士绅化、城中村规模聚集管理粗放。三是千城一面，文化特质被舍弃湮没，贪大求洋一度成为打造现代都市窗口的先进指标。同时，全球经济向多元化转型的过程，为空间重组创造了新的条件。一是数字经济展示出强大的经济统领性，文化产业对于创新集群和高端人才的带动效应明显。二是更强调以人为本，人才取代土地和资金成为经济的重要影响因素，“产—人—城”关系向“城—人—产”转变。三是更重视城市的文化特质，文化艺术与经济活动紧密共生，信息网络极大加速了文化活动兴起与变革。

（二）CAZ 模式应运而生

CAZ 模式在内外因驱动下应运而生，它脱胎于 CBD 又远超于 CBD，具有 6 个显著特征。一是全时段活动，破除城市孤岛和黑灯效应，确保活力延伸到一周 7 天 24 小时。二是布局范围更广，CAZ 既可位于城市中心，也可位于都市圈分中心，呈现中心网络化格局。三是产业多元共生，除金融商务外覆盖文化创意、信息经济、休闲娱乐等。四是重视居住功能，细化房屋类型，促进职住平

衡。五是步行主导的多层次公共空间，步道、公园、广场并存，为人们提供多样选择。六是人群多样，通过用地功能多元化吸引多样的消费居住旅游人群，以保持经济活力和城市吸引力。数据、人才、文化成为全球城市竞争的关键要素，而促进各要素活力聚集、多样融合、空间重组，成为中心城区建设中央活动区的全新使命。

二、伦敦CAZ建设的做法及案例

伦敦在 2002 年版规划中首次提出打造中央活动区，开启了中心区大尺度综合改造以实现国家和城市战略的先河。应对发展需要与土地短缺的核心矛盾，伦敦以中央活动区和重点功能区为抓手，提出从规模扩张到结构重组的一整套兼具整体性和可操作性的空间发展模式和政策实施体系，实现一张蓝图、一套政策、一本大账的全域有管控增长。

（一）一张蓝图：推动分级中心聚集，实现有管控的发展

城市作为一个复杂综合的有机体，各要素相互联系而非独自存在，的传统的纵切式的分区理念，机械切割功能有机联系，是导致无序蔓延、功能单一、弹性不足、职住分离、配套短缺的根本原因。为应对人口与就业岗位增长带来空间需求，伦敦提出从单一线性的功能分区升级为系统综合的分级式聚集的空间发展体系，主要包括首位策略、战略片区和序贯开发三项政策。

一是实施首位策略，为增长划定边界。应对人口就业带来的空间压力，伦敦采取了坚定的城镇中心首位策略，从分而治之转为集而约之，根据城市交往复杂度进行分级管控，在伦敦全域规划国际级（CAZ）、大都市级、区域级、地方级和社区级的五级城镇中心网络，在政策地图中明确城镇中心范围，作为未来增长的主要地区，中心区内外以及各级中心区采取差异化政策，为城市各项活动和增长划定空间和功能边界。

伦敦 CAZ 作为城市五级中心网络的中心，进一步确立了政治中心、金融中心、文化中心三大功能定位，采取一主多副的空间布局，同时预留核心功能拓展区。

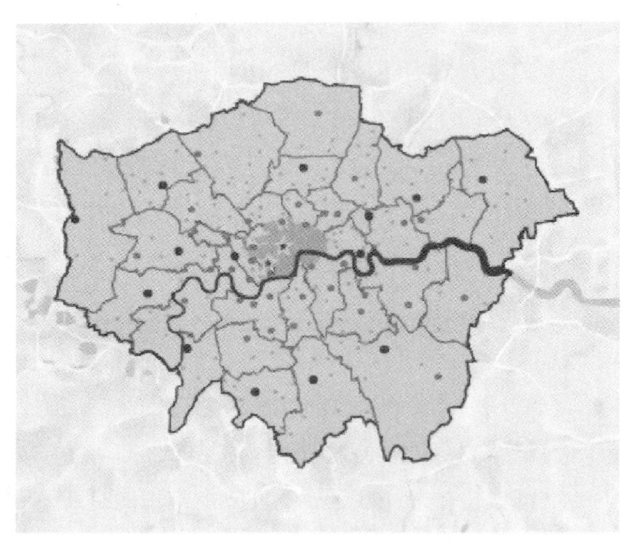

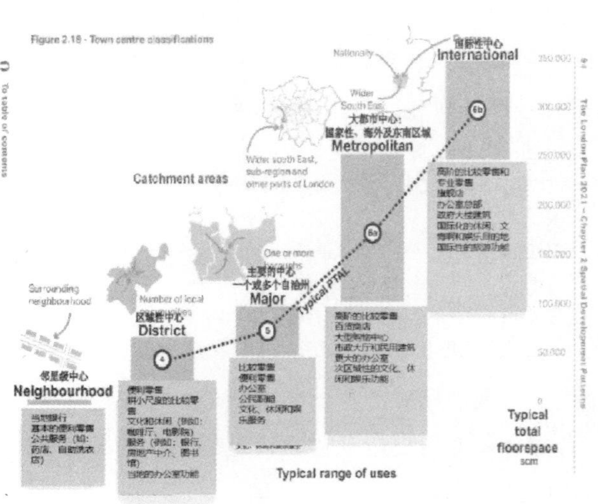

图附 1–22　城镇中心网络与五级体系

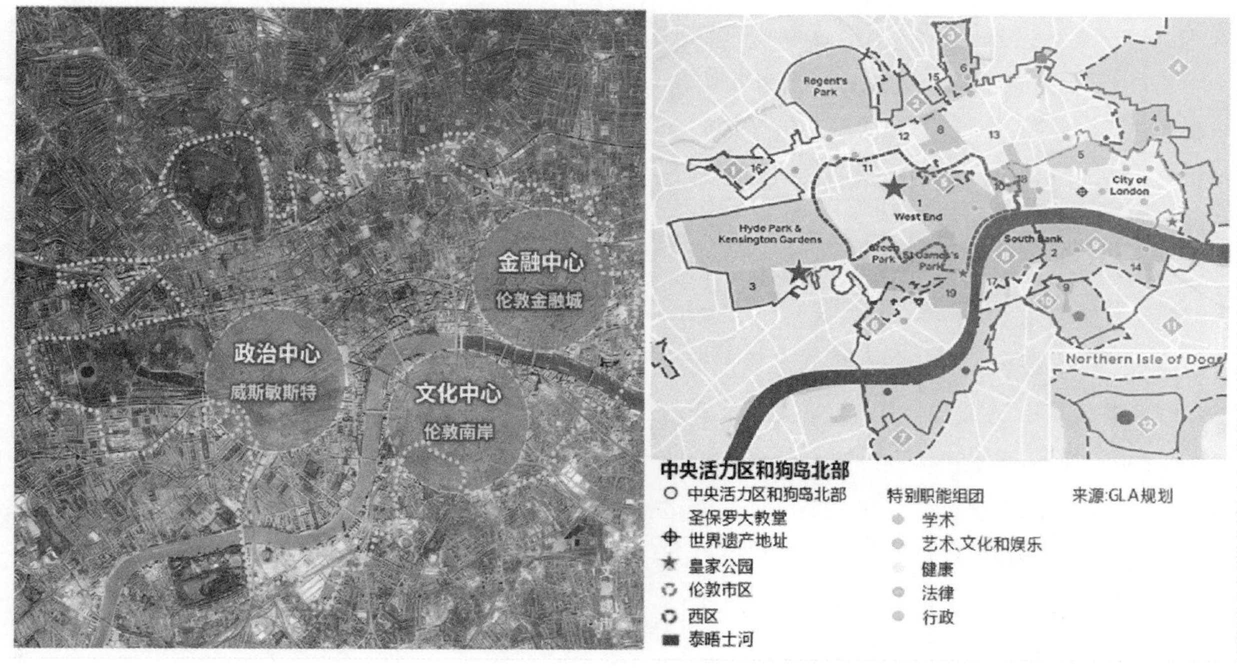

图附 1–23　伦敦 CAZ 功能空间分布图

二是划定 47 个战略片区，实现规划与项目的无缝衔接。为加强对最敏感复杂的区域管理，伦敦创新性提出了“发展潜力地区（opportunity areas）”的概念，进一步圈定更微观尺度的重点发展片区，作为更新项目的主要聚集地。项目大部分位于 CAZ 和各级中心，申请标准是须新增至少 5000 个就业岗位或 2500 个家庭。

三是采用序贯法明确改造前提，防止无序蔓延。为防止摊大饼和中心衰败，伦敦确立项目申请的序贯检验的开发原则。只有城镇中心或中心空间没有合适场所且中心外零售休闲建筑面积不出现净增长的情况下，才考虑在已有中心、步行与骑行网络及公共交通整合的边缘场所实施片区改造，防止各级城镇中心功能不必要地分散，以推动整体增长潜力最大化。

（二）一套政策：高密度、多元混合、治理导向的政策体系

伦敦将未来 20 年的主要增长空间约束在 CAZ 和各级中心地区，在有限的空间内最大限度的利用土地，确立了高密度、混合用途、提高服务能力的更新原则，以确保商业办公和各类活动的密度、规模和混合度集聚推动生产力达到前所未有的水平。

首先，以多元经济需要和多元化就业岗位增加为导向，做强 CAZ 地区战略功能。据估算 2016 到 2041 年 CAZ 规划新增 36.7 万个办公岗位，办公空间需增加 350 万平方米。为保障战略性工作空间，一是推动实施土地利用互换和信贷创新政策。实施单位可通过提供技术、创意产业和生命科学等领域战略片区办公开发项目以换取指定的住宅或商业项目。二是直面就业难题，划定创意企业区（CEZ）。支持艺术家、设计师、慈善机构、志愿者、社区组织和社会企业，为其提供低于市场的可负担工作空间，加强文商旅聚集和多样性。三是为满足 2016 到 2041 年 CAZ 新增 37.5 万平方米的商业面积要求，以夜经济为抓手打造“24小时全球城市”。各区需要制定夜间经济发展愿景，形成国际或国内、地区或次地区、本地中心三级夜间经济体系。研究拓展多样的夜间使用方式，推行周末通宵地铁和夜间巴士服务网络，确保夜班工人通勤。

其次，织补本地用途，推动产城融合。在居住配套上，确保CAZ和城镇中心区域内83%的新建住房通过交通节点、工业区更新筹集，实施单位可根据高品质公共空间和建设方案换取容积率指标提升。同时采取差异化业态配比，商业核心区及特殊定位商业区居住小于战略功能，其他区域1∶1混合。在工业配套上，设立战略性工业空间（SIL），提出服务于伦敦发展，工业空间需要得到正增长。具体策略包括引入更小单元、多层方案、增加地下室或立体开发。同时主动管理空置率指标，土地空置率不高于5%，建筑空置率不高于8%。

第三，在区域选址和边界划分上，体现文化价值和生态要求。一是识别重要要素作为边界划定的重要依据，伦敦CAZ规划边界形态不规则的主要原因是2项世界文化遗产、4个皇家花园、4000多栋保护建筑、以及50%商业的活动区需要被划入CAZ范围。二是划定特殊政策地区，例如圣詹姆斯（艺术品和古董）、丹麦街（乐器零售）和哈顿花园（珠宝首饰），挖掘文化特色，支持战略复兴。三是明确选址原则，中央活动区和各级中心的项目选址必须围绕城市绿带和具有战略重要性的开敞空间进行功能聚集，确保将资金和开发重点放在现有区域的更新上，防止功能无序蔓延。

（三）一本大账：从空间指标管控到政策资金整体监控

伦敦是全球最早实行城市体检和指标监控的城市，但之前采取产业、空间、建设指标独自监测的方式，结果发现有些指标没有任何意义，反而增加工作量。由于本次规划已经形成了从问题到指标、再到策略安排的一整套实施安排，有条件构建产业指标、空间指标、政策实施和项目推动相结合的动态监控体系，最终形成了项目“决策—实施—监测—反馈—优化—决策”的循环闭合的反馈机制和更具系统性与整体性的监测指标。在此基础上，伦敦首次提出不可行性分析，确保发展的确定性。

在资金保障上，伦敦根据人口规模和就业岗位目标测算出生产、生活、生态空间规模，进而框定投资规模和资金缺口。在实施策略上确保发挥私人投资在基础设施前期投资中扮演更重要的作用，所有受益人根据获利情况、外部成本以及财务水平，提供改造资金。二是引入政策性投资和干预，重点研究新的投融资模式，包括开发权拍卖模式，支持多元更新机制，确保土地价值捕获。

三、国内主要城市探索与实践

在伦敦、芝加哥等城市取得成功后，上海静安区、深圳福田区、龙岗区、成都新南区、重庆巴南区、杭州钱江等地纷纷提出升级CAZ的计划，我国一线城市中心区在CBD建设浪潮后，开启了提升城市能级、打造中央活动区的转型之路。

（一）上海——以点带面，建立覆盖全市域的分级多中心网络

2016年《上海市城市总体规划（2016—2040）》提出用24年将CBD升级为CAZ，成为既链接全球网络，又服务整个市域的重要承载区，2022年《上海市静安区单元规划草案》落实总规，圈定11.1平方公里打造世界级滨水区。同时建立以市中心国际型CAZ为核心辐射四周并以区域型CAZ和社区型CAZ为结点的三层网络，建设功能多元化、服务完善的多级城市形态，实现全域有效聚集效应。

附表 1-29 上海中心城区部分 CAZ 层级体系梳理表

上海CAZ层级	具体内容	主要特征
全球型及区域型CAZ	陆家嘴—外滩为核心片区	上海最主要的高端服务功能区。
	西藏路环人民广场片区	重点发展总部经济和中介、信息、娱乐等现代服务业行业，高端服务业汇集的商务集聚区。
	淮海中路片区	世界500强企业和国际品牌的集聚地，国际水准的国际大都市商业商务中心。
	南京西路片区	国际化程度和高档品牌集聚度最高。
区域及全市型CAZ	花木城市副中心片区	服务于以陆家嘴—外滩为核心的浦东地区，浦东新区行政文化中心和市民公共活动中心，发展政务、文化、会展等。
	徐家汇城市副中心片区	服务上海西南区域，城市文化、体育、商业中心，将成为投资创业、商务旅游、生活居住、文化消费的目的地。
	江湾—五角场副中心	主要服务上海东北片区，将建设为以知识创新为特色的城市公共活动中心和以科教为特色的现代服务业聚居区。
	真如城市副中心	服务长三角的开放性生产力服务中心和上海西北地区的城市公共活动中心。
次级社区级CAZ	新天地	集国际水平的餐饮、购物、演艺等功能的时尚休闲文化娱乐中心；翠湖天地高档住宅社区。
	田子坊	时尚地标性创意产业聚集区。

（二）深圳——明确片区综合改造差异化标准，完善项目合作模式

深圳围绕中心公园打造“U 型产业环”和环中心公园活力带，建设福田区 CAZ，形成贯通南北中轴、链接国际门户的世界级“总部集聚区、人文设施集群、生态景观带”。2016 年深圳在《关于加强和改进城市更新实施工作的暂行措施的通知》首次提出重点更新单元，明确区分了中心和外部的差异化标准，福田区、罗湖区、南山区、盐田区的拆除范围用地面积不小于 15 万平方米，位于其他区的拆除范围用地原则上不小于 30 万平方米。据不完全统计，从 2016 至 2021 深圳已启动 15 个重点城市更新单元。

附表 1–30　深圳市 15 个重点城市更新单元（不完全统计）

区域	重点城市更新单元名称	拟拆除重建面积（平方米）	进度	前期企业
宝安区	新桥东片区	1272815.4	实施主体公示	宝安集团
	沙井大街片区	1401446	计划公告	华润置地
盐田区	田心工业区片区	159190.8	规划批复	华夏幸福
光明区	轨道13号线车辆片区	1297428	意愿公示	宏发集团
罗湖区	清水河片区	459996.8	意愿公示	——
	泥岗片区	171145.4	意愿公示	卓越集团
大鹏新区	三溪片区	736562.8	意愿公示	恒大集团
南山区	西丽中心区（DY09）	151649	意愿公示	——
	一甲村、常兴新村	163950	意愿公示	——
龙岗区	平湖旧墟镇片区	202083.9	规划批复	特发集团
	龙园片区	1990000	未启动	华润置地
	南约片区	750000	未启动	中海
	布吉新城片区	1440000	未启动	华侨城
	东部高铁新城西片区	1160000	未启动	——
	五和枢纽片区	420000	未启动	佳兆业

连片改造的土地整备类项目需要大量资金和前期风险投入，在实施组织上通过引入国有企业与央企进一步完善了更新力量，进一步降低了政府收储难度以及行政风险，推动解决市场意愿不强而又必须啃的硬骨头。

（三）武汉——市级统筹推进各区之间改造项目相互协调

武昌、汉口和汉阳三镇，过去受制于交通和政策，三个板块经济往来有所限制，形成了两岸各有自己主要商务片区的格局。随着轨道交通、过江隧道的建成使用，三镇之间融合发展趋势增强，《武汉市主体功能区规划》适时提出打造两江四岸中央活动区，推动武汉三镇高端功能一体发展，成为“武汉之心”“长江之眼”“世界之窗”。

为推动汉口、江岸和江汉三个行政区域相互合作实现整体规划目标，武汉市设立专门的机构或委员会，由各行政区域的相关部门和机构的代表组成，负责协调和推动中央活动区的建设和发展，鼓励各行政区域在重点项目的开发和建设中通过联合投资、共同开发、资源共享等方式实现协调推进和互利共赢，目前在汉正街改造、汉江两岸等片区项目已开展了大量旧城改造、基础建设、环境塑造、文化提升等工作，共同打造大江大湖大武汉的活力核芯。

图附 1-24　武汉市中央活动区十大战略片区空间规划图

总体来说，无论是上海自上而下的全域多中心管控，还是深圳自下而上的片区项目组织创新，武汉的市级统筹推动各区之间协同发展，都将 CAZ 建设作为主要抓手推动以全市大尺度统筹更新。

四、对北京的启示

2016 年总规批复以来，北京成为全国第一个实施减量发展的城市，对过去扩张依赖的发展思路、方法路径、政策机制、规范标准形成广泛冲击，各级规划实施主体经历了从总体规划的人口规模焦虑，到分区规划阶段的用地规模焦虑，再到控制性详细规划阶段的建筑规模焦虑。借鉴伦敦、芝加哥不断成熟的全域增长管控模式，以及上海、深圳、武汉等地刚兴起的中心区升级实践，建议我市直面规模困境、资金平衡等关键问题，针对高强度、高能级、高密度为导向的片区更新构建一套精细化的分级管控机制和可操作的政策实施体系，具体可归纳为：确立一个中心、推动两个融合、强化三位一体。

（一）确立一个中心，推动有管控的增长

减量发展的价值在于限制容量的无序扩张，而非约束流量的增加，增量资源的优化配置和存量资源的提质增效相互影响、相辅相成。在“地人房”关系中，到 2035 年全市城市建设用地、常住人口规模、存量建筑规模均有一定的增长空间。所以，推动减量双控是为了转变传统粗放的城市发展方式，实现有控制的增长和可持续的发展。伦敦的解决方案是从功能主义转向连接主义，在总量控制下以活动密度为中心指标构建分层级中心交互网络，严控各级中心外部开发，激发聚集效应，实现可控增长。

本市亟待确立一套以交互活力为中心的整体实施策略，采用多种手段对交往密度和范围进行准确度量和精细管控，构建从宏观规划到微观项目的区域—片区—项目的三级政策管控体系，指导片区综合性项目整体推进。以不同层级发展需求为导向，划定功能边界，明确改造前提，对全

市 178 个重点街区单元根据活动密度和主要功能进行分级差异化管理。借鉴国内外经验，建议将打造首都中央活动区作为引领全市城市更新的中心任务，划定一主一副多组团的中央活动区范围，加强各组团战略功能分工，确保四个中心功能在中央活动区及其副中心范围内有效集聚，促进朝阳 CBD 和通州 CBD 以及金融街、中关村等战略片区错位协同，在限定总体容量的基础上推动重点片区内部高能级、高密度、高强度开发，对新增就业岗位分布进行精细管理，确保中心聚集度和密度，切实防止低效蔓延。

（二）推动两个融合，战略功能与本地用途活力混合

CAZ 是全球化条件下大城市经济的多元化和现代服务业兴起的结果，功能混合是多元经济在空间上的投影。片区综合性更新项目的核心难题在于混合功能在规划和实施过程中控制的难度。建议以 CAZ 模式为统领，以四个中心战略功能与本地用途相融合为方向，织补居住、工业、公共设施等多样化本地用途，明确各级中心区域的功能融合程度和业态配比范围。

一是向功能包容性要增长，更精准的推动非首都功能疏解。以建设全球数字经济标杆城市为目标，引入创意企业区（CEZ）和战略工业空间（SIL），为旅游业、创意产业和城市工业提供可支付、高密度、更具综合使用特点的空间保障，破解就业困境。

二是向时间多元性要增长，实现从 8 小时商务中心到 7×24 的活力中心升级。活动时间多元是 CAZ 最具颠覆性的特性，夜经济不仅为伦敦带来 10 万个工作岗位，还带来了 263 亿英镑收入（2017 年），伦敦西区凭借 3000 处夜间活动场所，每年接待 2 亿人次。建议重点培育朝外片区、世贸天阶等商业示范更新项目，打造一批 7×24 小时的“夜经济”聚集地，从宜居、宜业的北京到宜游、可玩的北京。

三是向业态多样性要增长，确定不同层次中心的差异化配比。以伦敦 CAZ 威斯敏斯特区域为例，过去 10 多年办公比例保持 50% 以下，居住保持在 12%~14%，以确保比例在 1 ∶ 3 至 1 ∶ 4 之间，同时保持 8% 的酒店与 11% 的商业零售作为支撑性服务，并预留 20% 的空间给其他产业，以保证业态弹性与多样发展。

（三）强化三位一体，创新空间生产模式

在城市更新规划实施过程中，空间、政策、市场三大力量往往缺少衔接，规划设计部门大多缺乏投资运营的市场思维，编制空间图则时容易忽视政策实施难度和投入产出分析，导致刚性规划指标要求与现实基底情况缺少衔接，对政策实施和资金利用带来巨大难题。有效落实总规要求和城市更新行动计划，关键在于创新空间生产模式，推动指标、政策、投资三本帐的有机统一和交圈闭环，形成片区综合性城市更新一张图、一套表、一本账的精细管理和动态迭代。

一是宏观上推动空间指标与政策体系的衔接。从伦敦前两次规划和城市体检实践来看，没有政策支撑的空间指标是没有意义的。建议片区综合更新工作，从全市人口就业和发展需要出发，确定改造空间规模和土地增减要求，进而明确相匹配的政策操作规则和实施模式引导。在城市体检工作中加入城市更新政策实施进展的动态监测，实现政策监测和指标监测并存的城市体检体系，构建“评价反馈 – 调整优化 – 再评价再反馈”的动态循环及时监督反馈机制。

二是中观上推动各层级政策实施体系和市场运行机制的协作统一。提高城市功能复杂性可以有效培育城市空间的多样性，但功能混合利用可能造成土地管理的困难。伦敦 47 个重点开发片区分布在不同能级的中心，每个能级有不同的产业要求、配比要求以及地价指引，比如用中心区内的战略功能空间开发量来换取容积率，或者换取中心外居住商业开发权。建议本市处于CAZ和各级城镇中心地区的片区综合改造项目，采取限地价竞方案的出让方式，确保城市总规和街区控规以及各项设计要求、场景保质保量落地。另一方面，通过锁定地价有助于企业锁定成本，与政府共同创造资产溢价，推动以资产增值为导向的合作运营，实现资产证券化和可持续运营。第三，片区综合性更新是一项系统工程，需要推动相关部门实现信息互通、资源共享，形成工作合力。建议在整体管控的基础上畅通项目属地、国企集团和社会资本合作渠道，引导专业力量，共同打造数据服务、生态服务和文化交往服务共享平台，合理平衡城市更新过程中不同主体的利益，构建多元主体共同认可的可持续的城市更新模式。

三是微观上推动空间规划逻辑和市场投资逻辑的统一。通过编制重点街区控规和片区统筹实施规划，跳出地块限制，统筹多元的城市资源要素，达到片区产业结构、人口结构、资金结构以及规划指标的疏密结构的平衡。借鉴美国城市区划法细化分区，在较小的地块上确定相对单一的功能，以落实差异化功能定位，避免片区开发同质化问题。建议除土地要素外，将生态、数字、文化等多元要素资源一体纳入基础设施建设和公共服务建设，以市场手段为主导，积极探索多样化投融资策略，通过生态价值化、数据资产化、文化品牌化对片区进行整体打造、一体推广、综合运作，实现从土地增值收益到平台赋能的可持续收益跃迁。

七、房地产金融存在问题及发展新模式研究

中国国际金融股份有限公司

一、中国不动产金融的创新与发展有两条主线

（一）当前不动产金融生态中存在的三大挑战和三大短板

我们认为不动产金融在十四五以及未来更长一段时间的使命依旧是围绕“新型城镇化”，顺应新时代下人民美好生活和企业转型的需要，支持行业高质量发展。和过去二十年的持续扩张不同，我们认为未来不动产金融应更加均衡、细致的处理好发展、风险与公平这三要素的关系，这需要我们在金融工具和政策端都做出创新，尤其是工具的设计需要结合政策目标与框架来统筹考虑，并予以不断迭代来适应新场景。

审视当下的不动产金融体系，不难发现其中仍然存在不少问题，我们将其概括为三大挑战和三大短板。

1.三大挑战包括：

一是如何统筹防范资产价格风险与稳定行业发展动能。维护资产价格平稳对于中国经济金融格局稳定的重要性不言而喻，而对于不动产行业，未来在价格趋稳与购房需求逐步减小的大环境下，如何维持行业整体对于经济增长的贡献，这可能涉及到金融服务的边界拓宽与质量提升；我们统计发达国家不动产行业对 GDP 的贡献目前普遍仍有 10% 以上，中国不动产金融在面临行业主要矛盾从增量往存量过渡的背景下也需要对于未来的一些新发展场景有适配和支持方案。

二是如何平衡支持合理住房消费需求与控制金融供给风险。中国城镇住房需求的主要内涵已转为针对新市民、新青年的刚性需求与改善性需求，更有针对性的服务合理需求以及在此过程对于金融供给的风险管理仍是一项长期议题（比如在首付比例和房贷利率等方面），权衡好宏观杠杆水平、银行端按揭资产质量和安全性、以及居民端（在需求趋于差异化的背景下）金融服务的精准性和公平性，是供给侧重要的议题。

三是如何兼顾开发商债务管理与企业模型有效改进 / 转型。中国不动产开发商负债率相对高企，不论是出于防控金融风险的需要，还是考虑未来行业周转速度下降对于降杠杆的内在要求，妥善管理开发商负债并引导行业杠杆率有序下降应是一项中长期进程；此外，在此过程中，如何对于不动产行业在传统住宅开发以外的业务场景（尤其是面向居民消费和服务的领域）予以合理金融支持，帮助开发商做企业模型的有效改进和转型，更好服务实体经济，也是需要考虑的重要方面。

2.三大短板包括：

一是金融工具仍欠发达。我国不动产金融体系的建设与住房市场化改革一脉相承，当时面临的主要是住房质量严重低下、住房建设能力严重不足、住房市场化支付能力缺少金融依托的背景，住房按揭与开发贷款应运而生。如今国情与住房

市场情况均不可同日而语，但相关金融服务及产品却几乎没有太多变化。不论是金融市场的层次，还是金融产品的选择，亦或是提供产品和服务的金融机构，都跟若干年前别无二致，这显然难以持续有效地服务于实体。

二是公共住房金融体系薄弱。我国目前仅有住房公积金可归类为公共住房金融范畴，但近年来在支持公共住房建设、运营、管理等方面作用趋弱。城镇化背景下中国最广大新市民（特别是其中的中低收入家庭）的住房问题，本质上是需要公共住房体系（而非商品房市场）解决的，这一领域金融体系尚不完善的问题不容忽视。

三是存量资产盘活机制不成熟。我们认为存量也存在两个层次，一是从资产持有端，需建立更有效的机制来促进风险企业的资产处置，达到资产的合理再布局与风险的疏解；二是从业态类型上，对于体量可观的商业不动产（我们认为截至 2021 年末存量物业价值不低于 50 万亿元）目前缺乏有效的投融资机制，资产价值无法得到有效的市场化体现。对于以上两侧，从金融端建立有效的资产盘活机制，对于短期和长期均具有举足轻重的意义。

	中国情况	中国与海外市场的主要差异
债务工具		
银行体系		
住房按揭	截至2022年三季度末，中国住房按揭贷款存量约39万亿元，中国房贷利率从全球来看偏高（基于此轮美元加息前的水平）但目前处于下行通道中	主要差异在几个方面：1）中国历史上普遍实行固定房贷利率，允许基于LPR提点进行浮动调整是相对新近的现象，海外市场总体上看浮动利率相对更为普遍；2）中国的住房公积金制度是比较独特的公共金融产品，但该工具的效果存在一定的局限性，海外对于一些需要特定支持的购房群体（典型的如首次购房群体）在房贷利率和首付比例上做更直接的支持更为普遍；3）中国的购房首付比例仍是全球最高的之一；4）中国不允许二次抵押融资，海外比较普遍
其他贷款（开发贷、并购贷、经营贷等）	截至2022年三季度末存量约14.4万亿元，以开发贷为主	中外产品运行差异不大，结构上并购贷和经营贷占比更高
资本市场体系		
债券	主要指代房企在公开和私募市场发行的债券，截至2022年10月末境内外存量合计约人民币2.9万亿元，中国房企的债券发行一定程度受监管管控	自由化发行
证券化产品		
- RMBS	截至2022年三季度末，中国RMBS存量约1.1万亿元	主要差异在于：1）中国RMBS在银行间市场运行，海外直接面向资本市场；2）除美国RMBS体量巨大（截至2021年底存量约11万亿美元）以外，欧洲和日本的同类产品体量有限，2008年金融危机后全球对于该类产品发行的监管趋严
- CMBS	截至2022年三季度末，中国CMBS（包含类REITs）存量约6,000亿元	主要差异在于：1）中国类REITs市场是比较独特的市场，是在中国公募REITs历史上长期不开放的情况下，对于以商业不动产为主的实体资产形成的债务融资市场，起到投资退出的作用；2）我们认为中国类REITs本质上可划分至CMBS的大类之下；3）中国CMBS产品的规模体量较小，以及和海外相比结构层次相对简单
- 其他ABS及衍生品	房企利用应收账款等资产发行ABS做供应链融资是近几年兴起的现象，但体量相对有限（我们统计截至2022年10月末相关产品存量规模不超过3,000亿元）且主体间使用力度分化较大；中国几乎没有基于证券化产品的衍生品	海外市场基于证券化产品的衍生品是后来导致金融危机的主要风险来源，金融危机后此类产品发行减少，监管趋严
权益工具		
不动产私募投资基金	中国当前市场很小，我们预计中国不动产私募股权基金管理资产规模应在千亿元人民币量级，全球市场我们预计该规模应大于2万亿美元，中国该市场的规模与中国的实体资产存量和经济总量占比相比明显失衡	除规模以外，在收益结构安排上中国该类产品更接近于类固定收益，和海外纯股权投资为主有较大差异
不动产投资信托基金（REITs）	中国市场起步不久，发展势头良好，以基础设施为主要资产类型，未来一段时间需着眼资产品类的持续扩容	海外市场截至2021年末公募REITs市场总市值规模已达到约2万亿美元，是除传统股债以外的第三大资产类别

图附 1-25　中国不动产金融工具体系和发达市场相比仍相对薄弱

资料来源：Wind，Bloomberg，Sifma，中金公司研究部

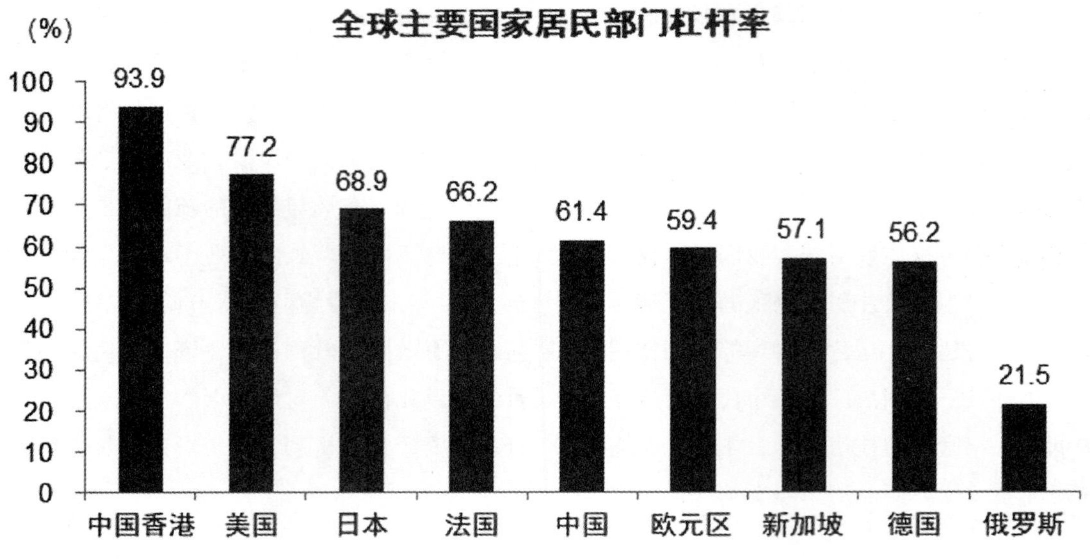

图附 1-26　中国居民部门杠杆率和发达国家水平已较为接近

注：数据截至2022年3月

资料来源：Wind，中金公司研究部

（二）海外不动产金融发展历程中对中国的参考意义

中国与海外不动产市场在发展阶段演绎，以及周期进程中金融与实体市场的互动关系等方面有一些共性特征，但考虑中国与海外市场在土地与财政金融制度上的显著差异，我们认为海外经验可以给中国不动产金融改革提供一些思路上的参考，但一些金融工具和金融策略在中国的适用性需要因地制宜的考量。海外市场的主要演进脉络在于多层次投融资市场的发展，尤其是资本市场的发展。对于海外市场，我们总体认为过去三十年不动产金融领域最大的演化特征是多层次投融资市场的不断深化发展，尤其体现为资本市场工具的创新和拓展，这主要包括 REITs，MBS 和不动产基金等。形成的新格局是直接投融资比例的不断提升，表现为资本市场机构投资人通过资产证券化工具和不动产基金实现对不动产的增量配置，有效取代了一部分开发商的投资职能。实现的最重要效果主要有**五个方面：**

一是通过多平台资产池的建立引导资产风险合理布局；

二是令资产与资本更高效精准匹配，提升了直接融资占比；

三是在此过程中催生了更丰富的、风险收益偏好充分分层的多元市场参与主体（包括开发商、REITs、不动产基金管理人、机构投资人等），以对应不同的投融资场景；

四是资本市场带来一些伴生的积极功效，包括引导物业资产估值向收益率法则过渡建立合理稳定中枢，以及提升不动产市场透明度等，这体现了和资本市场的磨合过程；

促进了产业链各环节专业化发展，提升行业价值。整体来说是通过改革，尤其是借助新的金融基础设施，有效解决了原先不动产金融管理中的一些难题，尽管该进程的发生和演进在不同国家的时点、节奏与具体形式有所区别，但路径上有较强共性。

海外市场经验有益，但我们也认为考虑中国问题有一些基础性视角差异。如果说上文总结了我们认为海外经验可能对中国相对有启示意义的部分，也一定程度代表了现代金融市场的一般演化规律，那么回到中国背景与海外的差异，我们认为有几个方面值得特别提出：1）中国需更多将金融和财政的影响统筹考虑，尤其着眼公共部门投融资的可持续性，这和海外金融工具主要服务调动私人部门积极性有基本差异；2）中国不动产金融政策需注意和实体市场行政管理的配合，做到张弛有度；3）各类主体对于不同金融工具的准入平等性可能是需要分场景考虑的问题；4）中长期看，中国不动产行业金融管理的基本任务仍是审慎的总量管理，这和海外持续加深金融化可能存在基本方向上的差异，以及这一背景对于如何思考企业转型也有基础意义；5）在相当一段时间内，增量相较存量管理可能仍具有更重要的宏观意义，这和海外以应对存量问题为主还是有所差异的。

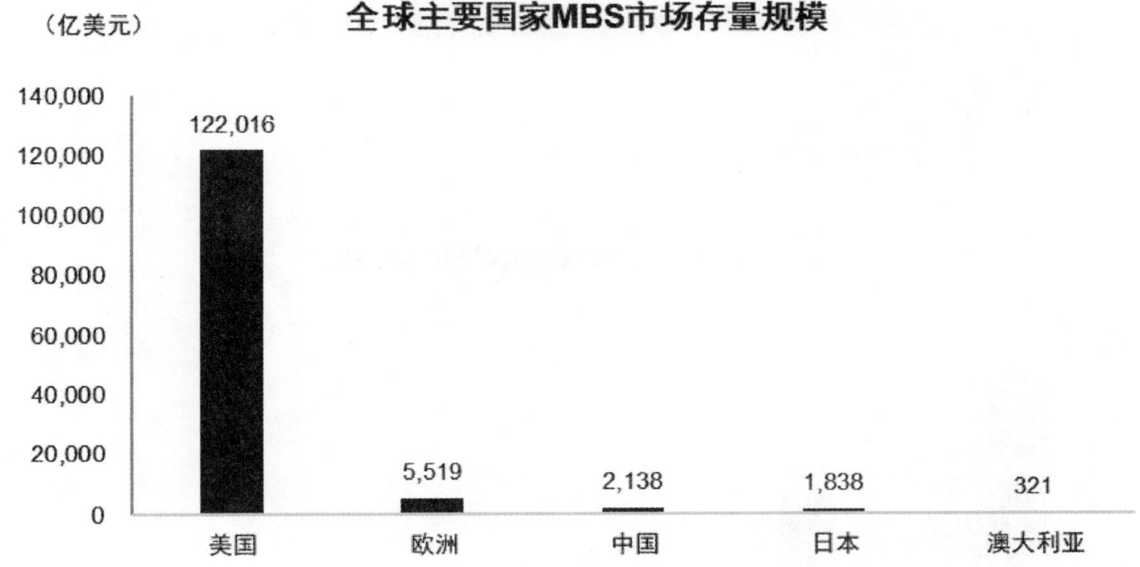

图附 1–27　美国是全球唯一在 MBS 市场具有大体量规模的经济体

注：数据截至2021年底；美国数据取自Sifma，中国数据取自Wind，日本数字取自日本证券业协会，欧洲及澳大利亚数据取自Bloomberg，仅包含RMBS及CMBS，此处存量为未偿还金额，数据根据2021年底汇率换算

资料来源：Sifma，Japan Securities Dealers Association，Wind，Bloomberg，中金公司研究部

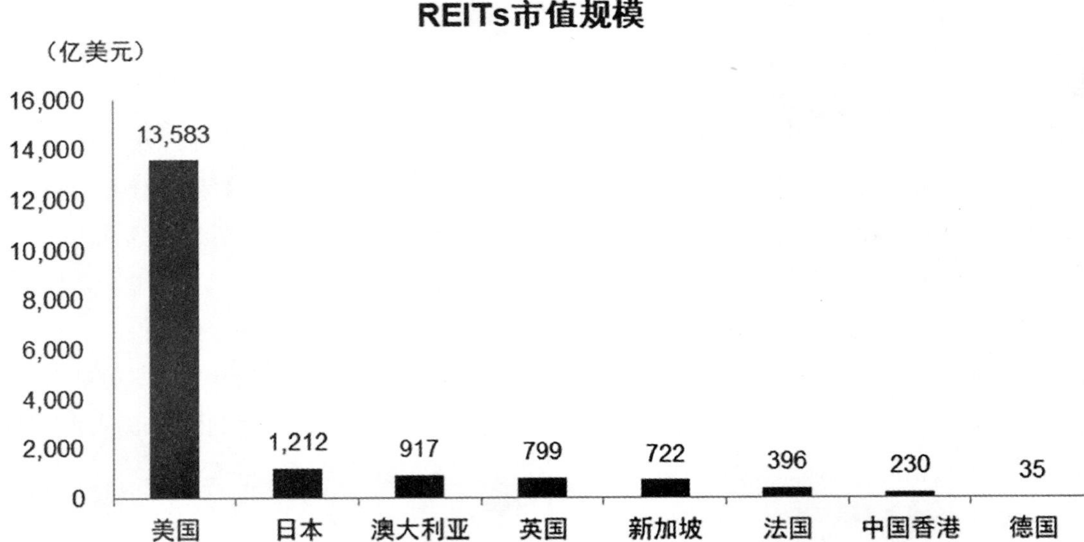

图附 1-28 美国公募 REITs 市场规模占全球整体约 65%

注：数据截止至2022年6月30日，数据根据2022年6月30日汇率1欧元=1.05美元换算

资料来源：EPRA Global REIT Survey 2022，中金公司研究部

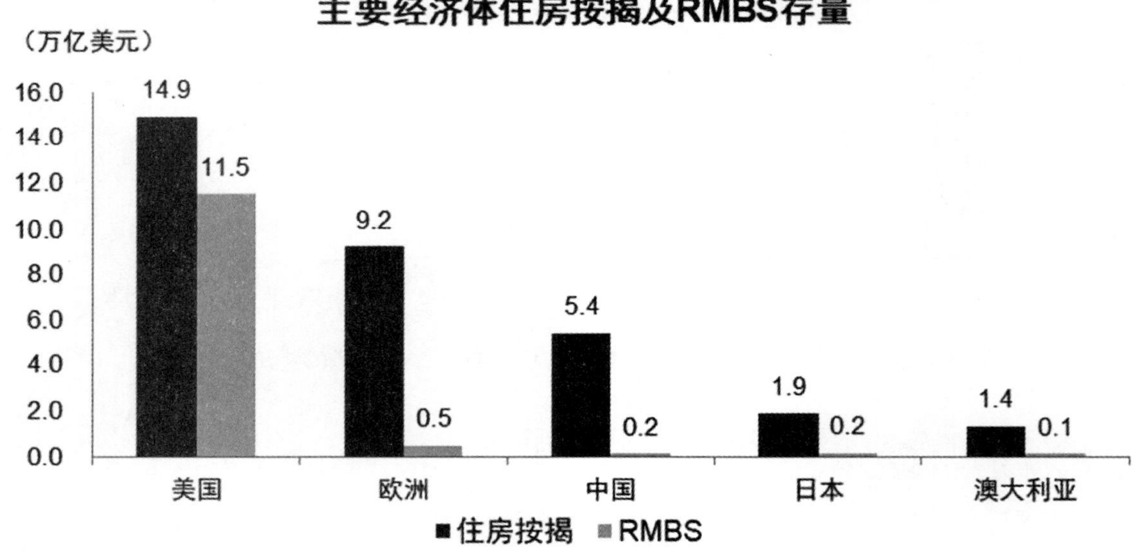

图附 1-29 美国是全球唯一将住房按揭大量证券化的经济体，和其资本全球化有关

注：数据截至2021年底

资料来源：美联储，Japan Securities Dealers Association，EMF，Wind，Bloomberg，中金公司研究部

（三）房地产金融改革的初步思路

以“行业可持续发展”与“金融服务实体经济”为中心思想，结合短期问题与长期发展趋势，结合国内现实与国外经验的比较，结合公共与私人部门共同进步的需要，我们认为未来改革的主线有如下两条：

一是构建多层次的市场化不动产金融体系：这包括推动不动产股权基金以建立更为直接和去中心化的投融资体系，推动以 REITs 为代表的二级市场平台扩容和整体证券化市场发展等等，进以拓展中国不动产行业的能力、内涵与价值边界，为其长期有效服务宏观经济，服务中国整体金融和资本市场发展奠定基础。

二是探索创新型的不动产公共金融体制：重点在于推动更有效率、更具包容性和可持续性的公共投融资机制，以服务中国城市经济长期健康成长。其核心目标是推动公共住房供应和城市更新。金融在这些领域也应当被视为公共政策的内容之一。

（四）房地产金融改革的基本原则

一是注重金融方案的差异化与结构化：不论是未来住房消费需求的进一步分层、中国不动产行业业务场景的进一步多元化，都要求差异化的金融方案；大的思路上需要从简单的总量控制变为更趋结构化、精细化的制度管理。

二是推动股债再平衡：需进一步提升股权融资比例，以制衡目前不动产领域债性过重的局面。

三是进一步提升金融公平：包括对于居民端的金融服务（在租购两侧）、企业端的金融支持、以及新金融工具的投资准入（如 REITs），都需要注重公平性。

四是将销售和经营性物业区分对待：对于经营性物业的金融管理应成为一项独立议题，从当下出发，对于经营性物业也需要更多的金融制度建设。

五是仍需致力于维护资产价格稳定：在推动土地要素进一步市场化配置的同时，金融供给的管理对于维护资产价格稳定也具有同等重要的意义。

六是强化风险防范能力：对于债务和资产价格的长期审慎管理依旧是必要的。

以下两章将分别展开针对上述两条主线的论述。

二、构建多层次的市场化不动产金融体系

我们认为中国在构建多层次的市场化不动产金融体系上将面临三个方面的进阶。

（一）从债性到股性——鼓励推动不动产股权基金发展

我们认为鼓励运用不动产基金架构对于中国不动产投融资的发展具有现实意义，有一些重要职能特别需要不动产基金来实现：

1. 可配合支持不动产开发领域长期行业整合与必要出清。我们认为为行业引入股权资本是应对未来一段时间企业信用风险的必要举措之一，在项目处置中，我们认为鼓励有能力的企业主体通过建立专项股权基金的方式来进行项目收购，既可以做到和自身资产负债表的隔离，又可以一定程度嫁接社会融资。从更长的视角看，我们认为股权基金更多参与不动产投融资，令行业投融资更为“去中心化”，对于分散风险应当有益。

2. 有助于体现对于专业能力的正向激励。基金架构下管理人收益水平直接与投资成效直接挂钩，而非通过放大杠杆率来实现。若考虑管理人在运作环节的额外收费（管理费、开发费等）以

及可能的超额收益（在项目收益率达到一定门槛后管理人可以享有超出其自身股权占比的额外分配），管理人在这种模式下能够实现的内部收益率可能更高。因此可以认为这是一种良性的激励机制，是对于管理人专业能力附加值的定价。一些海外企业在参与项目时虽然自身股权投入非常有限，但考虑各项收费后其自身投资的内部收益率可观，而这不需要依靠加杠杆来达到，同时也不明显损害财务投资人的收益。

3. 迫切需要股权基金来承担一些最需要创业精神的投资。不动产基金的投资策略非常多元，可以分为核心型、增值型和机会型（包括开发型）等。可以认为对应底层资产的改造程度由低到高、对应的风险收益水平由低到高、需要的专业能力由低到高、收益的主体由经常性收益为主到退出收益为主。我们认为一些更需要创业精神的投资（尤其是类似城市更新这种高度非标准化的项目）属于增值型和机会型的范畴，这些投资在海外很多都由具备高度专业能力的不动产基金管理人来实践。

图附 1–30　近年来全球不动产私募股权基金行业年股权募资规模已达到 2,000 亿美元左右

注：2022年数据为前10月统计

资料来源：PERE，中金公司研究部

（二）从一级到二级——继续大力推动发展 REITs 市场

中国 REITs 市场试点卓有成效，已经显示出不少正向效益。中国首批 REITs 项目上市至今已一年有余，尽管对于不动产类项目仍未完全开放，但在目前试点的资产领域内已经可以看到一些正向效益，包括逐步建立起实体资产的定价规则，提升了行业透明度，以及带动了产业链活跃性等。**未来我们对于 REITs 领域有两大主要建议。**

1. 我们呼吁中国 REITs 纳入商业不动产

我们认为这一举措具有重要的短期和长期意义：

一是我们认为限制商业不动产纳入REITs系固有观念束缚。有两项主要的观念需要突破：我们提到的需要将销售和经营性物业严格区分对待，商业不动产从本质上来说也是居民工作和消费的基础设施，并且不具备住宅开发的高周转特性，因为中国商业不动产的开发运营主体主要是开发商便对该领域发展予以制约是不够公允的；可能在此前基于限制开发商股权融资的大背景下对于商业不动产投融资也形成了间接制约，但我们在上文已反复提及对于不动产行业亟待促进股权融资，尤其在资产盘活一侧也需要针对持有性物业的方案。

二是推动商业不动产REITs发行也可有助于房企信用风险处置，帮助防范金融系统性风险。我们认为除了鼓励有能力的企业向出险企业发起资产收购以外，出险企业自身所持有的经营性物业（主要是商业不动产）也值得通过REITs市场来实现股权处置，这可能是一种更好的疏解风险的方式，于防范金融系统性风险有益。

三是长期通过商业不动产REITs市场建设引导中国开发商拓展价值边界，提升综合能力。我们认为目前中国不动产市场仍处于增量向存量过渡的初级阶段，但长期来看投资性物业市场将成为行业更重要的组成部分，这也是城镇化发展的一般规律。从海外市场经验来看，对于商业不动产的经营和投资管理在专业化程度上较住宅开发明显更高，因此尽早的建立市场化机制，推动该行业发展是更好的策略。总体上我们认为商业不动产是中国不动产行业一个明显的短板领域，但又是对于未来社会经济发展所不可或缺的重要领域，我们建议REITs市场对其进行支持。

2. 可考虑中国REITs宏观意义的进一步升维

如果说我们在REITs试点的初期阶段，对于该产品的效果仍持一定观望态度，那么在首批REITs项目上市已一年有余的当下，再来检验中国REITs的宏观意义，可以发现我们对于部分领域的期望可以更具突破性，以及也带来了一些新的想象空间，主要包括：

一是REITs可以被纳入中国整体土地制度改革的一部分来考虑，对于土地要素的合理定价与市场化配置可以起到积极引导作用。当前REITs已可以支持到中国几乎所有类型的基础设施资产，其意义在于将来可逐步为所有的基础设施建立直接的投融资机制，形成自循环，以及在此过程中为不同类型的用地（和设施）建立了市场化定价的标尺，我们认为REITs对于土地要素的合理定价和配置是可以起到积极效果的，这也是建议建立多层次金融市场的初衷之一。

二是产业部门开始有更强的资产管理意识，未来公共投资主体逐步培育提升运营能力本质上是顺应公共部门向服务型机构进一步转型的要求。REITs一方面将中国广大实体资产的经营收益回馈于社会，一方面依靠资产信用来实现市场化的定价，这一过程实际上是将公共部门经营质效的价值发现的权利交给了人民，我们认为这有望促进良性互动，帮助公共资产经营主体提质增效。另外，REITs的体制客观上要求未来公共投资主体需要做一定的轻资产化运营，这一基本方向下，对于投资主体的激励机制将演化为基于管理创造增量物业价值，基于投资能力扩大优势主体的管理规模，以及基于市场维护来提升公共主体的信用价值和品牌价值，我们认为这和实现政府职能现代化的基本精神是高度一致的。在REITs已经可以广泛支持各类基础设施的当下，我们认为做这一展望可能是合宜的。

三是考虑在中长期将REITs纳入财政规划的一部分。从当前时点来看，我们认为有几项基本因素当支持REITs市场在公共融资中有更长期和重要的角色，包括公共部门也需要更大力度的做股债融资的再平衡，REITs对于各类型投资者的触达性整体优于其他融资市场（意味着潜在投资需求较大），以及无须出让土地产权意味着REITs也可以是循环融资的工具，等等。我们认为未来试点相对成熟后，中国市场REITs的常态化年发行量突破千亿元应该难度不大。长期来看，中国REITs市场本身的持续扩容，尤其如果可以突破万亿元市值门槛并持续发展，那么该市场本身在宏观框架中的重要性和有效性也会同步上升。

（三）从增量到存量——以工具创新支持机构投资与企业经营升维

我们认为不动产行业主要发展内涵从“增量”向“存量”过渡的过程中，行业价值的升维将主要体现在两大方面：引导投资机构（尤其是长期资金）增加对于经营性不动产的配置比例，引导开发商逐步从制造商角色向资产管理人进阶。

1. 不动产金融创新服务机构投资空间广阔

不动产在大类资产配置中的比例持续提升是全球趋势。伴随近二三十年不动产资本市场创新的是不动产被加速纳入机构投资人资产配置体系，其作为独立的资产类别正逐步被资本市场所认知和认可，而且这一进程仍在不断深化。中国家庭和机构投资者投资不动产仍以实物购置为主，我们认为长期看其需要渐进转向证券化市场，以获得更好的流动性和灵活性。

一是海外长线机构配置经营性不动产的体量已较为可观。根据权威第三方机构Preqin对欧美主要机构投资人的调查，海外养老基金、捐赠基金、保险机构、主权基金整体有不动产资产配置的机构比例平均已经高于70%，直接投资和通过REITs配置都是重要的投资方式（目前仍以直接投资为主）。我们估算当前欧美机构投资人对于不动产的股权投资额可能在6–7万亿美元左右（其中主要是商业不动产），平均的配置比例在7–10%，虽相较上世纪90年代以前不少机构配置几乎为零的情况已经有明显进步，但离学界和不动产业界普遍呼吁的15–20%仍有上升的空间，事实上这些机构对不动产的目标配置比例也在逐年提高。

二是中国资本市场在配置实体资产方面有较大空间潜力。相较之下我国目前养老金等长线投资机构尚不发达，而相对体量较大的保险资金对于不动产的配置比例也远低于国际平均水平，我们认为这也是国内机构投资的一个短板领域，但需求切实存在且未来伴随人口老龄化将不断增长（例如市场对于公募REITs踊跃的认购表现就体现了这一点）。

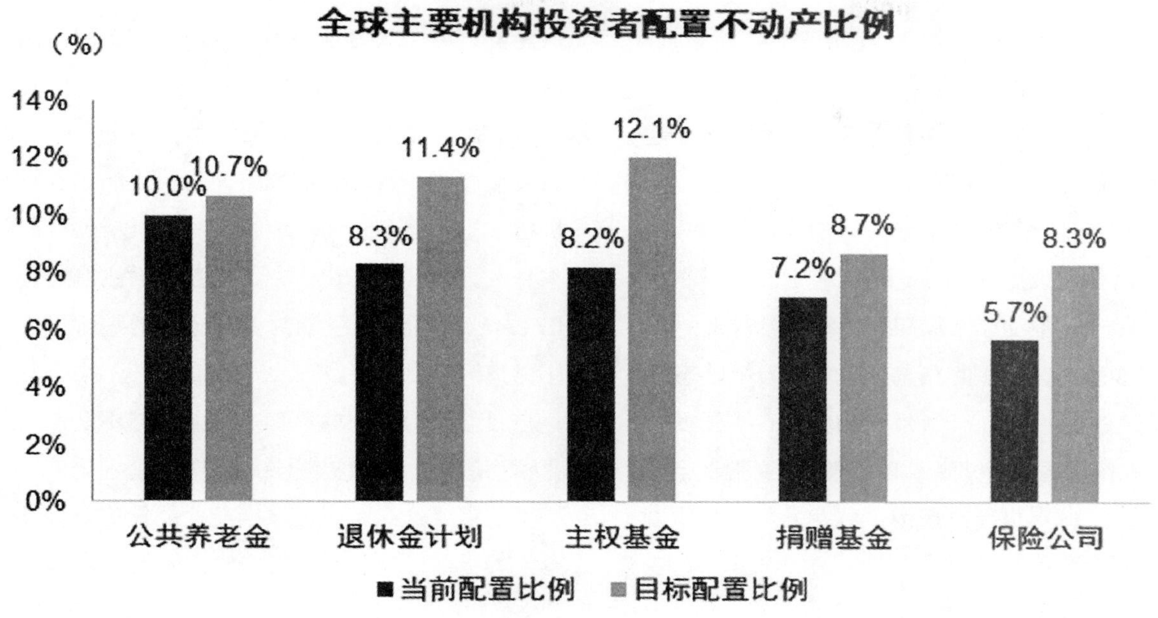

图附 1–31　全球主要机构投资者配置不动产的比例具备持续上升潜力

注：数据截至2019年底；机构投资者以欧美国家为主，且此处的不动产配置仅包含公共养老金、退休金计划、主权基金、捐赠基金、保险公司在一级市场的直接投资

资料来源：Preqin，中金公司研究部

2. 中国不动产企业的能力与价值边界亟待拓展

一是资产管理业务将是未来行业发展重点。当前我国住房开发业务处于高位平台期，随着未来这一传统业务市场规模的下降，我们认为不动产行业迫切需要培养新的增长点，以拓展自己的能力和价值边界，维持开发和投资动能，继续作为宏观经济的重要压舱石。站在当前时点展望未来，我们认为不动产资产管理在各条赛道中附加值较高，规模较大，对宏观和资本市场的重要性较为突出。不动产资产管理的内涵是宽泛的，总体来说凡是涉及物业经营、改造、提升、交易的内容都可以归为资产管理。当前中国不动产行业在资产管理能力上仍处于起步阶段，有必要通过金融工具的创设来引导资产管理业务的积极发展，实现不动产行业发展“新老动能”的平稳接续。

二是资产管理可以作为不动产发展的第二动能主要有两条依据。从需求增长角度，其驱动力来自于诸多长期、深刻的结构性趋势，这包括人口老龄化、消费升级、城市更新、科技创新等等，和内需的关系也更为紧密。对应到资产层面，固然也涉及各类新型物业的开发。从规模空间角度，我们估计中国截至 2021 年末存量资产中可能有价值 50 万亿元左右的商业不动产，但大多经营质量相对一般，主要因为优质的管理人仍较为稀缺，长期看我们认为通过资产管理推动各类物业资产价值提升具有不小的想象空间。

从国际视角审视，中国不动产公司的形态演

变和价值进阶才刚刚起步。国际上的不动产公司按原型大致可以分为三类：建造商、资产持有人、资产管理人。具体来讲：

三是我们目前绝大多数的房企实质上属于建造商的角色（Home Builder）。

这在海外语境下指的是为一般大众提供相对标准化的住房设施的企业，这些企业在后城镇化时代实际上是不动产市场相对边缘的参与者。

有少数龙头房企在向资产持有人形态靠拢。资产持有人，或者说海外语境下的开发商（Developer）通常指建造商以外的，以高端住宅、商业地产、城市更新改造为主营业务的从事定制化物业开发和持有经营的专业机构。美国、日本、欧洲的开发商均归属于这一范畴。中国香港本土的开发商可以认为是一和二的混合体，国内接近这一形态的公司目前尚屈指可数。

资产管理人尚处于孵化阶段。不动产公司的高级形态应当数以新加坡凯德为代表的投资管理机构，这种情形下企业的价值主要在于经营管理，本身也已经轻资产化。中国在这方面刚刚起步，REITs 市场的发展可能为中国企业的进阶提供了历史契机。

我们认为中国的不动产企业应当不断谋求商业模型进阶，但前提是必须有金融基础设施。如果不能完成这一跨越，那么行业的价值将日渐式微，大量存量资产的保值增值也便无从谈起。

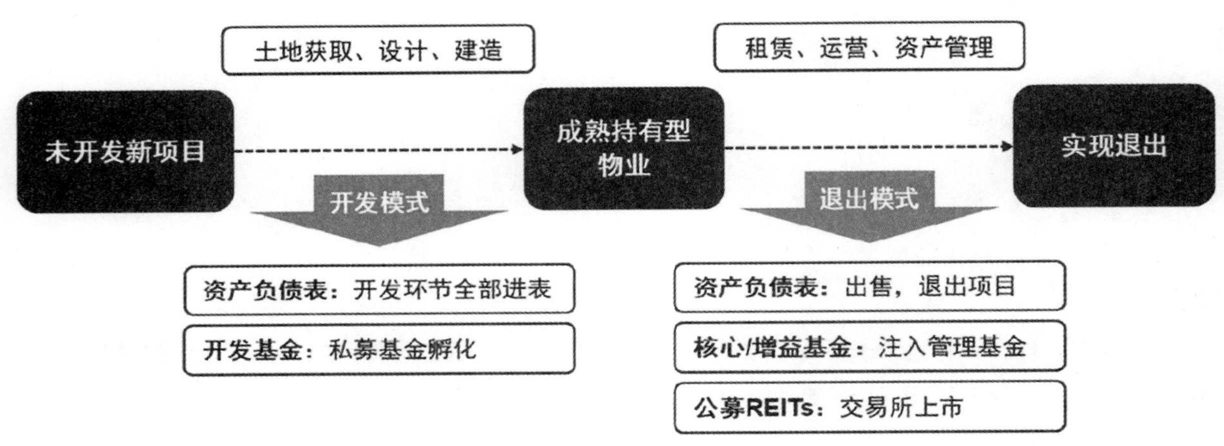

图附 1-32　海外不动产投资管理平台的一般运作模型

资料来源：中金公司研究部

三、探索创新型的不动产公共金融体制

在本章节中我们着重讨论在公共住房领域如何基于不动产金融创新构建更加有效、包容、可持续的系统，尤其关注公共租赁住房供给和针对中低收入家庭购房支持的方案设计。对于城市更新中的公共财政机制也有所探讨，但主要做抛砖引玉之用。

探索适合中国国情的不动产公共金融体系是民生领域的关键命题。在住房市场领域，中国的情景同发达国家走过的历程都十分不同。应当说我们在过去二十年内对住房供应实行了高度市场化，已经形成了商品房主导的市场格局，在住房拥有率上处于全球较高水平，这和很多西方国家从原先高度的租赁社会向住房拥有社会的渐进式转变不同。对于住房市场，当前我们亟待与不同需求相匹配的“分层供给”，我们的主要任务在于面向中低收入阶层构建“住房阶梯”。当前的主要短板在于公共租赁市场（尤其指面对一般工薪阶层的租赁产品），而置业市场对中低收入家庭合理购房需求的支持力度可能也仍显不足。参考国外经验，同时结合中国国情，我们认为在这两项任务上的政策应有自己的创新，探索适合中国国情的不动产公共金融体系。

（一）构建适合中国国情的公共住房金融体系的整体思路

我们认为中国整体住房市场的发展应围绕更好的搭建“住房阶梯”，架构上宜“商品房 + 公共住房”双轨并行，到金融端：

一是商品房市场发展的主要方向在于构建差异化的住房信贷支持体系。政府应打破目前相对单一的住房信贷政策，对不同收入人群采用差异化的按揭贷款利率标准和首付比例要求。对于中低收入家庭，政府可通过信用担保、向商业银行贴息、直接提供低于市场化利率的政策性贷款等方式帮助其获得低息贷款，同时在控制风险的范围内适当调低其最低首付款要求，还可以通过税收减免等方式提升其支付能力。对于这些低首付低利率的按揭资产，则可以让银行（或专门的政府金融机构）通过向资本市场发行 MBS，并以政府信用作投资担保的方式来实现充分融资和分散风险。

二是公共住房的主要发展方向在于租赁产品，以 REITs 为核心的投融资体系应当是未来发展的主要模式。地方政府原则上可以低价或无偿提供租赁住房建设用地，建设资金可以先期以财政支持或借款方式筹集，建成的公共住房产权归属地方政府，原则上只租不售，打包资产发行 REITs 在二级市场再融资。该模式下由于地价较低，资产证券化的收益率要求能得以满足，亦可有效补充项目资金，降低地方财政负担。目前针对保障性租赁住房的 REITs 试点已经开始进行，我们认为后续仍有不小的发展空间。

（二）构建差异化的住房信贷支持体系，“MBS+ 按揭保险”模式值得探索

一是中国可以探索“MBS+ 按揭保险”的模式。我们认为目前住房购置在信贷政策的差异化上做的仍显不够。同国际社会相比，我们的购房首付比例和按揭贷款利率水平偏高，对于低收入家庭购房的金融支持也相对有限，长期来看可能有损住房拥有的公平性。我们认为以“MBS+ 按揭保险”的系统在对于中低收入家庭的购房支持上或许可以做到比住房公积金系统更加有效和普惠。中国目前的 RMBS 产品主要在银行间市场运行，但政策性尚不明显。我们认为中国如要设计和践行真正带有公共政策性质的 RMBS 制度，当坚持几个主要定位：

二是精准服务夹心阶层，尤其是为其首次置业提供金融支持。中国目前公积金贷款对这些需求的惠及范围和力度都比较有限，和其以存定贷，而非直接以收入水平来界定受众人群有关。我们认为 MBS 系统可以更直接的主要针对收入约在三至五分位的人群，这些人群可能具有一定的偿付能力，但需要在首付款、按揭利率上作出更有效支持才可得以执行购置。而对于真正意义上的低收入人群（收入在三分位以下的人群），我们建议这部分人群的居住需求可以主要以公共租赁房的形式先做有效满足。

一是坚持计划导向，MBS 发行亦需置于信贷供给的宏观管理框架之下。我们认为 MBS 的发行供给也应借鉴日本经验，坚持计划导向，实行额度管理，避免像美国一样完全由资本市场需求驱动，最终导致供应失控。

二是以政府信用对MBS产品收益作担保是确保贷款利率优惠的必要条件。MBS的定价收益率和宏观利率水平息息相关，从海外国家经验来看，MBS的收益率通常较对应期限的国债收益率高出50–100个基点，这其中主要是产品的理论风险溢价，也可能计入一部分机构运营成本。总体来说，虽然MBS本身是以相对市场化的方式来定价，但通过政府对这些产品收益的完全保障可以大大降低其风险，尽可能压低其收益率，方可支持底层按揭资产利率做到尽可能优惠。

基于以上三点原则判断产品规模潜力，我们预计中国MBS的理论年发行量当可以达到万亿元级别，可至少与公积金的发放力度相若，并且在成本（包括对消费者的按揭产品利率和对政府而言的相关机构运营成本）和效率上可能更优。中国近两年RMBS的年发行量已经达到近5,000亿元，未来是否可能适度的向资本市场开放交易是可以讨论的。

	房利美（Fannie Mae, FNMA）	房地美（Freddie Mac, FHLMC）	吉利美（Ginnie Mae, GNMA）
基本情况介绍			
设立时间及背景	1938年，罗斯福政府时期，为了给中低收入家庭提供更多贷款而成立；1968年拆分为一家私营股份制公司	1970年，紧急住房融资法案获得通过，房地美成立	1968年，联邦政府将房利美分化成两家公司，一家是私营股份制公司保留了房利美的名称，另一家是政府全资公司称为吉利美
设立初期目的	将按揭贷款证券化，从而提供住房按揭贷款的流动性	为了防止房利美垄断，同时为了进一步提供住房按揭贷款流动性	以美国政府信用为不动产抵押证券提供担保，从而保证住房按揭贷款的流动性
主要异同点对比			
商业模式	自银行和其他贷款发放机构处购买按揭贷款债权，然后将其打包证券化后卖给投资者，向债券投资者担保偿还本金和利息		区别于“两房”，吉利美不直接参与贷款和资产证券化的产品发行和购买，而是授予牌照给相关金融机构（提供担保），由其发放贷款后打包成资产证券产品，因此其资产负债表规模相对更小
是否在二级市场出售不动产抵押贷款证券	是	是	否
从何处购买住宅抵押贷款	从大型商业银行购买	从较小的银行及机构购买	n.a.
贷款审批要求	较严格	较宽松	n.a.
受政府担保的程度	隐形担保	隐形担保	明确担保
目前主要针对的贷款类别	常规贷款（Conventional loans）	常规贷款（Conventional loans）	政策性贷款，如针对低收入家庭的首次置业贷款，针对退伍军人的贷款等

图附1–33　美国体系下，相较于两房，吉利美是更值得参考的政策性住房金融机构

资料来源：房利美官网，房地美官网，吉利美官网，中金公司研究部

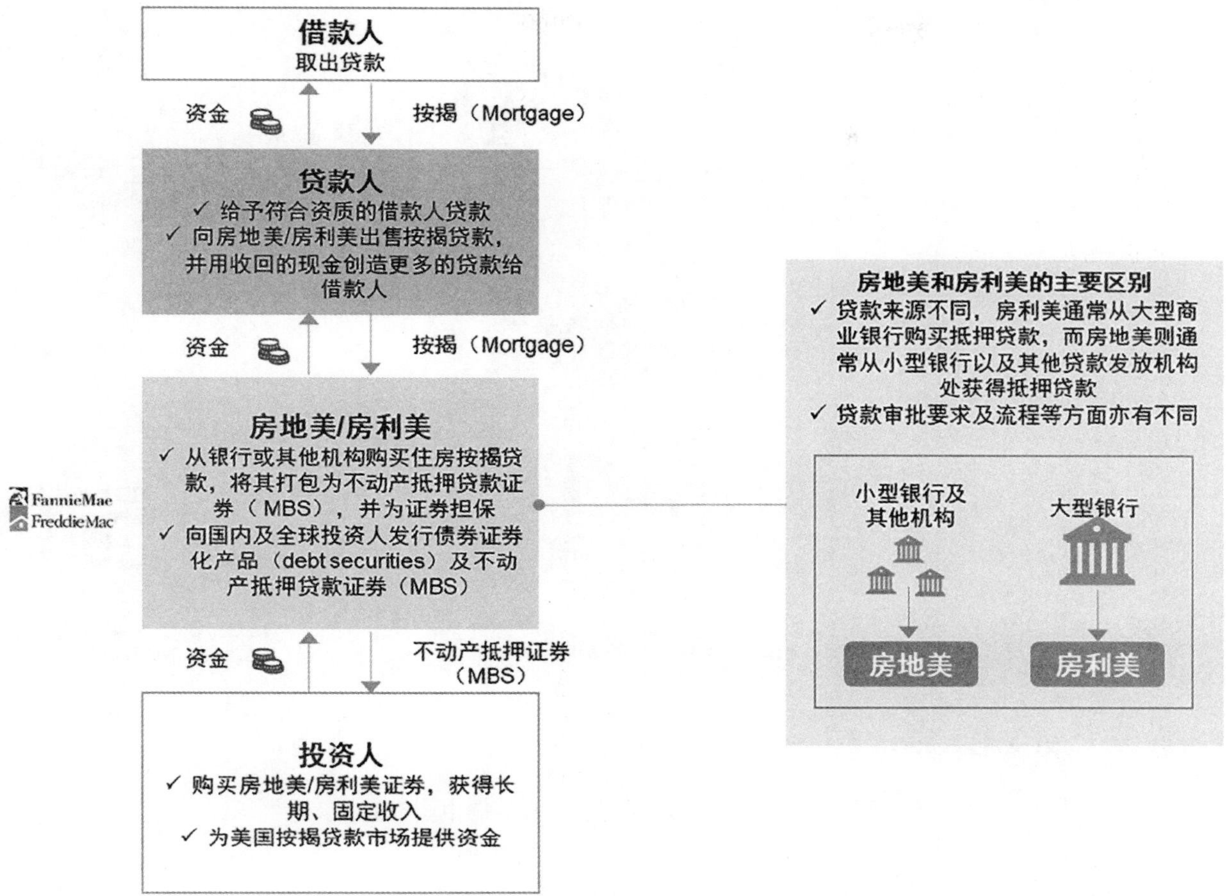

图附 1–34　两房商业模式的全盘市场化，是导致美国后来住房相关债务无序扩张的体制根源之一

资料来源：房利美官网，房地美官网，中金公司研究部

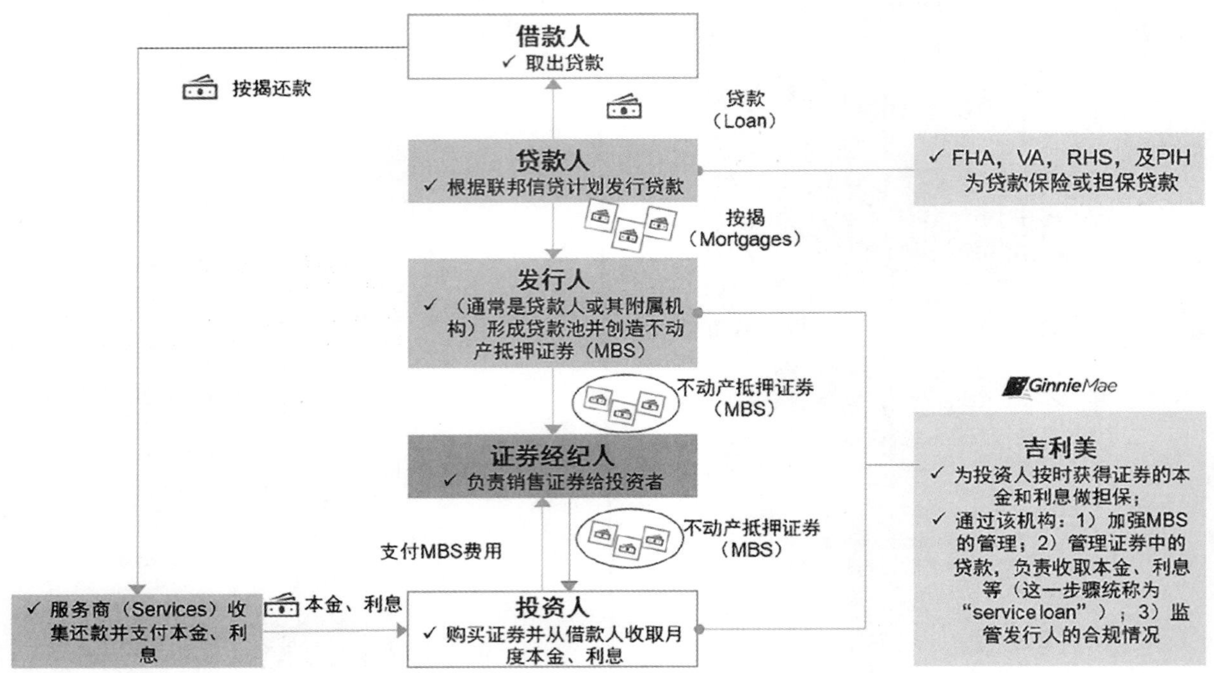

图附 1-35　吉利美的商业模式值得中国借鉴

注：FHA为联邦房屋管理局（Federal Housing Administration），VA为退役军人管理局（Veteran Affair），RD为农村发展局（Rural Development），PIH为公共和印第安房屋办公室（Office of Public and Indian Housing）

资料来源：美国政府责任署，中金公司研究部

日本住房金融公库介绍

成立历史

- ✓ 1950年，日本制定《住宅金融公库法》，向建造或购买住宅的家庭提供长期低息贷款
- ✓ 2007年，日本将住宅金融公库改组为住宅金融支持机构，不再直接向个人提供住房贷款，转为开展证券化支援等业务

主要资金来源

- ✓ 1950-2006年，住房金融公库的资本金100%来自政府注资，但其营运的资金并不是政府的财政拨款，主要来源于：（1）财政投融资体制贷款；（2）中央政府给予的息差补贴；（3）以公营特殊法人名义发行的特殊债券；（4）回收的借贷资金等
- ✓ 2007年至今，住房金融支持机构的主要资金来源是发行不动产抵押贷款证券（mortgage-backed securities）和普通债券的证券化产品（straight bonds with general securities）

七大业务板块

证券化支持业务（Securitization support business）
- ✓ 通过以下项目支持民营金融机构提供固定利率住房贷款
  - 买取型证券化支持业务（Purchase program）：向一级市场住房金融机构购买其所发放的个人住房抵押贷款（一般是FLAT35贷款），然后将其打包之后进行资产证券化，并在二级市场发行住房抵押贷款资产证券化产品（MBS）
  - 保证型证券化支持业务(Guarantee program)：为其他私人金融机构发行的住房抵押贷款资产证券化产品提供本息担保，以提高这些产品的信用等级

住房贷款保险业务（Housing loan insurance business）
- ✓ 为民间金融机构提供贷款保险服务

发放贷款服务（Loan origination business）
- ✓ 为灾后重建、城镇发展等提供政府政策性贷款

集团信用人寿保险业务（Group credit life insurance business）
- ✓ 该保险系统为FLAT35贷款或JHF贷款的借款人提供保障。如果借款人死亡或发生严重残疾等，未偿还的贷款余额由人寿保险公司等支付

提高住房质量（Promotion of quality housing）
- ✓ 通过住房技术标准帮助提高住房质量，被设置为FLAT35贷款和JHF贷款的要求之一

管理贷款余额（Management of outstanding loans）
- ✓ 精细妥善管理未偿还贷款，如为难以偿还贷款的借款人修改贷款偿还条例

住房金融研究调查（Research and surveys on housing finance）
- ✓ 对国内外住房金融市场进行研究调查

图附 1–36　日本住房金融支持机构的运营机制也是中国可以参考的样本之一

注：FLAT35贷款（35-year, fixed-rate mortgages）为固定利率，期限为35年的抵押贷款

资料来源：住房金融支持机构官网，中金公司研究部

四是考虑更具力度的抵押贷款付息与租房支出的个税抵扣。现行法规体系下，纳税人购买国内住房，发生的第一笔住房贷款利息支出，在实际发生贷款利息的年度，最多可按每月 1000 元标准抵扣个税。未来在减轻居民住房消费负担，进一步释放可支配收入的框架下，我们建议增加对于抵押贷款抵扣个税的额度以及建立一定的租房支出的个税抵扣，并且将来在这些领域逐步实现因城施策，以更好适配当地实际需要。从国际视角看，中国目前在这些领域的惠民力度偏低。

五是对于按揭提前还款需建立更为综合的管理方式。2021 年以来发生较多的居民提前偿还按揭贷款的情形已经对于整体信贷增长的平稳性构成了一些影响。和海外市场相比，中国目前对于居民提前还款方面的政策相对宽松，未来我们建议可以更综合的考虑利率的动态调整机制、设

立阶梯式的提前还款机制、适度延长允许开始偿还的期限等方面，来保持信贷资产的平稳存续与增长。

（三）对以 REITs 为核心的租赁住房金融体系再做一些建议

当前保障性租赁住房 REITs 已经开始试点，我们对于未来该体系再做一些建议，这其中既包括对于保障性租赁住房本身的方面，也包括一部分对于 REITs 市场的方面：

一是对于保障性租赁住房的资质认定是否可以有更清晰的标准。我们认为中国保障性租赁住房的内涵主要是面向青年人、新市民提供可负担的租赁住房选项，并需要在租金端较市场水平有一定的折让。尽管我们认为未来各地方在筹措保租房的方式和产品的资质认定上将保持一定的灵活性，但有一些标准我们建议更加准确清晰的阐释，尤其是从金融端关系到资产价值和投融资决策的，包括：1）租金水平的确认：目前普遍要求保障性租赁住房租金不得高于同区段、同品质市场平均的八至九成，但这一对标范畴并不十分明确。海外的普遍做法，是依据当地（或局部地区）居民收入来确认租金，按照可负担性原则，比如要求该公共租赁住房的初始租金，不得超过该地区人均收入的七成（该系数也可浮动）乘以可负担系数（通常为 30–40%），这种确认方式在数字上更为明确，实操中也更易于统一，但需要依靠较为准确的社会经济统计；2）对于每年租金增长的限制，目前以绝对数居多（比较普遍的 5%），未来是否有可能和通胀率挂钩来建立更为合理的标尺？从金融市场看，该增长率决定了投资回报率的上限，以及保障性产品和市场化产品的相对投资价值，对于资产定价有重要意义。

二是未来宜进一步扩大 REITs 对于各类主体的支持，积极调动社会资本参与公共住房投资。目前首批租赁住房领域 REITs 试点项目主要是地方政府的专项机构所开发建设的类似人才公寓、公租房等产品，未来我们建议对于更多类型的主体开放试点，包括地方国央企下设的租赁住房开发建设平台，国央企开发商，以及优质民营企业等等。我们认为租赁住房这一领域作为未来 10–20 年长期重点建设领域，仅依靠公共部门的资源投入可能远远不足以满足市场需求，在公开公平的市场准入机制下，在投融资端也对各类主体更为一视同仁，尤其为有能力的企业创造参与的机会，对于我们在该领域总体宏观目标的达成具有必要性。事实上，我们观察认为不少民营主体在过去若干年的实践经验中，已经对于租赁住房在开发建设、运营管理、租户服务等方面积累了不少宝贵经验，将它们的能力也充分发挥和带动到行业建设中更为有益。

三是建议对于 REITs 底层资产的产权属性再做一定明确。考虑未来保租房 REITs 板块中底层资产的复杂性可能增加，针对其包含的是土地使用权、经营权、收益权还是可能的其他权属，我们建议在产品设立与基金招募过程中做进一步重点强调与明确，这对于资产估值是关键问题。此外，关于不同权属的转让权限，也是资本市场目前认为明确性有待考证的问题，未来在要素市场化配置的框架下，是否会有政策方面的调整是值得关注的方面。

（四）在城市更新领域探索符合中国国情的土地价值回收机制

我们在这一章中着重对城市更新中土地价值回收机制的海外经验介绍，并希望可以抛砖引玉，便于后续对中国的情况做更深入探讨。因为城市更新议题与城市规划的牵扯更加深刻复杂，难以仅从金融或财政角度简单给出什么方案更优，但不可否认的是，这个范畴的思考是不动产金融体系建设中不可回避的部分。

一是探索以不动产相关收益实现公共投资回

收，促进城市更新的自融资是我们需要探索的领域。这一机制之所以重要是因为其很大程度上决定城市空间的改造是否可持续。西方学界对于“土地价值回收”这一概念的讨论热度在近10–20年逐步上升，一方面体现了城市再规划、再改造需求不断扩张下对于公共财政可持续性的更普遍关注，也侧面反映了传统的简单依赖地方债务融资的模式已经呈现明显的局限性，需要更多元有效的自融资机制来应对这一城市管理的挑战。

二是国际上的操作方式从原型上划分，有两种系统：**欧美国家以房产税为核心的长期投资回收机制**。

从机理上讲，公共投资应该回收的价值是特定区域内因为公共投资的发生和城市环境的改善而带来的物业资产增值的部分。我们以使用最为普遍的税收增值融资（Tax Increment Financing, TIF）为例简单阐释。首先需要确立一个城市更新区域（可以覆盖几个街区到甚至一整个行政区划），通过和公众的协商确立更新改造方案，进行公共投资（通常涉及道路网的更新，轨道交通及其他公用设施的建设等），然后以该区域内未来一定年份（通常为20–30年）内产生的房产税的增值部分（相较于改造前的某个特定时点）来定向支付公共投资工程款项或偿还项目借款。这种方法实质上是将一部分原本作为一般市政用途的税收定向导流给城市更新项目，从而免除了额外征税或扩大债务的必要。一些成功的项目在经历改造过后实现了较大的物业资产价值提升，通过税收增益有效覆盖了项目成本。

亚洲大都市以出售开发权为主要手段的前置型、一次性回收机制得到国际学界普遍识别和研究的有日本和中国香港的机制。以日本为例，日本大都市城市更新中的公共财政回收主要是通过变卖增量容积率指标来实现。在满足原业主的补偿之后，政府将富余的容积率指标出售给私人开发商以实现资金回流，其额度通常足以覆盖政府在前期规划、土地整备、基础设施建设的相关支出，但其必要条件是在片区重新规划中能够明显增加容积率，以及能够实现资产增值。中国香港的模式主要是指港铁公司模式。之所以特殊是因为这是全球为数不多的土地公有制体系下的案例之一，其应用主要围绕轨道交通站点上盖和周边的物业，实际上也对应了一类非常普遍的城市更新模型。港铁公司的做法简单来说便是从政府处以底价获得轨道交通站点上盖（也可以包括周边地块）的开发权，然后公司以市场价格出售给开发商进行变现，用作建设轨道交通设施的资金。港铁公司较日本城市更新模型更进一步的是其通常还持有站点周边一些商业地产的所有权，以及站点内部零售门店的经营权。这为其带来不匪的经常性收益，使得公司的业务模式更加抗周期。此外，港铁的上市公司身份还可以允许其通过资本市场进行股权和债权融资。

比较来看，亚洲大都市以开发为导向的，能够在项目前期通过出售开发权实现土地价值回收的机制在现阶段对我们更具借鉴意义，国际学界也普遍认同亚洲机制从财政角度具备更高效率，这同亚太大都市更高的人口密度以及更高的资产价格也有关。我们需要警惕的地方可能是中国大城市目前普遍对开发实施较为严格的容积率管理，而日本、中国香港的高密度城市改造通常涉及4.0–5.0以上的容积率。如果我们不具备充沛的容积率增量，那么类似日本和中国香港的实践方式可能在实操性上有待商榷。

金融端，开发商，地产基金，REITs等多主体配合参与必不可少就城市更新改造的执行层面，国际上由开发商和不动产基金参与也非常普遍，好的案例不胜枚举。对中国而言，依靠以往的大拆大建和土地拍卖来实现财政收益的空间越来越小，这种方式在公平性上和外部性上也欠佳。

我们在城市更新过程中既要通过有效的空间改造提升人居环境质量，又要充分考虑原住民的利益保护和社区网络的留存，同时能够积极引入新鲜产业血液，进一步提升社区活力。因此未来的城市更新更需要通过空间运营来实现土地增值，并允许多种市场主体参与。

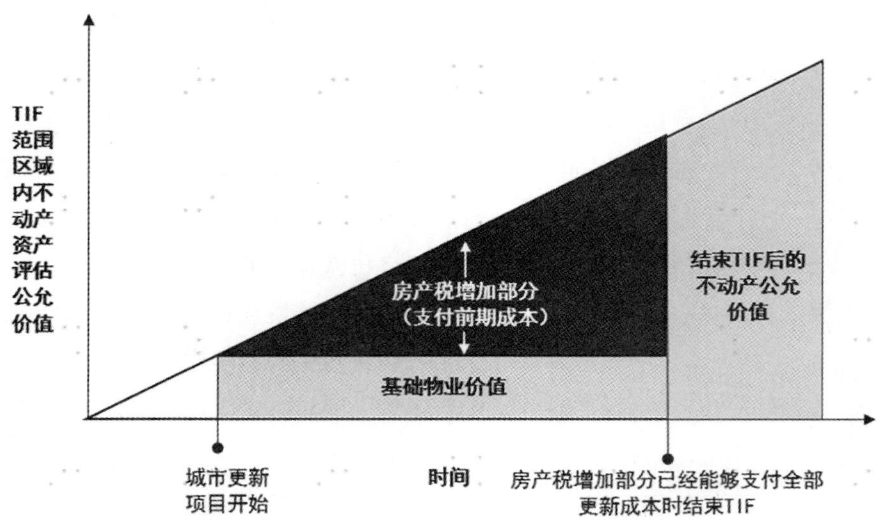

图附 1–37　针对欧美 TIF 模式的简单图解

资料来源：中金公司研究部

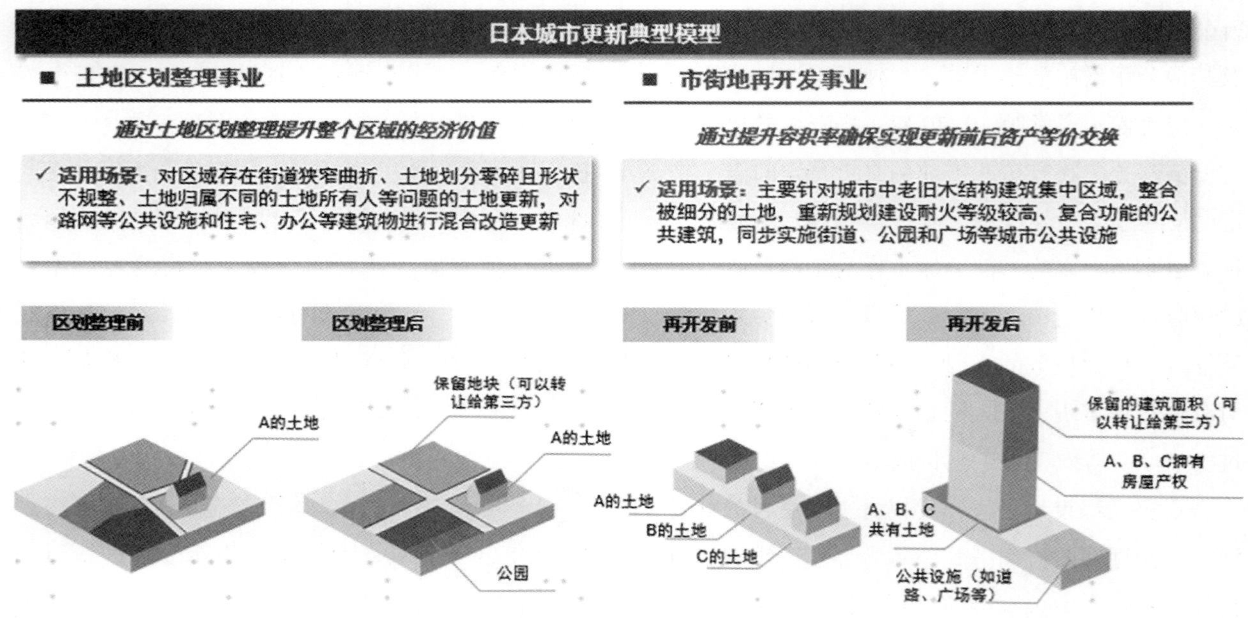

图附 1–38　日本城市更新过程中对于土地容积率的增量创造实际上代表了一种公共金融制度

资料来源：中金公司研究部

四、对于防范不动产领域金融风险的一些思考建议

在上文论述了一些建设性方向后，我们对于未来在不动产金融领域防风险，也结合上文提到的工具做一些风险防范方面的阐释。总体来说，我们对于防范金融风险的着眼点也在于两方面，资产价格的合理管理，和资本结构（尤其是股债比例）完善，具体来说分几方面：

一是对于购房首付比例仍需维持动态审慎管理。这实际上是为了平衡好满足合理购房需求与银行按揭资产风险，海外国家以往不动产价格周期性衰退后触发个人债务违约与连带金融风险（尤其是负资产情形）一个很大的原因是首付比例过于宽松（如不高于 10%）。和我们市场体制相近的案例中，中国香港的银行系统在 20 世纪 90 年代末亚洲金融危机中就遭受了很大的冲击（以至于香港后来也短暂的成立运行过专项 MBS 公司），但自 2010 年代来实体市场恢复较为稳固以后也奉行了更为严格的首付比例管理（若不考虑按揭保险计划的支持则最低首付比例为 40–50%），虽说难以对资产价格上涨带来实质上的遏制（这主要是因为房屋供给长期有较大缺口），但对于制约炒房，以及保护银行端资产质量还是起到重要的作用。回到我国环境下，尽管目前不少城市出于修复市场需求的角度对首付比例做了一些下调，但未来仍需要基于房价环境来考虑动态调整首付比例，做好合理金融供给和防范风险的平衡，我们认为这仍是不动产金融风险管理中较为基础的一项。

二是于开发商一侧应注重股债融资比例的再平衡。如果说过去我们对开发商股权融资有所制约是为了限制负债进一步快速增长，那么我们认为在未来实体市场本身进入到周转降速、利润率向合理水平回归的背景下，再限制股权融资可能反而会阻碍开发商降杠杆进程，从而限制产能修复甚至恶化市场供需关系。但即便是鼓励股权融资，我们认为也需要有一些新的设计：一是可以鼓励开发商在项目开发层面更多使用股权基金的架构（从微观架构上形成合理股债比），二是对于有能力长期发展多元化业务的房企，当支持其参与 REITs 市场，三是可放宽二级市场上配股融资。但总体的原则，是出于有效率的压降开发商的资产负债率，能够更高效的应对房企信用风险，而非全面放开开发商募资渠道，以支持其资产负债表继续扩大（事实上实体市场本身也不再支持其扩表）。

三是继续引导非标准化融资向标准化融资转换。对于房企既有的非标准化融资，我们认为长期来看还是需要予以引导逐步向标准化融资转换，比如对 ABS、CMBS 等证券化工具予以支持。此外，我们也建议行业探索设立更为标准的股权基金，并予以合理备案，同时对明股实债类的融资手段继续予以限制；实际上海外不动产金融市场已经形成了相对标准的股权基金结构（在管理、收益分配、激励机制等方面），国内我们认为未来也有潜力朝这一方向探索靠近。

四是考虑建立土地期权制度。中国目前在土地购置环节不允许外部融资，这是出于防控风险的需要，但可能也是导致开发商此前明股实债和一些表外融资较多的间接原因之一。从开发商的企业模型出发，考虑未来土地储备需求仍将长期存在，以及维持合理的周转速度对于财务安全性也至关重要，我们可以思考从资产的“轻量化”来着手降低一部分资产负债表风险，即考虑未来在公开土地市场上建立一定的期权制度，使开发商可以提前锁定一部分土地储备并避免立时增加资产负债表的压力。此外，通过期权工具的行权价对未来的一级市场价格做出指引，可能也有助于维护价格稳定，一举多得。事实上作为对比，

美国的头部住宅建造商总体半数以上的土地储备以期权形式持有，这是这些企业在历次美国资产价格大幅波动的周期中仍得以幸存的一个重要原因之一。

五是对于公募REITs宜注意在资产价值评估与Pre-REITs环节的风险防范。中国公募REITs在实操中大多数并不具备外部有息负债，我们认为现阶段REITs的风险防范点主要在于两方面，一是资产评估是否合理（尤其是是否高估），二是在目前尚无针对Pre-REITs环节相关规范措施的情况下，Pre-REITs阶段有产生融资乱象的风险。对于前者，我们认为主要需落实在资产评估中包括现金流增长率、折现率等各类取值是否合理，包括二级市场估值和一级市场潜在市场估值是否有合理对照关系等；对于后者，我们认为主要需对于允许做Pre-REITs的项目也建立一定的边界，比如是否与发改委项目储备库动态挂钩等等。

六是防范改革施行迟缓的风险。我们认为当前的不动产金融体制已难以应对未来市场长期发展和有效管理的需求。不动产金融本身当不只是住房购置的支持工具，也需要在多个层次上建立其积极角色，从思路上，不宜只是将其视为宏观金融调控体系中的一个总量工具，而是要有结构性的来发挥其在多场景中的作用，从效能上，不应只有基于量的审慎管理，还应注重风险疏导，以及类似证券化市场所能发挥的对于资产管理行业的产业提升价值，真正导向产融结合。我们认为，有效的改革措施的推行，有望让中国避免可能遭遇的突出的资产价格矛盾，难疏解的债务风险，帮助搭建企业突破及转型模型。

以上内容代表了我们对于中国不动产金融领域未来改革发展的一些建议方向。当下对于不动产行业的大政方针已经十分明确（包括房住不炒，租购并举，促进行业良性循环等），眼下时局的主要矛盾与行业长期转型的方向也是清晰的，我们认为从行业的现实挑战与需求出发，对于“工具创新”和“模式创新”做一些建议应当是有益的。在这一思考框架下，基于不动产行业市场和保障双轨运行的基本制度，我们对于金融端在市场和保障两侧分别提出了“建立多层次市场”和“完善公共金融体系”的构想，结合中国国情并借鉴全球有益经验，列举了我们认为值得探索和考虑的一些方面并给予了原则性、方向性的建议。总体上，我们希望通过改革创新，来为不动产行业应对中短期挑战和适应长期转型做更充分的支持，也希望不动产行业能够持续发挥好宏观经济压舱石的作用，为中国社会经济的长期稳定发展做好应有的贡献。

图附 1-39　对本篇报告建议的简单汇总

资料来源：中金公司研究部

附录二

优秀案例

一、全龄友好长租社区　打造职住平衡新生态

——大兴区保利首开乐尚 N+ 长租公寓项目

关键词：长租公寓　自持公寓　京南高新人才　职住平衡

保利首开乐尚 N+ 公寓位于北京市大兴区旧宫镇，地处五环中轴南海子公园旁，位于亦庄经济开发区、大兴新城、大兴国际机场三大区域政策红利交汇的南海子高端居住带。地上地下建筑面积超 30 万㎡，配套商业近 7000 ㎡，22 栋自持楼分 4 个地块，共有租赁住房 3697 套，商业、车位、仓储配套齐全。目前是北京市体量最大的自持项目，最新获得由 ICCRA 住房租赁研究院颁发的“2022 年度优秀租赁社区研究基地”殊荣。

依托良好的生态和产业资源，项目规划之初即定位为全龄型高品质超大租赁社区，以“城市服务运营商”为理念营造万人共融社区，告别“短、单、散、低”的老旧租赁模式，实现 70 年的陪伴与成长。产品设计从 35 平米至 89 平米不等的多种户型，满足客户多元化、多阶段租赁需求，其中开间类户型占比约 44%，一居 / 两居 / 三居房源占比过半且市场认可度较高，覆盖全家庭生命周期。同时围绕租赁全生命周期需求构建了配套服务设施，有效提高社区的生活品质进而营造生活化的租赁式社区氛围，而且达到精装修带家电的拎包入住标准。改变了传统公寓产品以小户型开间产品为主的定位理念，拓展了一种新型的租住模式。

租赁式社区的运营不同于传统住宅社区所提供的基础物业服务，也不局限于青年公寓的单一社群服务，需要在物业服务的基础之上增加针对各类客群的相应服务。项目公司组建了专业化的自持租赁和运营团队，建立信息化管理平台，培育运营能力，提高运营效率，增加租金收入，最终提升物业资产价值。塑造“首开乐尚”长租公寓品牌的同时，打造首开长租公寓种子团队，实现经济效益和社会效益的最大化。

在高品质居住体验基础上，项目依托租户需求及客户画像，不断完善配套设施，已完成超市、菜市场、药店、洗衣、餐饮等配套商业的招商，并已开通直达亦庄荣京东街地铁站、火箭万源地铁站和德茂地铁站的班车，便捷各类人才的居住和出行。同时积极推进规划中的文化休闲、体育健身、党建活动中心等社区共享空间，将构筑职住平衡、多元配套的京南高新人才职住生活方式新典范，保障“职住平衡”的京南生态。截至目前，项目已入市房源出租率超 95%，用实际行动响应国家高质量住房租赁发展要求，解决北京新市民、新青年住房难题。

图附 2–1　项目配套运动场实景图

图附 2–2　正常商业广场实景图

二、乡村振兴政企合作　打造城乡一体化集租社区

——朝阳区十八里店西直河首创和园繁星集体土地租赁住房项目

关键词：城乡融合集体土地租赁住房项目　长租公寓　宿舍

朝阳区十八里店首创和园繁星租赁社区项目是政企合作，用实际行动响应落实党中央“房住不炒、租住同权”政策标杆示范项目。是朝阳区十八里店乡政府利用西直河村疏解腾退地块，与首创集团通过股权合作方式，共同开发、建设、运营的集体土地租赁住房的标志性产品，是目前已知的全国市场上规模最大的集体土地租赁住房项目。项目房源将以市场化方式优先面向重点企业、优秀人才配租。项目致力打造高品质的租赁社区和丰富多彩的社群生活，为年轻人提供安全、稳定、舒适的租住生活。

项目位于东南五环西直河桥东南角，地处朝阳区、通州区及亦庄开发区三区交界地带，临近地铁7号线和17号线。项目总占地11.8万平米，总建筑面积40万平米，计划总投资43.6亿元，可以提供6572套（间）租赁住房。户型面积在30~89平方米，包括开间、一居室、两居室、三居室和集体宿舍等户型，全部精装修，配备家具、电器等，让租房者真正实现“拎包入住”。

项目从规划出发，配建5万平方米的各类生活配套，包括超市、洗衣房、书店、健身房、餐饮休闲商业街以及各类教育、医疗、社区服务等非经营性配套设施。充分关注年轻人租住生活痛点，通过提供自营食堂、企业直达班车、共享办公空间等多重定制服务和完善的运营管理，营造长租即长住，长住即安家的幸福租住生活，打造一个高品质、多业态、全生命周期的长租样板社区生活范本，创建首创“租住生活品牌”。

项目充分体现政企合作优势，协助推进乡村振兴，不但体现了在土地要素上城乡融合，也体现了城乡在职住功能上融合，解决了在CBD、望京、亦庄经济开发区工作的城市新市民的租房贵、租房难问题，将推动当地产业经济再一次的提速升级。

繁星项目作为大型租住社区的标杆项目，是实现地区“生态宜居、和谐有序、文明富余”发展目标的重大工程，将为北京城乡一体化的社会治理方面带来示范效应。

图附2-3　项目整体鸟瞰图

图附2-4　社区环境实拍图

三、工厂旧址焕发新机　赓续公租社会责任

——朝阳区燕保·北焦家园公租房项目

关键词：公租房　京籍中低收入无房家庭　詹天佑奖　鲁班奖　住房全生命周期

燕保·北焦家园公租房项目位于北京市朝阳区东南部垡头区域内，是在原北京焦化厂遗址上开发建设的公租房项目，项目紧紧围绕“七有五性”工作目标，重点面向中低收入无房家庭，致力于稳社会、保民生，解决首都百姓基本住房需求。项目由北京保障房中心有限公司建设运营，用地面积98000平方米，总建筑面积5662522.17平方米，其中地上建筑面积302200.86平方米，地下建筑面积260321.31平方米，共22栋楼、4646套公租房。项目于2015年开工建设，2020年投入运营。

该项目作为保障首都百姓住房需求的高品质公租房小区，从设计、建设到后期运营管理，形成了全产业链条的住宅管理典范。项目荣获“中国土木工程詹天佑奖优秀住宅小区金奖”、“中国建筑工程鲁班奖（国家优质工程）”、中国房地产业协会科学技术奖、“建筑材料科学技术奖”及“北京市结构长城杯金奖”、“北京市建筑长城杯金奖”、“北京市建筑信息模型（BIM）技术应用示范工程”、“北京市超低能耗建筑示范项目”等荣誉。

该项目在建筑形象上采用典型的现代主义风格，强调建筑线条。沿街立面高低错落，丰富了天际线，增强了韵律感。以开放街区、围合空间、混合功能并重的理念为基础，实现社区融入城市公共生活，从而建立高品质公租房社区。

北京保障房中心有限公司致力于构建全新的住房生态系统，以开放式街区理念，将原有大尺度的布局划分为多个小街区，在中央围合出一个公共广场，将商店、办公、SOHO、绿化、教育体系等多功能空间结合在一起，使整个社区形成公共开放相对独立系统，促进原创元素融入到社区建设中，助力社区良性发展。项目坚持以人为本，打造“安全便利、和谐融洽、文明健康”的公租房社区环境，创建全国一流的公租房运营管理平台，不断提升百姓的幸福感、获得感、满意度。打造高品质公租房社区。

项目落实“绿色、低碳、经济、宜居”等建设理念，以一体化、平台化、数字化、智能化的协同发展思路推动产品建造方式变革，从产品全生命周期考虑，推进保障房建造领域低碳发展，增加绿色投资，提高社区绿色发展质量，提升人民居住品质。项目4600余套公租房屋均采用装配式建造，户型墙体独立，格局完整，室内精装采用装配式内装技术体系，户型标准化，厨卫模块化，隔墙部品一体化。是首批北京市超低能耗建筑示范工程，全国首例高层装配式超低能耗住宅项目，被住建部认证为“高效能建筑－被动式低能耗建筑”。

图附 2–5　北京焦化厂遗址

图附 2–6　燕保·北焦家园项目实景

四、建设宜景宜居安置住房　打造南中轴品质形象

——丰台区久敬庄路南侧棚改金隅嘉业安置住房项目

关键词：保障性住房　安置住房　南苑森林湿地公园　TOD

丰台区久敬庄路南侧棚户区改造安置住房项目位于丰台区久敬庄地区，北距南四环约 1 公里、西距南中轴路约 1 公里，属于南苑森林湿地公园 FT00-2312 街区规划范围，地理位置优越。项目利用周边绿化打造西侧郊野公园带、东侧锦苑社区公园带以及北部生态防护绿带，共同环绕串联多个宜居生活组团，营造宜人街道环境。

项目于 2022 年 9 月实现开工建设，预计 2024 年底前实现竣工交用，占地面积约为 16.3 万平米，总建筑面积约 28.9 万平方米，项目建成后可提供 2237 套棚改安置房源，安置居民约 5500 人，房源全部用于大红门一期棚改项目拆迁安置使用。

项目规划建设 17 栋住宅楼、1 栋幼儿园及其他居住配套设施，住宅楼东西向楼栋均为 1 梯 4 户，南北向楼栋有 1 梯 2 户和 2 梯 4 户两种。居住南地块东北侧有社区配套楼，设有 2 部电梯，功能主要包括社区卫生服务站、物业服务用房、社区管理服务用房、社区助残服务中心、公共厕所、再生资源回收站、末端营业网点、小型商服、菜市场、其他商业服务和养老服务驿站等，形成能够满足居民多样化生活服务需求的社区组合，提供全生活方式、全年龄受众和全时空维度的居民生活服务，补充社区公共服务设施短板、提升社区公共服务品质。

项目采用中轴对称布局：中正平衡，礼序为形，塑造礼仪空间；以文化为脉络，传承北京中轴礼序，设计深入贯彻“新四合”规划理念，完善功能需求，利用适当的东西向住宅和配套进行组团围合，注重城市形象的塑造，在建筑高度上充分考虑南中轴和西侧规划公园条件，适当降低西侧建筑高度，由南中轴向东侧现状区平缓过渡，为城市街区营造富有节奏变化的空间形态，形成高低起伏的城市天际线。

丰台区久敬庄路南侧棚户区改造安置房项目作为丰台区大红门一期棚改拆迁安置的重点项目，同时也是助力大红门地区 TOD 综合配套服务区及博物馆群建设的民生工程，项目的高质量建设既关系到大红门地区拆迁居民的切身利益，也关系到首都南中轴地区的品质形象。预计 2024 年年底前该项目实现安置居民入住，将成为北京南中轴质量过硬、配套齐全、环境优良的高品质住宅小区，为不断优化首都功能、推动“一核、两轴、多板块”的国际交往空间格局注入强劲动力。

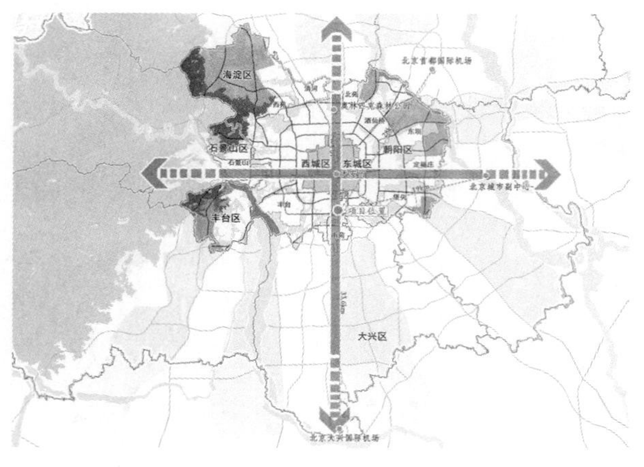

图附 2–7　项目位置图

图附 2–8　实景效果图

五、人才“雁”阵落怀柔　筑巢引凤好“栖”息

——怀柔区雁栖国际人才社区项目

关键词：国际社区　人才公寓　外籍专家群　MINI 邻里家　人才需求画像

雁栖国际人才社区是北京市委市政府着力打造国际科技创新中心、国际交往中心，完善怀柔科学城公共服务配套供给，引进国际高端人才筑巢引凤的重点项目，主要客群为怀柔科学城的科研人才及外籍专家，由北京保障房中心有限公司与怀柔区政府合资成立的区住房保障平台公司燕怀投资公司持有运营。该项目位于怀柔科学城中心区的 0212 街区中部，项目东至雁栖西二路，南至乐园大街，西至雁栖河东路，北至乐园北二街。总建设用地面积 11.05 万平方米，总建筑规模 25.97 万平方米，共有房源 1871 套，2 栋配套楼、1 栋酒店，共计 982 套房源。预计于 2023 年 1 月投入运营。公寓分为 34-40 平米零居，78 平米一居；长租住房分为 85 平方米两居，100-135 平方米三居，类型多样，可灵活组合。同类面积区间的户型集中设置，便于后期分配使用。

该项目是落实市委市政府相关要求，按照“一体化”理念落地运营的第一个项目。为切实打造科研人员喜爱的温馨社区，通过分析特定人群的需求画像发现科研人员对商业品牌的需求是高品质、高级次的。所以在项目商业落地实施过程中，运营团队打破了固有的招商模式，通过招租、加盟、自主运营等多种模式引入了高标准的游泳池健身房、智慧化的社区食堂、全年 24 小时营业的高端零售及咖啡品牌，以及药房、美发等功能性和生活性配套服务。其中引入的高端零售便利店为怀柔区首店，深受社区租户及周边居民欢迎，也成为怀柔区年轻人心中的新晋网红打卡地。另外，为了给广大科研人员打造开放共享的第三社交空间，营造和谐邻里关系，该项目临街商业空间内建立了一个小型家园中心——“MINI 邻里家”。目前这个空间按照租户需求被高效的分成社交功能区、生活服务功能区，不仅引入了星巴克咖啡服务、花艺服务、鲜果蔬菜自助购买、洗衣家政服务等多元化服务功能，还设置了共享会议室、共享书吧等元素。在一个高度集约的空间融入多样功能，最大限度满足社区租户需求。成为广大租户最受欢迎的社区共享空间。社区内设立智慧健康 E 站，满足社区租户的基本就医需求，提供便捷的医疗服务。雁栖镇派出所在项目设立警务工作站，确保发生警情时，警力第一时间到达现场，做到早发现、早处置，充分保障科研人员的居住安全。

图附 2-9　雁栖国际人才社区鸟瞰图

图附 2-10　雁栖国际人才社区一期

六、自理介护介助持续照料　构建新型养老居住消费升级

——房山区长阳镇随园养老地产项目

关键词：公建民营养老项目　PPP 模式　适老化设计　全周期可持续模式

房山随园养老中心位于北京市房山区长阳镇阜盛东街 48 号院，是公建民营养老项目。项目前身为房山区区级社会福利中心，由政府投资主体建安，企业投资升级改造，委托企业养老经营 30 年，需承担 25% 的保障型床位，其余床位可进行市场化运营。项目建筑面积 40048 ㎡，其中地上建筑面积 30182 ㎡，园区规划 7 栋独立生活照护区，设有 475 套房间，770 张床位，单人间使用面积 20-26 ㎡，套间 50 ㎡，面向老年客户群体及部分政府保障对象。

房山随园养老中心采用 PPP 模式的养老项目，产品模式的创新在于：1. 面向保障性对象的养老服务提升到市场优质水平；2. 市场化运作床位提供高品质服务；3. 以市场化运营部分收益反哺保障部分的投入；4. 优化集约公共配套空间，提升项目综合运营品质。

随园项目采用世界先进的适老化设计理念，打造出一个长者友好的幸福居所。无醛装修体系采用自主研发的 A0 级环保用材，为每一位在住长者提供了一个无醛室内环境。随园甲醛测点值 ≤ $0.03mg/m^3$，远优于国标。随园充分考虑每一个适老功能和细节处理，通过调研近千位真实长者的生活习惯和空间需求，从中提炼出 57 项适老化需求并加以满足，从照明、隔音系统、收纳系统、家具系统、支撑系统、智能化等打造随园健康安心住宅体系新标准。随园从老人身体特点入手，采用防滑地砖、恒温龙头、智能马桶，安全扶手、紧急呼叫，防溢地沟等措施，全方位降低老人跌倒，磕碰，烫伤等风险，保证卫生间的使用安全。

随园改变过去以看病治疗为主的养老模式，升级成以长期跟踪、积极干预为主的健康管理模式，整合医、护、餐、娱四大模块，从日常膳食干预，运动干预，健康教育及健康监测等方面入手，利用 V-Care 智慧化照护系统全周期管控服务细节，8 大类 165 个服务动作全部标准化、数字化管理，建立个案信息库。

把养老从“被动接受照护”的观念转变成“主动创造价值”，有效提高长者活动参与度和幸福指数。

万科随园养老中心践行 CCRC 养老模式，提供以自理、介护、介助一体化的居住设施和服务，使长者在健康状况和自理能力变化时，依然可以在熟悉的环境中继续居住。随园整合内外部医疗资源，形成急救转诊 - 健康管理 - 慢病管理 - 康复运动四维健康保障服务体系，为慢病管理、术后康复、失能照护、认知障碍等长者提供全天候、全方位解决方案。适老优雅的居所、邻里主动式社交氛围，遵循“医养结合”理念，运营团队致力于为每一位入住长者带来有温度、有体面、有尊严的晚年生活。

图附 2-11　随园之家接待大厅 - 实景图

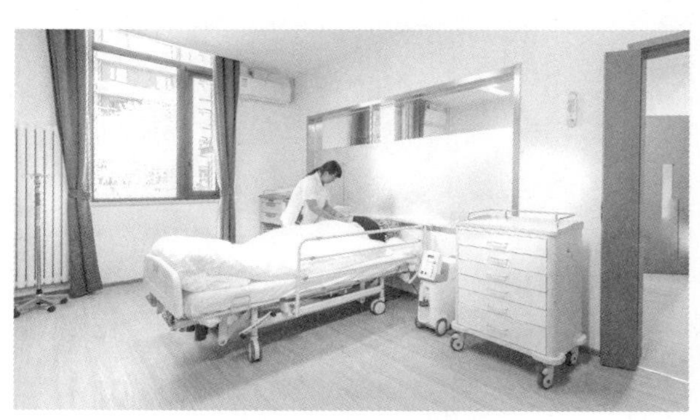

图附 2-12　随园医务室 - 实景图

七、高标准共产商品房　提供舒适共享和谐居住

——通州区国风尚城共有产权商品住房项目

关键词：共有产权商品住房　五大体系　BIM　绿色　智慧

本项目处于北京城市副中心配套服务圈内，在副中心西北方向，距副中心约六公里。位于通州区宋庄镇疃里区域，项目周边社区成熟，商业教育完善，交通路网便利。

本项目建立了超低能耗建筑体系、装配式建筑体系、绿色建筑体系、科技建筑体系、人文建筑体系。打造真正面向明天的“未来美好生活”。“五大体系”的确立是建设美好生活之根本保障，涵盖了包括德国PHI认证、北京市超低能耗示范项目，装配式建筑和全装修标准，绿建设计三星及二星标准、海绵城市、智慧社区及健康住宅、适老化等国内外先进的行业标准，并在建设中运用BIM技术全过程全方位管控。

体系一：超低能耗建筑技术

本项目选取4栋高层住宅作为一个组团集中应用建筑超低能耗技术，采用高保温性能维护结构、高保温性能外窗、高效率热回收及新风装置、高气密性、无热桥设计。打造了恒氧、洁净的宜居空间，同75节能标准相比实现了超低能耗住宅的社会效益和经济效益优势。

体系二：全装配式建筑技术

本项目不仅在建筑结构中全面应用了装配式技术，而且在部分厨房也实现了一体式装配技术的应用，通过工业化生产，建造过程中更少的能源消耗、更少的建筑污染、呈现更高的环保建筑品质。

体系三：绿色建筑技术

本项目超低能耗组团实现绿色三星设计，其他组团均实现绿色二星设计，为居民提供舒适、低碳、环保、健康的高标准的居住体验；全面实现健康住宅标准，为新一代绿色健康住宅做出榜样。

体系四：智慧科技技术

以住宅小区为平台，依托智慧城市建设，建设了网络通信、家庭安防、物业服务、社区服务等高效的系统平台，为住户提供安全、舒适、便捷、环保、智能化和人性化的居住环境。

体系五：人性化设计与社区配套

社区、住宅产品全面使用适老化、人车分离、动静分离的设计。设置室外电动自行车充电场所，预留地下车库电动汽车充电容量。设计了咖啡厅、健身房、图书馆等增益交流、文化、健康的综合社区配套设施，打造舒适、共享、和谐的人文社区。

图附2-13　外立面实景图

图附2-14　内装实景图

八、科技引领商务新坐标　科创建设绿色办公总部

——朝阳区望京之星甲级写字楼项目

关键词：科技创新　绿色健康　智能化　智慧化　甲级办公楼

金隅嘉业择址望京CBD地核心段，倾力打造望京核芯精致商务新坐标——望京之星。项目位于朝阳区望京花家地西里小区的东南侧，规划总建筑面积约36147平方米，其中地上总建面约21867平方米，办公总建面约18533平方米，可满足1500–1800人办公需求，商业总建面约4123平方米。矗立于CBD东扩区域，萃并东西，以艺术与科技为核心，开启精致商务新时代，完成“绿色建筑二星级”、“美国LEED”认证。

项目将打造以人为本，绿色活力、现代、时尚、精致、灵活、智能的科创企业专属办公环境，赋予项目高端科创企业总部写字楼气质。通过现代建筑的风格特征，彰显高端科创商务办公品质。Z字型建筑美学，铝复合板及玻璃幕的建筑立面，生动诠释了经典建筑的模样，高级金属铝材，超感现实一线城芯的颜值新标杆。

打造“灵活适应各种需求，综合完善的优质办公产品”。多功能空间可打造员工餐厅、高管餐厅、路演厅、报告厅、商业空间。物业类型涵盖办公、商业、邮局、车位等，未来可实现项目内外部的全方位有机融合。项目充分利用人工智能、5G、物联网等技术打造智能化和智慧化办公写字楼。包括楼宇自控系统、能源管理系统、智能照明系统、信息发布系统、综合物业管理平台（IBMS）、通信及计算机网络系统、人脸识别系统、温控智能、空气监测智能、全方位综合安防系统，开启智慧商务场景。

项目采用高效制冷主机及空调机组、水泵及风机，减少能源消耗及CO_2排放，响应碳达峰、碳中和国家策略。预留租户专享空调设备安装空间；预留24小时冷却水系统，满足IT及金融类不同租户数据机房使用需求。同时配置新风系统、四管制空调系统，保证室内舒适度及高品质空气质量。通过促进自然采光、能源综合管理、节水器具配置、静音设施配置、非传统水源使用等绿色环保施工和设施配置，满足后疫情时代的健康需求，打造绿色健康甲级办公楼。

图附2–15　项目总体效果图

九、老城岁月保护更新 展现古都焕新时代生机

——东城区西总布街区申请式退租及恢复性修建项目

关键词：片区街区保护 申请式退租 恢复性修建 老城平房（院落）更新 生活产业融合

东城区西总布片区申请式退租项目是北京市首批市属国企参与实施的申请式退租项目，是目前东城区首个以街区更新单元为单位一次性启动实施的项目。2021 年 8 月，西总布项目按照“居民自愿、平等协商、公平公开、适度改善”的原则，758 户居民完成了退租签约，直管公房退租签约率达到 90.45%，形成整院 46 座。申请式退租项目由属地政府组织，实施主体开展具体工作，在完成直管公房申请式退租和恢复性修建后，实施主体将获得退租房屋一次性不超过50年经营权。西总布项目解决了首都功能核心区国际交往、文遗保护、城市建设和居民生活等方面在空间利用上的矛盾问题和突出短板，实现了社会资本参与。

为更好优化城市功能和空间布局，改善人居环境，西总布项目以“古韵民风传承、静稳政务保障、文化发展融合”为总体定位，以传承和发展老城文化为出发点，以实现街区有机更新和老城复兴为目标，挖掘历史文化，讲好历史故事，保留城市肌理，留住老北京的烟火气，重塑老城生活印象。借助西总布项目成片区、系统化的契机，将从历史资源活化、交通环境优化、公共服务完善、院落风貌提升、开放空间织补五个维度进行整体更新，并探索街区一体化更新模式，实现街区更新保护和发展并重，搭建优质产业的培育平台，形成政务环境有序，文化氛围浓厚、民生服务齐全、产业多样融合的生活型街区。

在后期改造中，西总布项目将对区域内建筑的历史进行溯源与研究，结合建筑的风貌评估等级，按照传统院落的原有规制、格局，结合新工艺、新材料开展院落的保护性修缮或恢复性修建。西总布项目将低碳、环保、智慧等理念融入到建筑中，打造形成外古内新的院落空间。未来，西总布片区将从激活历史人文资源、重塑街巷空间活力、提升城市整体形象、服务首都核心功能四个方面入手，依托“故宫－王府井－隆福寺”文化金三角以及其东西两侧的“文化”和“金融”两大发展带，将“文化、大健康、金融服务配套”为未来重点产业方向。搭建数字化街区运营体系，以实现商户服务、公众服务、街区综合管理等目标为基础，融入智慧化、智能化等手段，推动将西总布打造成为智慧街区样板，使承载深厚历史文化底蕴的胡同和四合院展现新时代风貌，焕发新动能、新生机。

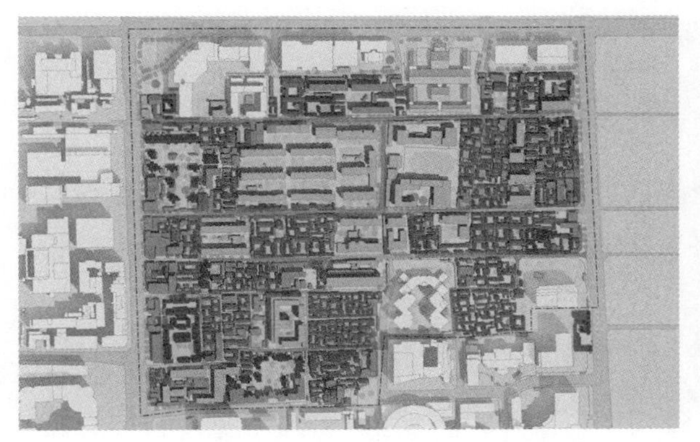

图附 2–16 西总布项目设计总平面图

图附 2–17 西总布项目试点院落室内效果图

十、专注新视听行业全链条 探索文化科技创新融合

——东城区禄米仓新视听产业园区升级项目

关键词：产业升级 老旧厂房改造 文物修缮改造

北京·禄米仓新视听产业园区位于东城区禄米仓胡同71号，东至禄米仓东巷、南至禄米仓胡同，西至朝阳门内南小街小区，北至禄米仓后巷，总占地面积15,132.99平方米，院内共21栋建筑，建筑面积13,941.64平方米。园区内拥有近500年历史的市级文物禄米仓、区级文物民国建筑，以及近现代苏式建筑群。

园区主要用于办公和商业。在更新空间的过程中切实做到修旧如旧，进一步挖掘历史文物的文化内涵，用崭新的表达方式彰显出中国的古城魅力。通过运用设计创意对古粮仓和民国陆军被服厂进行更新改造，将“漕运文化”“官仓文化”“军工文化”“胡同文化”完美融合，保留旧建筑形态和历史痕迹，打造富有文化底蕴的“胡同创意园区”。禄米仓IP文脉被创新演绎，成为北京城市更新的典范和精神文化象征之一。

项目以新视听行业为核心，建设高品质数字文化产业园，搭建全国新视听创意交流中心等产业要素服务平台，构建“一厅一街两空间”，即新视“厅”：包括北京新视听展示中心、全国新视听创意交流基地、新视听数字内容及场景创新开发实验基地。文化休闲体验街：通过文化内容展示、文化产品体验、新视听沉浸式体验、文创娱乐休闲等多维度空间价值的释放，为入驻企业和周边居民提供形式多样、丰富多彩的文化休闲活动。新视听头部企业引领空间：拟引入新视听产业内容制作、技术研发、IP孵化、场景应用、产业服务等领域1–3家龙头企业入驻，打造现代简约、科技感十足的办公生态，为实现新视听产业融合发展、特色发展、共享发展、高质量发展提供有效支撑。新视听高成长性企业培育空间：拟引入6–18家等新视听产业高成长性企业入驻，利用园区周边的媒体产业资源及园区内入驻龙头企业的带动作用，发挥园区新视听产业链上下游协同优势，培育高成长性企业不断扩大规模，成为行业内具有更大影响力的企业。

作为北京市广电“十四五”规划重点项目、东城区“十四五”规划项目及北京市第八届文化科技融合重点项目，园区围绕“北京全球视听产业中心建设”这一目标，融合数字产业办公与数字艺术体验，通过历史年代递进，打造具有穿越感的、多元化的集体验、消费、展演、产品发布等多功能于一体的新文化空间，营造多元沉浸新场景，让文物古建“活”起来，全面推进内容创新、技术创新和产业创新等形式多样的产业活动。

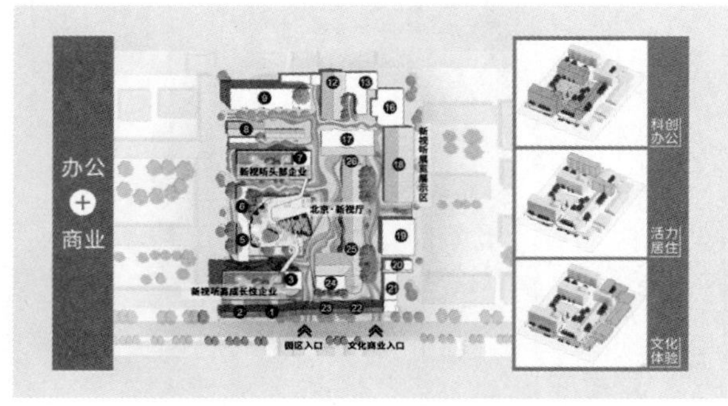

图附2–18 项目平面功能规划图

图附2–19 项目东南角俯视效果图

附表 3-1　2022 年北京市各街乡镇租金情况（1—6 月）

单位：元、月・平方米

区	街道	2022年1月	2022年2月	2022年3月	2022年4月	2022年5月	2022年6月
东城区	东花市街道	105.5	107.6	105.4	106.9	110.5	107.6
东城区	龙潭街道	100.9	107.0	101.8	105.1	106.2	111.8
东城区	崇文门外街道	118.8	124.9	127.6	120.6	121.9	119.2
东城区	永定门外街道	92.8	93.5	89.8	93.2	101.7	99.8
东城区	和平里街道	123.8	129.7	132.6	131.7	132.2	132.3
东城区	东直门街道	125.0	130.1	133.7	134.0	141.6	135.1
东城区	天坛街道	100.6	0.0	106.0	104.1	0.0	106.7
东城区	北新桥街道	0.0	133.3	131.7	135.8	126.5	127.4
东城区	东华门街道	0.0	146.7	0.0	0.0	141.8	0.0
东城区	建国门街道	0.0	0.0	143.6	0.0	0.0	0.0
东城区	东四街道	0.0	0.0	142.6	139.1	0.0	0.0
东城区	朝阳门街道	0.0	0.0	133.5	0.0	0.0	0.0
东城区	体育馆路街道	0.0	0.0	0.0	0.0	0.0	0.0
西城区	金融街街道	196.7	184.6	178.8	184.9	175.5	182.8
西城区	新街口街道	152.8	153.6	148.0	148.8	149.2	149.6
西城区	白纸坊街道	104.1	109.8	107.9	107.8	103.9	111.8
西城区	德胜街道	132.0	134.3	135.6	135.2	142.3	136.9
西城区	广安门外街道	106.7	109.9	107.0	108.8	111.9	109.4
西城区	广安门内街道	128.6	131.5	130.0	132.7	136.3	130.1
西城区	展览路街道	143.3	149.0	148.1	145.6	151.3	145.6
西城区	月坛街道	142.0	149.2	146.3	148.9	150.8	155.9
西城区	牛街街道	106.4	108.5	111.9	112.6	119.7	114.5
西城区	陶然亭街道	0.0	138.1	141.2	128.7	0.0	138.4
西城区	天桥街道	0.0	0.0	114.5	0.0	0.0	0.0
西城区	椿树街道	0.0	0.0	0.0	0.0	163.2	152.0

（续附表3-1）

区	街道	2022年1月	2022年2月	2022年3月	2022年4月	2022年5月	2022年6月
西城区	西长安街街道	0.0	0.0	0.0	0.0	0.0	0.0
西城区	什刹海街道	0.0	0.0	0.0	0.0	0.0	0.0
朝阳区	东风地区（乡）	98.5	104.3	103.2	104.5	99.1	97.5
朝阳区	高碑店地区（乡）	95.8	93.1	96.0	97.0	100.2	97.2
朝阳区	东湖街道	116.0	112.4	109.6	108.9	112.2	114.7
朝阳区	潘家园街道	99.2	98.1	99.4	101.2	102.8	105.2
朝阳区	朝外街道	130.6	124.8	133.9	137.7	131.9	129.7
朝阳区	平房地区（乡）	92.8	93.0	94.1	94.6	96.1	97.2
朝阳区	酒仙桥街道	103.6	108.1	104.6	109.9	106.6	105.9
朝阳区	呼家楼街道	128.8	127.4	128.3	134.3	134.2	131.4
朝阳区	垡头街道	74.3	76.0	78.8	72.8	75.4	74.0
朝阳区	奥运村街道	96.2	97.9	98.4	102.8	99.6	104.5
朝阳区	左家庄街道	126.6	126.2	122.4	134.3	126.8	129.2
朝阳区	南磨房地区（乡）	91.4	97.2	94.7	93.5	92.6	95.6
朝阳区	六里屯街道	110.1	112.4	113.0	113.8	112.5	117.0
朝阳区	双井街道	113.4	116.1	115.7	119.0	121.6	115.6
朝阳区	三间房地区（乡）	81.6	81.8	80.7	83.9	83.3	82.4
朝阳区	八里庄街道（朝阳）	99.9	105.7	97.9	104.6	105.6	105.4
朝阳区	常营地区（回族乡）	85.8	88.0	84.7	89.4	89.1	89.1
朝阳区	望京街道	109.1	112.5	112.7	113.7	112.1	111.5
朝阳区	东坝地区（乡）	73.9	75.9	74.6	75.0	75.6	75.3
朝阳区	管庄地区（乡）	75.6	78.2	77.4	78.2	75.8	78.1
朝阳区	十八里店地区（乡）	89.3	95.2	93.7	93.9	89.9	93.0
朝阳区	和平街街道	118.5	121.7	121.0	125.1	123.7	125.4
朝阳区	团结湖街道	120.8	125.2	123.0	124.9	123.5	126.8
朝阳区	亚运村街道	121.0	122.6	121.1	122.7	125.0	122.9
朝阳区	劲松街道	104.6	104.5	110.9	109.5	106.7	108.7
朝阳区	来广营地区（乡）	91.3	95.9	94.9	95.6	96.2	98.1
朝阳区	小红门地区（乡）	76.3	83.4	84.1	83.2	0.0	93.4
朝阳区	安贞街道	126.4	132.5	128.7	131.9	133.1	132.5

（续附表3-1）

区	街道	2022年1月	2022年2月	2022年3月	2022年4月	2022年5月	2022年6月
朝阳区	三里屯街道	131.9	135.5	135.2	137.6	136.4	134.5
朝阳区	大屯街道	107.7	111.7	109.6	111.1	114.1	113.0
朝阳区	麦子店街道	123.7	133.0	127.5	134.1	120.4	130.7
朝阳区	王四营地区（乡）	82.0	78.6	84.4	81.8	83.2	83.1
朝阳区	香河园街道	115.1	120.5	124.8	122.1	122.0	120.9
朝阳区	将台地区（乡）	111.0	111.7	117.7	115.2	113.2	116.3
朝阳区	太阳宫地区（乡）	119.6	120.7	122.1	124.9	126.7	126.4
朝阳区	建外街道	117.8	127.4	120.4	127.8	129.1	121.2
朝阳区	小关街道	109.0	114.0	124.4	116.3	120.5	122.5
朝阳区	豆各庄地区（乡）	0.0	61.6	62.3	0.0	0.0	0.0
朝阳区	首都机场街道	0.0	0.0	66.6	0.0	65.0	63.3
朝阳区	崔各庄地区（乡）	0.0	0.0	0.0	0.0	79.2	79.4
海淀区	甘家口街道	133.4	132.7	130.7	133.6	140.1	136.7
海淀区	温泉地区（镇）	80.7	80.5	76.5	80.5	82.8	82.9
海淀区	曙光街道	118.9	106.9	114.6	114.6	114.0	118.6
海淀区	海淀街道	141.9	135.8	144.2	143.1	138.9	139.7
海淀区	上地街道	121.5	108.5	121.0	115.4	120.2	118.6
海淀区	中关村街道	149.6	146.1	150.8	145.4	138.7	148.2
海淀区	西北旺地区（镇）	87.7	89.9	88.5	93.3	90.5	97.2
海淀区	万寿路街道	111.0	110.1	113.3	102.7	115.2	111.4
海淀区	田村路街道	89.0	87.9	87.0	90.5	91.1	88.2
海淀区	北下关街道	132.0	136.6	135.1	131.1	133.7	136.9
海淀区	八里庄街道（海淀）	111.0	114.5	116.1	110.1	113.8	117.8
海淀区	羊坊店街道	112.3	105.7	113.2	111.2	112.5	110.8
海淀区	紫竹院街道	122.9	123.6	132.7	128.7	128.4	127.7
海淀区	北太平庄街道	128.5	131.4	131.1	131.0	129.8	131.5
海淀区	马连洼街道	103.1	110.0	104.8	107.7	106.7	112.8
海淀区	花园路街道	127.4	127.4	133.0	131.3	134.2	129.3
海淀区	西三旗街道	90.2	93.7	92.3	92.3	94.6	97.5
海淀区	学院路街道	116.1	124.8	121.4	124.8	122.4	123.5

（续附表3-1）

区	街道	2022年1月	2022年2月	2022年3月	2022年4月	2022年5月	2022年6月
海淀区	清河街道	97.0	103.4	102.7	101.1	99.3	102.7
海淀区	东升地区（镇）	93.0	96.6	98.5	94.3	94.7	98.3
海淀区	四季青地区（镇）	91.8	0.0	0.0	0.0	0.0	0.0
海淀区	永定路街道	0.0	0.0	105.5	94.6	92.0	98.5
丰台区	新村街道	79.3	81.0	78.5	81.2	82.0	81.9
丰台区	宛平城地区	56.5	56.1	54.1	56.2	55.3	58.5
丰台区	长辛店街道	52.9	52.3	53.3	54.6	51.8	0.0
丰台区	卢沟桥街道	74.6	71.0	73.5	78.1	78.7	79.4
丰台区	太平桥街道	89.5	97.0	91.1	92.1	93.1	95.2
丰台区	方庄地区	96.6	96.6	96.4	101.8	100.6	102.0
丰台区	西罗园街道	85.3	88.1	89.8	87.9	88.8	90.9
丰台区	大红门街道	83.2	84.8	82.9	84.3	86.6	85.2
丰台区	南苑街道	75.8	80.1	77.1	79.9	78.8	78.7
丰台区	右安门街道	90.3	95.6	89.3	90.2	92.7	89.5
丰台区	马家堡街道	89.7	93.6	94.4	96.9	95.6	99.1
丰台区	和义街道	61.2	59.2	60.0	62.0	64.5	62.5
丰台区	丰台街道	78.3	80.6	81.7	81.2	80.1	84.8
丰台区	东铁匠营街道	82.3	84.3	85.6	88.8	88.4	88.4
丰台区	青塔街道	74.2	74.2	76.3	75	79.4	81.4
丰台区	六里桥街道	84.5	84.5	84.3	91.6	88.1	87.0
丰台区	五里店街道	74.3	73.7	77.1	78.3	76.3	81.1
石景山区	苹果园街道	75.5	75.1	75.2	78.1	76.7	79.1
石景山区	八角街道	73.1	73.6	72.2	75.7	74.1	77.0
石景山区	老山街道	79.6	82.9	82.3	82.3	81.6	83.0
石景山区	八宝山街道	85.0	85.2	88.3	82.3	90.6	90.8
石景山区	鲁谷街道	70.1	72.8	72.2	67.1	75.2	77.5
石景山区	古城街道	73.4	79.9	81.0	80.1	82.4	81.2
石景山区	金顶街街道	64.3	67.9	65.9	68.5	67.0	68.8
通州区	永顺地区（镇）	55.1	55.1	54.8	54.3	56.7	56.6
通州区	玉桥街道	54.0	53.2	53.0	51.8	54.3	54.9

（续附表3-1）

区	街道	2022年1月	2022年2月	2022年3月	2022年4月	2022年5月	2022年6月
通州区	北苑街道	59.6	60.8	61.0	60.8	62.7	64.1
通州区	马驹桥镇	48.9	50.5	49.4	53.3	52.0	52.7
通州区	中仓街道	55.2	54.9	55.1	54.4	55.1	58.8
通州区	梨园地区（镇）	50.7	54.2	53.8	54.8	57.9	56.8
通州区	新华街道	0.0	0.0	82.3	83.9	87.3	76.1
通州区	潞城镇	0.0	0.0	44.5	45.7	51.0	47.0
通州区	台湖镇	0.0	0.0	0.0	0.0	0.0	70.2
房山区	窦店镇	25.5	23.8	24.8	23.5	0.0	25.2
房山区	城关街道	26.9	0.0	26.9	27.5	0.0	0.0
房山区	西潞街道	35.9	34.6	37.3	35.0	31.6	36.4
房山区	拱辰街道	42.2	47.1	42.8	44.1	45.9	48.4
房山区	长阳镇	47.0	46.6	46.1	48.2	48.9	50.0
房山区	良乡地区（镇）	38.5	40.8	43.7	44.0	41.3	44.8
房山区	阎村镇	0.0	0.0	31.7	33.9	0.0	0.0
顺义区	双丰街道	42.7	43.8	40.0	43.4	41.3	44.4
顺义区	李桥镇	39.6	39.1	38.3	39.6	37.2	39.6
顺义区	旺泉街道	55.9	51.8	55.1	54.9	51.8	56.5
顺义区	石园街道	40.2	41.0	38.2	40.4	39.5	41.8
顺义区	空港街道	77.9	76.8	75.3	73.9	73.2	73.7
顺义区	光明街道	44.2	45.5	47.1	47.2	46.2	48.9
顺义区	后沙峪地区（镇）	59.5	68.2	69.2	62.8	68.5	65.6
顺义区	胜利街道	51.7	52.2	51.8	53.7	52.9	56.0
顺义区	南法信地区（镇）	0.0	0.0	0.0	0.0	0.0	73.8
门头沟区	永定地区（镇）	52.5	53.8	52.5	52.0	58.0	57.9
门头沟区	大峪街道	47.1	46.4	46.2	46.9	50.3	52.1
大兴区	观音寺街道	44.5	43.5	45.0	44.0	44.6	46.6
大兴区	林校路街道	53.6	61.1	51.9	57.2	55.1	53.8
大兴区	天宫院街道	52.8	54.7	57.3	52.6	55.2	52.9
大兴区	清源街道	55.1	54.2	54.6	57.0	55.5	57.9
大兴区	荣华街道	78.4	81.6	74.6	77.0	79.6	83.8

（续附表3-1）

区	街道	2022年1月	2022年2月	2022年3月	2022年4月	2022年5月	2022年6月
大兴区	旧宫地区（镇）	58.5	54.1	57.6	61.3	59.5	61.7
大兴区	瀛海地区（镇）	54.8	0.0	0.0	56.9	61.6	62.9
大兴区	高米店街道	58.8	58.6	61.7	59.2	56.8	61.2
大兴区	西红门地区（镇）	57.1	62.9	58.3	60.8	60.2	65.4
大兴区	兴丰街道	50.6	53.6	53.0	53.8	54.4	52.8
大兴区	黄村地区（镇）	0.0	39.4	36.7	38.5	0.0	0.0
开发区	亦庄地区	60.5	62.6	61.4	64.1	62.4	70.3
怀柔区	泉河街道	0.0	39.2	35.6	35.5	36.2	33.5
昌平区	史各庄街道	80.1	0.0	0.0	79.1	77.2	80.5
昌平区	沙河地区（镇）	63.8	64.5	63.5	60.8	59.7	62.2
昌平区	北七家镇	46.8	45.9	47.3	47.4	47.1	50.2
昌平区	霍营街道	74.5	75.3	76.7	77.2	77.6	79.2
昌平区	天通苑北街道	60.0	66.1	63.0	64.1	62.9	63.0
昌平区	天通苑南街道	72.9	77.6	75.8	72.0	73.1	75.2
昌平区	龙泽园街道	74.4	77.1	75.0	77.2	76.8	75.7
昌平区	城北街道	51.4	55.0	51.1	49.7	55.1	60.5
昌平区	回龙观街道	80.8	85.1	83.8	83.9	81.8	84.4
昌平区	南邵镇	0.0	0.0	59.4	57.0	59.8	0.0
昌平区	城南街道	0.0	0.0	0.0	45.9	0.0	0.0

附表 3-2　2022 年北京市各街乡镇租金情况（7—12 月）

单位：元、月·平方米

区	街道	2022年7月	2022年8月	2022年9月	2022年10月	2022年11月	2022年12月
东城区	东花市街道	110.2	113.9	113.4	107.6	110.3	104.7
东城区	龙潭街道	108.7	113.4	110.7	108.8	110.6	113.1
东城区	崇文门外街道	121.1	121.3	127.7	128.7	125.5	120.4
东城区	永定门外街道	101.1	105.8	108.7	100.4	97.0	95.8
东城区	和平里街道	131.9	133.0	135.3	128.1	129.0	132.8
东城区	东直门街道	132.6	144.0	145.1	136.9	137.4	126.6
东城区	天坛街道	108.4	104.3	108.7	109.6	109.1	102.5
东城区	北新桥街道	136.9	135.9	132.8	132.2	134.6	0.0
东城区	东华门街道	151.4	150.3	146.8	0.0	0.0	0.0
东城区	建国门街道	145.0	139.9	136.5	0.0	0.0	0.0
东城区	东四街道	150.6	151.0	157.5	0.0	0.0	0.0
东城区	朝阳门街道	140.0	137.2	146.5	0.0	0.0	0.0
东城区	体育馆路街道	109.6	114.5	112.0	0.0	0.0	0.0
西城区	金融街街道	194.0	201.1	191.2	206.4	186.9	186.3
西城区	新街口街道	160.5	160.6	158.4	154.8	153.5	147.8
西城区	白纸坊街道	112.7	112.6	114.9	113.8	109.5	110.4
西城区	德胜街道	141.8	152.2	145.6	141.0	142.4	133.7
西城区	广安门外街道	111.5	113.0	113.7	112.1	108.2	111.0
西城区	广安门内街道	135.4	141.8	130.1	130.4	137.8	136.8
西城区	展览路街道	154.1	148.8	149.3	148.2	141.7	142.2
西城区	月坛街道	152.5	164.4	155.9	155.4	157.4	143.0
西城区	牛街街道	114.0	117.4	113.4	118.3	115.3	114.3
西城区	陶然亭街道	139.6	154.5	153.8	144.1	144.1	0.0
西城区	天桥街道	121.1	136.3	141.0	136.6	0.0	0.0
西城区	椿树街道	158.1	164.8	162.0	0.0	0.0	0.0

（续附表3-2）

区	街道	2022年7月	2022年8月	2022年9月	2022年10月	2022年11月	2022年12月
西城区	西长安街街道	177.4	178.1	182.3	178.8	0.0	0.0
西城区	什刹海街道	177.1	175.3	173.6	0.0	0.0	0.0
朝阳区	东风地区（乡）	93.2	128.6	114.4	113.1	113.1	119.1
朝阳区	高碑店地区（乡）	98.8	98.0	97.0	93.3	94.0	95.6
朝阳区	东湖街道	114.7	112.5	114.8	110.0	117.5	106.5
朝阳区	潘家园街道	103.1	102.6	101.1	102.4	102.4	100.6
朝阳区	朝外街道	126.1	137.0	135.0	139.4	132.0	121.3
朝阳区	平房地区（乡）	98.7	97.6	101.1	95.5	97.9	98.9
朝阳区	酒仙桥街道	105.4	106.3	108.8	108.9	104.9	108.0
朝阳区	呼家楼街道	131.2	143.3	145.4	138.8	144.2	136.9
朝阳区	垡头街道	75.1	76.5	77.0	75.9	74.6	74.3
朝阳区	奥运村街道	101.6	104.4	103.4	105.2	104.7	101.7
朝阳区	左家庄街道	129.2	134.4	132.0	134.2	134.4	130.0
朝阳区	南磨房地区（乡）	94.8	95.2	93.8	91.3	95.1	94.3
朝阳区	六里屯街道	112.9	117.3	125.1	115.3	116.6	111.6
朝阳区	双井街道	119.9	121.1	118.2	121.0	114.0	114.0
朝阳区	三间房地区（乡）	85.1	82.1	84.6	82.2	79.8	82.5
朝阳区	八里庄街道（朝阳）	103.8	104.6	104.2	104.0	101.1	99.4
朝阳区	常营地区（回族乡）	87.8	87.1	86.3	86.3	83.8	84.0
朝阳区	望京街道	110.6	112.6	110.3	108.5	107.4	106.5
朝阳区	东坝地区（乡）	75.5	82.5	80.0	76.5	78.3	81.8
朝阳区	管庄地区（乡）	80.8	81.2	80.1	77.5	76.5	75.7
朝阳区	十八里店地区（乡）	93.2	92.0	95.3	95.1	93.1	95.8
朝阳区	和平街街道	118.3	126.3	124.2	126.4	124.2	117.1
朝阳区	团结湖街道	125.0	123.6	129.6	127.1	121.0	117.7
朝阳区	亚运村街道	120.8	116.1	120.6	121.8	119.6	117.0
朝阳区	劲松街道	112.8	112.5	113.0	109.1	108.0	106.0
朝阳区	来广营地区（乡）	98.0	97.6	96.2	94.7	96.2	92.6
朝阳区	小红门地区（乡）	90.9	88.2	84.7	81.5	78.5	0.0
朝阳区	安贞街道	131.0	131.0	127.5	125.8	126.2	128.9

（续附表3-2）

区	街道	2022年7月	2022年8月	2022年9月	2022年10月	2022年11月	2022年12月
朝阳区	三里屯街道	135.6	137.1	140.4	138.7	135.8	131.5
朝阳区	大屯街道	110.8	111.4	111.1	114.1	110.0	110.4
朝阳区	麦子店街道	128.7	126.5	130.8	131.9	127.7	128.2
朝阳区	王四营地区（乡）	84.1	0.0	0.0	0.0	0.0	0.0
朝阳区	香河园街道	120.5	116.4	115.5	119.1	124.9	114.6
朝阳区	将台地区（乡）	114.4	124.2	125.5	119.3	123.0	122.1
朝阳区	太阳宫地区（乡）	126.3	138.7	132.0	130.0	134.3	123.7
朝阳区	建外街道	123.9	122.0	131.2	135.3	123.0	127.4
朝阳区	小关街道	124.0	120.4	119.2	121.0	119.7	110.8
朝阳区	豆各庄地区（乡）	60.5	63.9	63.5	64.1	66.3	0.0
朝阳区	首都机场街道	64.5	69.3	62.2	0.0	0.0	0.0
朝阳区	崔各庄地区（乡）	109.5	132.4	121.3	104.6	101.4	94.2
海淀区	甘家口街道	136.8	136.2	133.5	126.8	132.9	127.9
海淀区	温泉地区（镇）	81.8	78.3	81.4	0.0	82.9	0.0
海淀区	曙光街道	117.0	121.1	119.6	125.6	120.2	118.7
海淀区	海淀街道	146.7	149.6	151.5	142.2	146.8	135.6
海淀区	上地街道	110.5	114.2	109.4	113.3	113.5	114.4
海淀区	中关村街道	150.1	154.0	149.2	147.4	143.6	139.2
海淀区	西北旺地区（镇）	91.6	90.6	95.7	96.0	100.9	92.8
海淀区	万寿路街道	113.7	113.0	124.5	114.0	110.1	116.2
海淀区	田村路街道	94.4	100.8	99.1	91.5	87.9	92.6
海淀区	北下关街道	134.7	139.0	139.7	134.7	137.3	132.8
海淀区	八里庄街道（海淀）	117.8	115.8	113.7	114.1	106.7	112.3
海淀区	羊坊店街道	119.5	123.3	121.8	111.3	118.3	115.4
海淀区	紫竹院街道	130.7	124.5	130.5	125.8	125.5	130.3
海淀区	北太平庄街道	131.8	132.5	132.6	130.5	133.2	130.1
海淀区	马连洼街道	106.4	108.0	111.4	109.0	111.6	103.5
海淀区	花园路街道	131.7	127.9	129.8	133.2	126.0	124.1
海淀区	西三旗街道	92.6	92.3	94.9	94.0	91.0	90.9
海淀区	学院路街道	122.8	124.6	125.9	126.5	122.1	120.7

（续附表3-2）

区	街道	2022年7月	2022年8月	2022年9月	2022年10月	2022年11月	2022年12月
海淀区	清河街道	99.3	100.5	101.8	102.0	99.3	99.0
海淀区	东升地区（镇）	97.3	95.5	96.7	97.9	93.0	90.3
海淀区	四季青地区（镇）	105.8	109.5	122.2	110.7	122.6	116.0
海淀区	永定路街道	101.0	107.7	104.8	0.0	0.0	0.0
丰台区	新村街道	83.3	81.5	81.2	83.1	83.4	82.3
丰台区	宛平城地区	60.1	56.5	56.3	55.5	54.4	54.0
丰台区	长辛店街道	0.0	0.0	0.0	0.0	0.0	0.0
丰台区	卢沟桥街道	78.4	79.6	77.9	78.8	80.0	77.5
丰台区	太平桥街道	92.0	90.6	98.5	93.5	92.9	95.3
丰台区	方庄地区	101.2	101.7	99.6	102.1	103.9	97.7
丰台区	西罗园街道	91.9	89.9	93.2	90.4	88.9	89.3
丰台区	大红门街道	85.3	85.6	86.1	85.2	84.3	83.0
丰台区	南苑街道	83.2	78.2	81.2	80.7	79.8	80.1
丰台区	右安门街道	94.7	93.6	91.7	97.3	92.9	94.8
丰台区	马家堡街道	94.3	93.2	97.8	99.3	95.2	97.2
丰台区	和义街道	63.9	66.5	68.0	0.0	62.8	0.0
丰台区	丰台街道	83.2	82.5	81.4	79.5	82.0	81.8
丰台区	东铁匠营街道	86.4	87.5	86.8	87.9	88.6	84.0
丰台区	青塔街道	77.2	79.1	76.8	77.2	79.7	77.2
丰台区	六里桥街道	86.5	89.0	84.9	92.3	94.0	83.3
丰台区	五里店街道	81.2	75.5	76.3	77.2	78.9	78.8
石景山区	苹果园街道	79.5	77.2	76.0	78.5	82.3	78.9
石景山区	八角街道	75.3	75.7	75.2	76.0	79.3	74.8
石景山区	老山街道	82.5	83.9	85.1	0.0	0.0	0.0
石景山区	八宝山街道	99.7	98.3	98.0	89.1	84.5	86.6
石景山区	鲁谷街道	78.6	76.6	77.1	73.6	73.9	79.0
石景山区	古城街道	77.1	80.5	84.0	82.5	81.0	83.0
石景山区	金顶街街道	69.3	73.1	69.8	69.4	72.0	68.9
通州区	永顺地区（镇）	57.6	56.9	56.0	54.1	56.2	55.5
通州区	玉桥街道	55.7	57.1	57.3	56.0	56.7	55.1

（续附表3-2）

区	街道	2022年7月	2022年8月	2022年9月	2022年10月	2022年11月	2022年12月
通州区	北苑街道	63.8	64.9	62.4	62.8	59.9	62.6
通州区	马驹桥镇	54.7	54.9	54.1	51.2	53.1	52.6
通州区	中仓街道	56.4	57.6	56.1	58.0	55.7	55.6
通州区	梨园地区（镇）	56.5	56.6	57.6	58.9	56.8	55.2
通州区	新华街道	75.2	76.9	83.7	83.3	75.7	71.7
通州区	潞城镇	48.9	53.7	52.1	47.0	46.9	0.0
通州区	台湖镇	76.8	70.3	69.1	72.1	0.0	0.0
房山区	窦店镇	24.9	28.9	26.1	27.6	29.3	27.2
房山区	城关街道	28.6	30.0	27.6	24.9	24.9	0.0
房山区	西潞街道	37.0	34.0	35.8	33.8	37.9	36.5
房山区	拱辰街道	46.3	42.0	43.1	44.3	44.1	43.9
房山区	长阳镇	48.7	47.8	48.9	47.8	49.4	52.2
房山区	良乡地区（镇）	45.6	43.1	48.2	45.9	46.7	50.9
房山区	阎村镇	31.4	33.0	32.7	0.0	0.0	0.0
顺义区	双丰街道	44.0	46.3	42.1	43.7	47.1	50.8
顺义区	李桥镇	40.4	38.9	40.4	0.0	0.0	0.0
顺义区	旺泉街道	55.5	58.0	56.3	56.0	56.5	59.0
顺义区	石园街道	39.7	40.6	41.8	42.6	43.9	40.0
顺义区	空港街道	76.3	80.9	89.4	83.3	72.5	81.1
顺义区	光明街道	48.9	46.7	47.8	49.6	47.6	48.3
顺义区	后沙峪地区（镇）	64.8	70.0	78.0	59.7	63.8	63.8
顺义区	胜利街道	52.5	55.0	53.4	53.9	52.6	58.8
顺义区	南法信地区（镇）	71.6	65.1	71.6	0.0	68.6	75.3
门头沟区	永定地区（镇）	53.8	58.6	57.4	61.0	52.8	55.8
门头沟区	大峪街道	49.4	52.9	52.4	51.3	52.6	48.5
大兴区	观音寺街道	46.3	47.7	49.6	48.5	48.9	50.8
大兴区	林校路街道	59.2	57.9	56.6	57.1	55.8	56.0
大兴区	天宫院街道	53.3	53.5	54.8	56.7	54.3	57.2
大兴区	清源街道	55.5	58.2	57.0	57.4	55.6	54.6
大兴区	荣华街道	84.6	79.7	79.5	75.8	81.0	77.1

（续附表3-2）

区	街道	2022年7月	2022年8月	2022年9月	2022年10月	2022年11月	2022年12月
大兴区	旧宫地区（镇）	62.1	62.4	62.6	63.2	57.4	57.3
大兴区	瀛海地区（镇）	66.7	76.7	67.4	68.3	0.0	0.0
大兴区	高米店街道	62.6	60.8	60.6	62.0	63.6	63.3
大兴区	西红门地区（镇）	65.1	62.4	63.9	64.9	63.0	63.2
大兴区	兴丰街道	53.8	53.2	56.2	58.4	57.3	56.0
大兴区	黄村地区（镇）	42.1	44.4	41.1	0.0	0.0	0.0
开发区	亦庄地区	63.7	67.1	67.2	65.9	65.5	0.0
怀柔区	泉河街道	33.6	47.7	48.9	46.9	0.0	0.0
昌平区	史各庄街道	80.1	77.4	80.3	0.0	0.0	0.0
昌平区	沙河地区（镇）	60.5	62.1	62.2	57.8	59.8	61.9
昌平区	北七家镇	49.3	52.2	52.3	46.3	48.4	49.7
昌平区	霍营街道	75.6	77.6	75.8	73.5	73.7	75.8
昌平区	天通苑北街道	66.0	65.4	64.3	64.4	62.4	58.3
昌平区	天通苑南街道	76.6	80.6	78.7	77.3	74.7	71.8
昌平区	龙泽园街道	77.7	79.1	77.8	72.0	74.6	73.2
昌平区	城北街道	53.2	56.0	51.3	52.8	51.0	54.7
昌平区	回龙观街道	85.4	83.1	82.7	82.3	82.7	81.4
昌平区	南邵镇	0.0	60.1	59.9	62.8	66.7	0.0
昌平区	城南街道	0.0	0.0	46.5	0.0	0.0	0.0

附表 3-3　2022 年北京市备案项目商品住房情况

辖区	企业名称	项目推广名	本年度申请规模（万平方米）
西城区	北京中信房地产有限公司	西城区陶然亭街道西城区大吉危改小区三期项目	11.98
朝阳区	北京隅泰房地产开发有限公司	云筑	10.28
	北京金住兴业房地产开发有限公司	云筑	13.85
	北京京投润德置业有限公司	北熙区	14.99
	北京营意房地产开发有限公司	晓风印月	13.85
	北京保营和筑置业有限公司	保利锦上二期	14.23
	北京玖和置业有限责任公司	中建玖合府	11.18
	北京京珑置业有限公司	京能龙湖熙上	8.30
	北京智地兴凯房地产开发有限公司	中建宸园	10.30
	北京东银燕华置业有限公司	朝阳区华侨村二期5号地项目	9.41
	北京志茂房地产开发有限公司	首开金茂望京樾	14.29
海淀区	北京毓锦置业有限公司	幸福里润园	14.36
	北京中泰金建房地产开发有限公司	汇德里	14.44
	北京壹品信和置业有限公司	中建壹品・学府公馆	10.98
	北京信和壹品置业有限公司	中建壹品・学府公馆	9.74
	北京中海盈丰房地产开发有限公司	富华里富园	11.95
丰台区	北京首钢海赋置业有限公司	华曦府	5.21
	北京合茂置业有限公司	金茂府二期	0.48
	北京懋源新鸿房地产开发有限公司	懋源晟府	5.28
	北京怡璟置业有限公司	端礼著	15.95
	北京中海盈盛房地产开发有限公司	和瑞叁號院	14.24
	北京润臻置业有限公司	北京悦府	15.45
	北京懋源新鸿房地产开发有限公司	懋源晟府	13.19
	北京建邦锦泰置业有限公司	龙湖建工九里熙宸	12.46
	北京升茂置业有限公司	永定金茂府	9.48
	北京城建兴华地产有限公司	龙樾天元	9.11
	北京润臻置业有限公司	北京瑞府	2.80

（续附表3-3）

辖区	企业名称	项目推广名	本年度申请规模（万平方米）
石景山区	北京远景中安置业有限公司	远洋源山佳苑/远洋源山春秋/远洋春秋中心广场	12.90
	北京鑫石房地产开发有限公司	中海学仕里	11.65
	北京远景中安置业有限公司	远洋源山佳苑/远洋源山春秋/远洋春秋中心广场	4.98
	北京中公未来教育科技有限公司	云享蓝谷家园	5.96
	北京城意房地产开发有限公司	西山云庐	6.99
	北京城意房地产开发有限公司	西山云庐	9.91
	北京润实置业有限公司	长安润璟	7.04
	北京鑫泰兴业房地产开发有限公司	中海云庭	5.67
通州区	北京双城通达房地产开发有限公司	国誉未来悦	3.74
	北京城建兴华地产有限公司	龙樾天元	12.80
	北京金地通达房地产开发有限公司	金地北京壹街区	11.78
	北京碧桂园阳光置业发展有限公司	碧桂园和世界	8.03
	北京通州房地产开发有限责任公司	通州区于家务TZ11-0200-6003、6006地块R2二类居住用地、TZ11-0200-6002地块A334托幼用地	5.98
	北京碧桂园阳光置业发展有限公司	碧桂园和世界	8.10
	北京金地通达房地产开发有限公司	金地北京壹街区	5.25
房山区	北京骏峰房地产开发有限公司	中骏云景台	8.75
	北京智地兴顺房地产开发有限公司	学府印悦	18.95
	汇豪实业投资有限公司	汇豪公园里	7.73
	北京骏峰房地产开发有限公司	中骏云景台	3.03
	北京智地兴宁房地产开发有限公司	中建学府印悦	14.47
	汇豪实业投资有限公司	汇豪公园里	7.73
	北京智地兴顺房地产开发有限公司	学府印悦	18.98
	北京骏峰房地产开发有限公司	中骏云景台	6.35
	北京骏峰房地产开发有限公司	中骏云景台	4.52
	北京骏峰房地产开发有限公司	中骏云景台	4.24
	北京建邦憬诚房地产开发有限公司	北京建工·揽星宸	18.15
	北京智地兴禹房地产开发有限公司	春和印象	9.14

（续附表3-3）

辖区	企业名称	项目推广名	本年度申请规模（万平方米）
顺义区	北京智地顺欣房地产开发有限公司	中建宸庐	10.41
	北京中海盈璟房地产开发有限公司	湖光玖里	31.14
	北京宏顺兴房地产开发有限公司	顺义区仁和镇双兴南区五期工程项目	4.60
	北京金兴保筑置业有限公司	和锦华宸·悦境	11.78
	北京华垣盛兴置业有限公司	锦绣园/尚峯御境	5.90
	北京金兴保筑置业有限公司	和锦华宸·悦境	0.12
	北京懋源鸿竺房地产开发有限公司	懋源璟樾	10.88
	北京顺和仁义房地产开发有限公司	公园和御	10.97
	北京和顺安仁房地产开发有限公司	云河砚	1.68
昌平区	北京中海盈润房地产开发有限公司	昌平区沙河镇北京市昌平区中关村国家工程技术创新基地C-30地块R2二类居住用地	19.84
	北京润能置业有限公司	北清橡树湾	20.06
	北京恒良悦通房地产开发有限公司	宸悦国际	16.81
	北京城建兴荣房地产开发有限公司	北京城建·国誉燕园	20.18
	北京原创住业房地产开发有限公司	壹千栋	8.98
	北京兆昌房地产开发有限公司	建发珺和府	10.46
	北京罗顿沙河建设发展有限公司	观宇园	8.47
	北京怡畅置业有限公司	硅谷ONE	24.88
	北京城茂未来房地产开发有限公司	未来金茂府*悦公馆	0.46
	北京兆城房地产开发有限公司	文源府	14.97
大兴区	北京壹品兴创置业有限公司	壹品兴创御璟星城	11.65
	北京诺德兴创置业有限公司	中铁兴创逸境	19.79
	北京骏阳房地产开发有限公司	中骏金辉.未来云城	7.59
	北京骏阳房地产开发有限公司	中骏金辉.未来云城	13.03
	北京兴和航泰置业有限公司	和悦璞云	7.96
	北京品创建合房地产开发有限公司	大兴·星光城	9.03
	北京中冶名盈房地产开发有限公司	德贤华府	15.14
	北京兴栩置业有限公司	橡树湾	27.20
怀柔区	北京安宝房地产开发有限公司	龙山御景	4.03
	北京首城山水置业有限公司	山水首府	6.68

（续附表3-3）

辖区	企业名称	项目推广名	本年度申请规模（万平方米）
平谷区	北京九樾房地产开发有限公司	樾园西园/樾园东园	12.55
延庆区	北京一源置业有限公司	中建·上源府	3.49
开发区	北京兴意房地产开发有限公司	桂语听澜	0.01
	北京兴意房地产开发有限公司	桂语听澜	6.68
	北京中海盈信房地产开发有限公司	兴舢苑	8.39
	北京和信仁泰置业有限公司	云悦佳苑	8.20
门头沟区	北京金水慧业房地产开发有限公司	峯范北京	10.73
	北京潭柘兴业房地产开发有限公司	门头沟区潭柘寺镇北京市门头沟区潭柘寺镇MC01-0003-6009、6008、0057、0086、0120、6016、6015地块社会停车场用地、综合性商业金融服务业用地、二类居住用地、商业用地、住宅混合公建用地	0.27
	北京辰轩置业有限公司	龙湖北辰·揽境	1.29
	北京慧茂置业有限公司	金茂长安悦	8.19
	北京辰轩置业有限公司	龙湖北辰·揽境	1.56
	北京潭柘兴业房地产开发有限公司	门头沟区潭柘寺镇北京市门头沟区潭柘寺镇MC01-0003-6009、6008、0057、0086、0120、6016、6015地块社会停车场用地、综合性商业金融服务业用地、二类居住用地、商业用地、住宅混合公建用地	6.84
	北京雅柘房地产开发有限公司	富春山居	9.23
	北京捷海房地产开发有限公司	翡翠长安	15.81
密云区	北京祥之源置业有限公司	国祥源境	10.93
	北京京能云泰房地产开发有限公司	京能云璟壹号	9.17

附表 3-4　2022 年北京市备案项目保障住房情况

辖区	企业名称	项目推广名	本年度申请规模（万平方米）
东城区	北京城建兴瑞置业开发有限公司	北京城建·天坛府	5.19
	北京城建兴瑞置业开发有限公司	北京城建·天坛府	2.04
	北京城建兴瑞置业开发有限公司	北京城建·天坛府	14.70
	北京城建兴瑞置业开发有限公司	北京城建·天坛府	1.72
	北京城建兴瑞置业开发有限公司	北京城建·天坛府	2.22
	北京城建兴瑞置业开发有限公司	北京城建·天坛府	10.06
昌平区	北京新领域房地产开发有限公司	紫金新干线	7.28
	北京升和房地产开发有限公司	凯德麓语	9.21
	北京新领域房地产开发有限公司	紫金新干线	16.52
丰台区	北京城建房地产开发有限公司	北京城建宸知筑	49.12

附表 3-5　2022 年北京市备案项目共有产权住房情况

辖区	企业名称	项目推广名	本年度申请规模（万平方米）
房山区	北京首开德远置业有限公司	熙悦丽博	13.65
昌平区	北京诺德兴昌置业有限公司	彩璟玉宸小区	9.03
通州区	北京房地钧洋房地产开发有限公司	通州区西集镇西集村北京市通州区西集镇西集村TZ07-0103-0019、0029地块R2二类居住用地、TZ07-0103-0020地块B1商业用地	12.88
	北京房地钧洋房地产开发有限公司	通州区西集镇西集村北京市通州区西集镇西集村TZ07-0103-0019、0029地块R2二类居住用地、TZ07-0103-0020地块B1商业用地	1.53
门头沟区	北京京能京西房地产开发有限公司	京能·西山印	19.62
	北京京能京西房地产开发有限公司	京能·西山印	1.28
平谷区	北京诚开京晟房地产开发有限责任公司	晟贤悦府	0.58
	北京诚开京晟房地产开发有限责任公司	晟贤悦府	11.68
海淀区	北京金隅程远房地产开发有限公司	金隅尚林家园	1.25
朝阳区	北京共泰房地产开发有限公司	首开锦鲤	4.66

附表 3-6　2022 年北京市备案项目商业、办公用房情况

辖区	企业名称	项目推广名	本年度申请规模（万平方米）
西城区	北京中信房地产有限公司	中海金融中心	22.83
海淀区	北京海赋置业有限公司	海淀区玲珑巷地区北京市海淀区西八里庄0711-652、640、641地块B4综合性商业金融服务业用地	12.94
石景山区	北京中关村工业互联网产业发展有限公司	中关村工业互联网产业园	11.26
通州区	北京城建兴华地产有限公司	通州区台湖镇北京市通州区台湖镇104地块F3其他类多功能用地	6.56
顺义区	北京伟特房地产开发有限公司	顺义区南法信镇北京金逸商务中心（建城花园一期）项目	4.44
	北京伟特房地产开发有限公司	顺义区南法信镇北京金逸商务中心（建城花园一期）项目	3.06
开发区	北京国苑体育文化投资有限责任公司	南海子郊野公园B片区B-04/ B-06/B-11地块	4.11

附录四

其他文件

2022年全市命名、调整地名、建筑物名称核准

道路、桥梁及居住区名称（324个）

东城区（3个）：花市北小街、燕墩西街、松林东路

西城区（4个）：虎坊东一巷、虎坊东二巷、虎坊北街、虎坊中街

朝阳区（53个）：白家楼北桥、秋实街、秋实东街、东苇路、东苇一路、东苇二路、东苇三路、东苇四路、坝河北街、坝河北一街、坝河北二街、坝河北三街、天苇路、天苇东路、北小河东路、翠榆南街、清榆南街、香榆街、焦化南一路、焦化南二路、焦化南三路、焦化南四路、化工南路、环商街、平萧街、安正街、安正一街、安正三街、安正南街、明安二路、月河街、月河北街、华赛巷、鸭子嘴胡同、秀月西巷、秀月路、建外一道街、骏驰街、奶西村一路、奶西村二路、奶子房中街、郎辛庄东路、聆悦街、欣迎路、孛安一街、孛安二街、孛安三街、孛安四街、汇泉一街、黄辛庄西路、辰熙路、十八里店中路、瑞鸿路

海淀区（14个）：双清西路、逸清南路、小牛房东路、小牛房二街、小牛房三街、林花街、万春路、树村北街、裕景一街、裕景二街、裕景中街、裕景西路、杨家庄中街、御风北路

丰台区（32个）：东货场路、造甲街、丰台东路、泥洼东路、万华北街、丰帆路、丰帆东路、丰帆西路、北泰路、万华街、怡丰桥、丰台站北街、丰台站西桥、丰台站东隧道、丰台站北隧道、东管头南桥、东管头南街、山湖路、幸福家园西路、幸福家园路、福慧路、福慧东路、景岳路、怪村路、魏各庄南路、丽明路、福裕路、顺源路、贺福路、玉泉营南街、和久路、久敬东路

石景山区（27个）：古城南里东街、新融东街、新融中街、新融西街、兴悦路、建盛街、韵康街、建丰街、建隆街、建泰街、韵兴街、康盛路、康锦路、韵汇路、韵安路、康怡路、康惠路、古融东路、二型材东路、雍王府北街、下石府路、青石街、石坊路、石坊北路、青石东街、越秀街、越秀西街

通州区（13个）：清新街、清新北街、清新南街、碧水街、茶棚街、茶棚南街、茶棚北街、净水中路、东安路、清韵北路、明德东街、朗芳路、玉杨路

顺义区（21个）：新顺南大街、夏县营街、夏政街、喜夏路、喜行路、盈祐街、健汇街、安林路、临月路、河兴南街、河兴北街、嘉林路、马场东路、乐阳北街、乐阳南街、仓上南街、史家口路、北小营北大街、北礼路、兴白街、马头庄新苑

房山区（42个）：云锦路、良师路、星月路、金阳街、广阳城北路、熙悦路、青龙头北街、青龙头南街、嘉悦路、崇青干渠一桥、崇青干渠二桥、悦华街、崇青东街、西雅路、夏庄路、银杏东街、永宁街、永康街、金水湾二桥、良乡大学

城北路、兴阎北街、坊兴路、永合东街、高岭南路、永合街、永宁街、西营路、高岭路、马厂路、永惠街、长丰西街、乐水南街、牛家场路、保合庄路、长丰街、长丰南街、朱岗子路、杨庄子路、杨庄子北路、长和街、长和东街、长和西街

密云区（23个）：雁密路、祥源街、檀中街、新王各庄路、王各庄东路、王各庄西路、王各庄中街、科创北街、科创南街、刘林池一街、刘林池二街、刘林池三街、刘林池东路、新农村街、新农村南街、城后东街、新祥街、东源路、檀东路、新泰路、新宝路、宜兴路、景曜三路

平谷区（2个）：幸福路、凤栖路

门头沟区（3个）：秋坡南路、岢罗坨路、秋坡北路

昌平区（23个）：文瀚路、平坊路、平坊西路、平坊中街、东新街、东三旗路、东三旗西路、东三旗东路、东安街、东盛街、龙瑞街、龙瑞西一路、龙瑞西二路、龙瑞东一路、龙瑞东二路、黄平西路、海鶄落西一路、海鶄落西二路、北清路北小街、永创路、慧创路、生物信息南街、华电路

大兴区（21个）：隆明街、隆瑞大街、隆延街、清阳南巷、龙瀚路、欣顺街、广居西街、义清巷、盛广路、新居路、广清街、广居东街、创展路、欣盛巷、长福东路、富华路、福星巷、豫顺巷、海北路南巷、大庄巷、大庄东巷

怀柔区（6个）：永乐大街、怀北庄一街、怀北庄二街、怀北庄三街、庙城北小街、陈各庄街

延庆区（15个）：世园村中路、世园村北一街、世园村东路、菜园南街、百隆路、庆园街、南浦路、迎泉街、悦搏街、南辛堡北街、南辛堡南街、荷亭东巷、天成北巷、孟家庄路、南榆路

经开区（19个）：瀛旭巷、瀛融巷、瀛众巷、水南西三路、隆安路、凉凤灌渠西路、万有路、吉庆庄路、万源南路、普祥西路、普瑞西路、普瑞路、环宇路、环宇东三路、环宇东四路、景盛南六街、景盛南街、马桥西路、兴桥东街

大兴国际机场临空经济区（3个）：集运街、静嘉中路、内官庄街

轨道交通车站名称（12个）

清河小营桥站、学知园站、学院桥站、朱房北站、蓟门桥站、国家植物园站、富丰桥站、洪泰庄站、看丹站、红莲南路站、榆树庄站、宛平城站

建筑物名称核准

年内，全市核准建筑物名称119个。其中：

西城区（3个）：西城金茂中心、都阙苑、中海金融中心

朝阳区（18个）：云筑家园、潮尚新苑、福佳大厦、中航产融大厦、柳岸晓风嘉园、君康人寿大厦、云庭雅苑、煦景雅苑、锦里悦坊、万合辛悦家园、万合朗悦花园、玖阳嘉园、志茂嘉园、林栖雅园、熙区嘉园、云尚家园、云悦家园、众秀大厦

海淀区（13个）：汇德里、幸福里润园、书香悦园、书香茗园、电建科创园、紫星苑、启辰院、华熙冰上中心、拓尔思大厦、西南裕柏大厦、富华里富园、鸿诚拓展大厦、富华里汇园

丰台区（17个）：盛达中心、万泽雅苑、璟廷雅园、煜泽雅园、金瑜雅园、晟泽嘉园、润泽嘉园、融寓慧安苑、龙樾雅苑、金泷悦嘉苑、

铭璟和苑、知本家园、芳菲苑、鼎业产业园、润悦嘉园、中海泓博嘉苑、永定金苑

石景山区（9个）：工联科创中心、润璟雅园、金安财富中心、首特钢大厦、辛安锦园、辛安澜园、远洋源山中心、学仕苑、西山云庐

通州区（8个）：林秀嘉园、永丰里、半壁店恭和家园、和璞华庭、帅府君园、融汇苑（一期）、融汇苑（二期）、融汇苑（三期）

顺义区（6个）：和华嘉园、锦岚家园、玖峪家园、临河悦园、璟槿园、云宸苑

房山区（7个）：璟宸商业中心、云华苑、云澜苑、学府观园、学府沁园、春和景园、建邦揽星苑

密云区（1个）：祥锦园

平谷区（4个）：盛贤家园、隆樾嘉园、樾辉嘉园、荟谷大厦

门头沟区（5个）：风范嘉园、长安锦苑、兴合家园、天曜汇综合楼、檀溪佳园

昌平区（7个）：怡朗佳园、荟智里、珺和佳苑、润清雅园、宸轩佳苑、誉燕雅园、誉璟嘉苑

大兴区（9个）：诺德逸境小区、红橡润园、云璧园、金鼎欣盛家园、品创璟苑、云盈园、云锦中心、星光都荟合苑、兴橡润园

怀柔区（6个）：泉河人才家园、怀山汇大厦、星悦澜湾家园、河汀嘉苑、臻品园、优品园

延庆区（1个）：上源府

经开区（4个）：南海子体育中心、桂语佳苑、兴舢苑、集贤雅苑